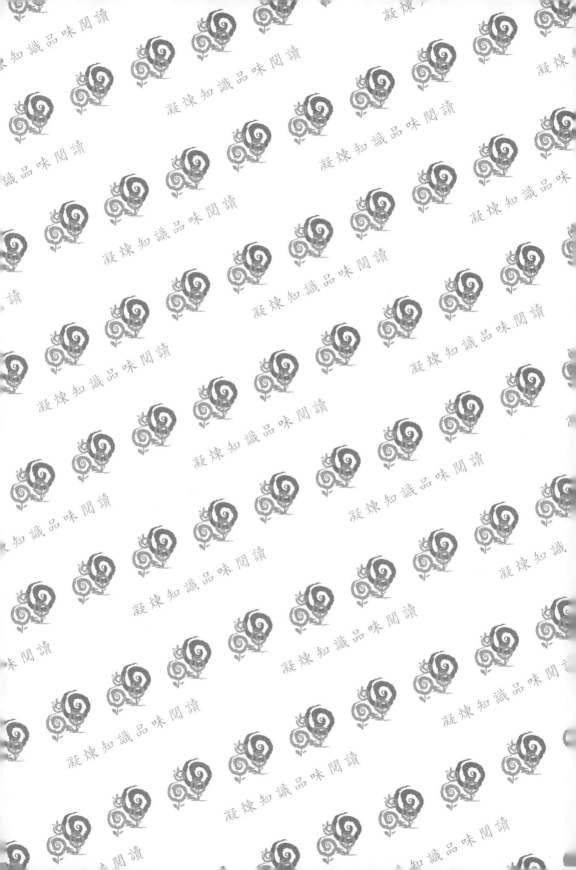

性別主流化

臺灣經驗與國際比較

黃淑玲　主編

黃淑玲　黃長玲　周月清　呂思嫻
張家寧　白爾雅　盧孟宗　陳佩英
謝小芩　陳珮瑩　吳嘉麗　彭渰雯
蔡麗玲　呂依婷　葉德蘭　　　著

五南圖書出版公司 印行

目　錄

第一章

導論：臺灣與全球的性別主流化之路
不／寧靜革命與公務挑戰

黃淑玲

國立國防醫學院通識教育中心教授

一、緣起：全球婦女運動網絡崛起

性別主流化（gender mainstreaming）是一個高度實務卻又不易實踐的性別平等策略，它是三、四十年來全球婦女運動與婦女研究雙向結合的結晶。1960年代婦女運動首先在美國興起，參與的女性學者受到激勵而開始探索性別壓迫的成因與解放策略，她們質疑以男性經驗為中心的學術體系完全忽視女性經驗，而開創嶄新的女性主義理論與婦女／性別研究，其學說不斷擴散到各國，影響力漸增。許多國家任職於政府、國際組織的女性與體制外的婦運者聯合起來，促成聯合國在70、80、90年代召開四次世界婦女大會（1975年在墨西哥市、1980年在哥本哈根、1985年在奈洛比、1995年9月在北京），每次都提出前瞻性的策略來促進婦女的地位與權益。全球婦運網絡的勢力在1995年北京婦女大會達到高峰，當時有30,000位非政府組織婦

運者齊聚一堂，在會場中遊說、連結、施壓，吸引了全球媒體焦點。189個國家的17,000位代表經過兩週激烈辯論，同意通過「北京宣言與行動綱領」（Beijing Declaration and Platform for Action），接受性別主流化策略。這項歷史性的承諾賦予此次北京婦女大會劃時代意義。[1]

聯合國婦女署稱讚性別主流化是「促進女性權益最進步的藍圖」、「即使二十年過去了，仍具有指導與激發靈感的強大作用」。[2]聯合國每五年檢討會員國實施狀況評價報告（Beijing+5、+10、+15、+20）。北京綱領建議十二項領域尤須進行性別主流化：婦女與環境、婦女與權力決策、女孩、婦女與經濟、婦女與貧窮、對婦女的暴力、婦女人權、婦女教育與訓練、提升婦女地位的制度機制、婦女與健康、婦女與媒體、婦女與武裝衝突。

自1995年至2000年之間，聯合國的內部單位與各個組織如世界銀行與教科文組織帶頭示範，歐盟也積極推動，許多國家亦紛紛實施相關措施，一時之間性別主流化成為一場國際政治時尚潮流（Daly, 2005），似乎是全球婦運界前所未有的勝利果實。

二、臺灣：亮眼的表現！？

臺灣因被孤立於聯合國之外，性別主流化實施時程比許多國家晚。2001年起行政院婦女權益促進會（以下簡稱婦權會）陸續提出性別主流化相關事項，例如：建立性別統計指標、設置金馨獎鼓勵機關任用女性主管、各部會進行婦女權益促進工作重點、公務員接受相關訓練課程。2005年婦權會訂定「行政院各部會推動性別主流化實

---

1 參見UN WOMEN網站，The Beijing Platform for Action Turns 20: http://beijing20.unwomen.org/en/about

2 同上。

施計畫」（95-98年），中央部會所有機關同步正式全面推動，今年已進入第三期（103-106年）。由於臺灣沒有義務提出國家報告，以致無法與他國比較或展現實施成果。我們檢視2007年歐盟國家實施報告（Sterner and Biller, 2007），若以北京綱領十二項重點領域來比較，臺灣整體而言的表現比起一些聯合國會員國還算亮眼。

　　然而，2015年初行政院性平處委託研究發現，各部會性別主流化的推動完全著重在所謂的六大工具（包括性別統計、性別分析、性別影響評估、性別預算、性別意識培力、性別平等機制）的執行，缺乏改變性別文化與性別關係的明確目標（彭渰雯、黃淑玲、黃長玲、洪綾，2015）。許多部會的性別主流化實施計畫出現嚴重的形式化問題。許多政策領域如科學、科技、醫學、工程、環境的性別研究知識嚴重不足。尤須警惕的，許多公務人員並不認同性別主流化。我們因此有著高度的隱憂，在臺灣性別主流化是否會變成曇花一現的烏托邦實驗。我們認為學術界應投入性別主流化研究，以嚴謹的學術方法去分析其實務困境，及去建構性別主流化的專業知識與理論概念，協助政府建立性別主流化實施所需的長期支持系統。

三、性別主流化的定義

　　性別主流化到底是什麼？許多人以為凡是任何與性別平等有關的政策，也有人說它是一個取代性別平等的字眼，也有激進的說法，認為它是一個強勢的武器，要求所有政府機關都要做性平業務。

　　實際上，性別主流化是有官方定義的，1997年6月聯合國經濟及社會理事會給予「性別主流化」如下的定義：

> 所謂社會性別主流化是指，在各個領域和各個層面上評估所有有計畫的行動（包括立法、政策、方案）對男女雙方的不同含義。作為一種策略方法，它使男女雙方的關注和

經驗成為設計、實施、監督，與評判政治、經濟和社會領域所有政策方案的有機組成部分，從而使男女雙方受益均等，不再有不平等發生。納入主流的最終目標是實現男女平等。[3]

另外，歐洲理事會對於性別主流化的定義頗為類似，但比較直接：「性別主流化是政策過程的（重新）組織、改進、發展與評估，政策行動者將性別平等觀點整合到每個層面與每個階段的政策過程」（Council of Europe, 1998: 13）。

特別需要注意的，聯合國與歐盟性別專家研發一套性別主流化的方法與技術來協助執行計畫，在臺灣就被理解成所謂的「六大工具」。然而大部分機關不懂如何運用這些工具來設定政策目標，執行結果便很容易流於程序性的作業。

四、意識形態與預算分配的權力交鋒

性別主流化是一種促進性平的策略，方法是將性別平等概念整合到所有的政策領域。英國社會學者Sylvia Walby（2011）指出，性別主流化希冀揭開政策之後的假定、過程與結果隱藏許多不平等或性別化特徵，以期改善施政品質。然而性別主流化付之實施，立即面臨極大的專業挑戰，如它的定義被變得很多、實踐方式也很多。性別主流化的概念與實踐爭議大，另一個原因是性別主流化是重新創造、重新建構及重新包裝當代女性主義的關鍵理念。女性主義理論經數十年發展演變出許多流派，彼此爭辯、互不相讓，這種緊張關係也反映在性別主流化的實踐。

3　參見聯合國網頁：http://www.un.org/chinese/esa/women/mainstreaming.htm。性別主流化在中國翻譯為社會性別主流化。

　　性別主流化推動亦涉及意識形態與預算分配的權力交鋒，政治人物支持與否成為性別主流化成功的重要前提。女性主義學者批判政治人物並非玩真的，以致官僚機構抗拒與漠視性別主流化。亦有學者從國家比較角度切入，強調各國的經濟政治狀況、性別社會關係、政策執行制度、官僚機構情境等因素都影響性別主流化實施。

　　同時，女性主義學者也很快明瞭，性別主流化的定義本身有問題：缺乏明確目標、不可預測性太高，以致性別主流化執行結果如同一個變異體（Daly, 2005）。歐洲理事會、北京行動綱領、歐盟、聯合國都沒有清楚陳述性別主流化的具體政策目標，而是留給政策行動者自行去決定，並且假定他們都是有理性的人，都會自動去設定目標（Meier & Celis, 2011）。實際上，性別主流化是一種完全嶄新的性別政治與政策實踐策略，等待理論更細膩的發展（Walby, 2011）。研究者必須克服性別主流化含糊不清的問題，詳盡闡述性別主流化的概念與實施取徑（Daly, 2005）。

　　對婦運者而言，性別主流化的工具充滿政治意義，性別主流化既是分析不平等的哲學，也是一組政策實踐的技術（Daly, 2005）。但對於沒有女性主義理念與性別專業的公務員而言，性別主流化艱深難懂，甚至毫無意義，反而引發他們高度質疑性別議題的專業性與必要性。在臺灣推動的經驗看來，當初行政院婦權會未審慎評估，即強求所有部會全面推動性別主流化，顯然輕忽性別主流化高度專業性的特質，這是一個慘重的教訓。我們認為婦運界應警覺到性別主流化容易流於形式化，應該衡量公務機關許可條件下，選擇較可以達到實質性平目標的執行策略。

　　Sylvia Walby是聯合國科教文組織性別研究主席，對性別主流化抱持較樂觀的態度。她將性別主流化定義為：女性主義與主流政策議程的交涉，可以採取許多種的策略，可能產生許多種結果。在某些議程上女性主義改變主流議程，其他議題上女性主義與官僚組織相互影響並同時成長（Walby, 2011）。

　　臺灣行政院與地方政府都在推動性別主流化，依據Walby的定義，可以說是女性主義與整個行政體系同步進行交涉，可預期的是各

種政策領域成果差異頗大。婦運人士如何與國家持續交涉圖謀改善之道？除了婦團從體制內外合力施壓改革制度面之外，女性主義文官個人亦可在體制內進行改革。本書希冀激起文官的漣漪與共鳴，也希望提供婦女團體、學者專家與有志於性別專業的學生，共同思考性別主流化理論與實踐的改進。

五、比較研究的重要性

行政院性別平等處於2012年成立後，2016年起開始對各部會與地方政府進行評鑑，促使六都首長高度重視性別主流化的推動。十年來，中央與地方的政府機關每年都舉辦性別主流化與性別意識培力演講與研習會。然而許多公務員仍然抱怨性別主流化艱深難懂，無法瞭解如何融入業務。一些國家實施之後已有所成效，因此臺灣與各國比較是需要的，他山之石可以借鏡。但性別議題在國內牽涉族群與文化、性／別少數與身障弱勢等交織因素，需要深入研究臺灣實行的狀態與困境，才能對我們政府提出具體的建議。很多專家學者在性別主流化研習經常採用國外例子，但會深入以特定主題比較臺灣與他國推動的策略卻很少見。本書就是要補足這部分的空白。

本書作者群大都擔任過行政院與地方性平機制委員或曾任職相關機構，多年來協助中央與地方政府推動性別主流化。有鑒於實務困境亟需解決，接受科技部與性別平等處委託研究計畫，進行臺灣與國際在一些重要政策領域上的性別主流化執行比較研究，比較的國家涵蓋歐、亞、美、澳洲，有瑞典、芬蘭、丹麥、挪威、歐盟、韓國、菲律賓、尼泊爾、日本、美國、加拿大、澳洲。本書呈現這些比較研究成果的精華，書寫方式著重實務與理論並重，從關鍵概念切入抽絲剝繭，對照國外案例的策略、方法與困境，進而剖析國內實務現況及問題癥結，再針對政府部門提出具體可行的改善建議。最後拋出重要的問題，使用此書授課時，激盪大家一起來思考。

六、各章安排與內容

本書二至十章共有九篇文章，主題安排從性別主流化體制的大面向比較臺灣與瑞典、韓國推動性別主流化的性平機制、法制、配套制度、推動模式等議題有兩篇；接著三篇是剖析性別主流化工具內涵，有探討臺灣與歐美身障人士的性別統計、有性別分析加拿大的性／別少數醫療政策、有比較臺灣與瑞典、澳洲的性別預算工作。最後到政策實務面有四篇，聚焦在探討公務與警察人員任用考試、高等教育女性領導人、科技與性別、安全體系等重要政策領域。

第二章黃淑玲的〈臺灣與瑞典性別主流化實施模式之比較〉一文，主要在比較臺灣與瑞典的政府部門如何推動與建制化性別主流化，發現兩國對於性別主流化的方法論有不同的見解。瑞典的模式是以國家性平政策目標為主，由性別專家執行選擇優先性議題進行，以小贏策略推動；缺點是缺乏獎懲，經常性別主流化計畫結束之後無以為繼。而臺灣是以性別主流化工具為目標，依賴民間專家學者決策，中央、地方政府採取強硬方式全面推動，其優點是有性平監督機制與評鑑可以持續推動，缺點則是錯置性別主流化工具為推動目標，產生性別主流化技術官僚化問題。

第三章黃長玲的〈性別主流化的在地實踐：高雄與釜山的比較〉一文，指出高雄與釜山兩個地方政府在實施性別主流化的模式，都有與兩國中央政府「體制同形」（institutional isomorphism）的現象。釜山是被法律強制的，而高雄則是模仿與學習的關係，兩個城市的性別主流化經驗深受這種差異的影響。而此種差異，即展現全球在地化概念的重要性。性別平權最重要是在民眾的日常生活中落實，而地方政府與人民的個人關係遠比中央政府密切，因此性別主流化此種國際議程的在地化，需要經歷多種層次的轉譯（translation），需要連結國際，更須與各國中央、地方政府連結。

第四章周月清等人的〈「身心障礙」與「性別」統計跨國比較：CEDAW暨CRPD檢視觀點〉一文，針對國內及美國、瑞典、挪威性別與身心障礙相關統計資料，分析國內女性障礙者在健康、高等

教育、工作、社會照護及人身安全的圖像。發現女性障礙者處境遭受
「障礙」與「性別」雙重被邊緣化，建議政府應積極擬定針對女性障
礙者迫切發展有效的人身安全防治措施。

　　第五章白爾雅的〈性別主流化架構下的性／別少數醫療政策：加
拿大給臺灣的啟示〉一文，提出性／別少數族群（LGBTQI），即是
Lesbian女同志、Gay男同志、Bisexual雙性戀、Transgender跨性別、
Queer酷兒與Intersex陰陽人等的健康醫療政策，在性別主流化架構下
並不受重視。文中討論加拿大性別主流化的醫療政策有重視到性／別
少數族群而採取多元性別分析，擬定出「跨性別健康計畫」。作者建
議臺灣的性別主流化醫療政策可仿效加拿大重視性／別少數族群的實
質公民權益。

　　第六章盧孟宗的〈性別預算：概念與實踐策略建議〉一文，整理
澳洲與瑞典兩國的實踐經驗，以性別預算是動態管理、非靜態、分類
性別預算包含公共支出與稅收制度、重視照顧經濟（care economy）
和家庭內無酬勞動（unpaid work）的概念釐清性別預算的核心內
涵。建議政府落實性別預算步驟時，要加強性別分析與統計的概念、
增進考量不同層次性別平等目標，並設定具性別敏感度且能反應政策
內涵之指標。

　　第七章陳佩英、謝小芩、陳珮瑩的〈高等教育中的性別主流化與
女性學術勞動處境及決策參與〉一文，運用新公共管理主義政策檢視
大學女性教師學術勞動處境，研究發現她們身兼數個委員會委員而疲
於奔命，教學與學術成就上受傳統對女性角色期待，比男性同仁付出
更多心力。本文建議主管高等教育與學術研究發展的教育部和科技部
在落實性別主流化時，重視學術工作與家庭職責的平衡，仿效美國國
家科學基金會ADVANCE方案及史丹佛大學醫學院的家庭與工作平衡
計畫，以系統性政策與方案計畫，介入改善大學女性教師的學術勞動
處境、生涯發展與決策參與機會。

　　第八章吳嘉麗、彭渰雯的〈公務人員選用的性別主流化：以警
察招考之核心職能為例〉一文，指出西方以社會建構論（social con-
structionism）角度理解組織與管理來研究警察文化中「歌頌陽剛」

的價值，其實並不是警察組織文化的「本質」，而是警察組織文化的「產物」。本文以此概念研究臺灣警察人員招考制度，並與歐美及亞洲數個國家的招募方式與篩選標準做一比較。本文主張從性別主流化的角度，政府應重新檢視警察考試的方式與標準，顛覆陽剛警員角色的預設，以多種而非單一標準來招募能夠適任警察職務的人。

第九章彭渰雯、蔡麗玲、呂依婷的〈科技領域的性別主流化：歐盟作法對臺灣的啟示〉一文，提出歐盟各國推動科技研究領域的性別平等策略可分為「對女性友善的研究環境」、「具性別意識的科學」及「提升科學界的女性領導」三大方向。歐盟的此種方向正符合學術上關注科技領域中的性別問題從「參與」以及「知識」解決，本文建議臺灣政府在科技領域的性別主流化要重視「機構改造」與「研究改造」政策，以建構性別敏感的科技知識以及科技環境。

第十章葉德蘭的〈匯流、回流：安全體系性別主流化之國際趨勢〉一文，提到聯合國已經將人類安全 —— 以個人安全（human security）顛覆傳統以國家（state）為中心的安全觀念。在此新觀念之下，以「包容（inclusiveness）」與「整合（integrated）」的趨勢，翻轉了傳統上由男性主導與決策的「和平與安全」這兩個領域；並改以確保正義、平等、人權的結構性機制與作為的「積極和平」，使人類免於貧窮、歧視。聯合國婦女署則將「女性、和平與安全」列為五大工作重點領域之一。

以上文章每篇都以理論與實務兼顧為目標，期待透過與各國比較，協助臺灣政府實施性別主流化能創造出一套屬於我們自己的方式，開出臺灣在地女性主義的性別主流化果實。

註記：本書有六篇文章是兩個科技部整合型計畫的研究成果：「臺灣性別主流化十年檢視與國際比較：全球脈絡與在地發展的問題與展望」（101-103年）（參與者：黃淑玲、葉德蘭、黃長玲、謝小芩、陳佩英）與「制度創新與政策改革：北歐經驗與臺灣行動」（104-106年）（參與者：黃淑玲、周月清、彭渰雯、陳佩英、謝小芩），謹此致謝科技部提供經費補助。

參考文獻

中文部分

彭渰雯、黃淑玲、黃長玲、洪綾君（2015）《行政院性別主流化政策執行成效探討》（委託研究報告）。臺北：行政院性別平等處。

英文部分

Council of Europe (1998) Gender mainstreaming: Conceptual framework, methodology and presentation of good practices. Retrieved from http://www.unhcr.org/3c160b06a.pdf

Daly, M. (2005) Gender mainstreaming in theory and practice. *Social Politics,* 12(3): 433-50.

Meier, P. and Celis, K. (2011) Sowing the seeds of its own failure: Implementing the concept of gender mainstreaming. *Social Politics,* 18(4): 469-89.

Sterner, G. and Biller, H. (2007) *Progress, obstacles and experiences at governmental level gender mainstreaming in the EU member states.* Ministry of Integration and Gender Equality, Sweden.

Walby, S. (2011) *The future of feminism.* Cambridge, UK: Polity.

第二章

臺灣與瑞典性別主流化實施模式之比較[1]

黃淑玲

國立國防醫學院通識教育中心教授

摘要

　　1995年聯合國北京世界婦女大會中提出性別主流化的概念，而瑞典政府在1994年就開始實施性別主流化，其成果被視爲是全球典範。臺灣行政院於2006年全面推動性別主流化。本文的目的是比較臺灣與瑞典的政府部門如何推動與建制化性別主流化，分析兩國實施模式的優缺點與共同問題，主要聚焦在兩國的性平機制功能與運作、執行性別主流化方法與概念、專業支持系統三個面向。

　　本文研究發現臺瑞推動性別主流化模式的差異，其根源來自於兩國推動性別主流化的方法論述不同。另外，研究發現兩國實施模式的差異有三個結論：1.臺瑞性平機制的機構能力各有所

1　感謝潘纓花、謝小芩、彭渰雯、盧孟宗、官晨怡提供本文寶貴修改意見。

長；2.性別主流化執行方式臺瑞各有優缺點；3.瑞典重視GM執行方法研究與內部性平專家可供臺灣學習。最後本文建議臺灣政府吸收瑞典採取重點目標的小贏策略與重視專業支持系統此優點，增加性平機制的研究預算，有計畫地培養性平專家與女性主義文官，相信定能減少形式化的弊病，提高推動性別主流化的效能。

一、前言

性別主流化（gender mainstreaming，以下簡稱GM）是要藉由將公共政策的環境結構與制定過程納入具有性別觀點的實踐與規範，使性別平等的目標制度化。這種促進性別平等的新型治理方式，由於目標開放，許多國家的實行方式與結果極為不同（Daly, 2005）。瑞典政府於1994年要求所有政府機關的年度政策報告都需具有性別平等觀點，正式啟動以GM作為提升性別平等的策略（Bengtsson, 2011）。之後，許多政策的論述、結構、過程與行動者都有所改變，因而被推崇為全球典範（Daly, 2005）。但一項2010年瑞典官方報告指出，三分之一以上的瑞典中央機關並沒有在執行GM，公務員普遍覺得GM艱深難懂，無法瞭解性別主流化與業務的關係（Bengtsson, 2011）。臺灣行政院於2006年始正式推動GM實施計畫，採取所有部會同步執行的全面模式，在各國少見，卻出現嚴重的形式化弊病（彭渰雯、黃淑玲、黃長玲、洪綾君，2015）。

學者認為瑞典最有可能實施GM成功可歸因於三項國家條件：性平價值獲得社會與各政黨支持、女性的政治實力雄厚，以及婦運界持續施壓政府與性平機制形成圈內人／圈外人聯盟（Sainsbury & Bergqvist, 2009: 219）。在臺灣這三項國家條件也不錯。首先，社會追求性平價值的共識持續上升，可見於男女在政治、健康、教育與經濟機會等平等指標雖仍比不上瑞典，卻已在亞洲國家名列前

茅。[2]女性的政治影響力尤不可忽視，2016年首位女總統誕生、兩個主要政黨女性擔任黨魁、女性立委當選人數近四成（38%，瑞典43.6%）、惟女性部會首長比例只有20%（5/25）。瑞典自1994年實施GM以來，男女閣員一直維持平等原則，現任女部長人數更高達52%（12/23）。[3]其次，臺灣婦運界推動GM不遺餘力，透過性平機制參與決策（黃淑玲、伍維婷，2016）。

社會共識、女性政治實力與婦運界積極參與這三項國家條件，既反映也會增強臺灣與瑞典推動GM的政治意志。即便如此，GM推動仍需要許多配套制度。首先，GM是一種橫向整合的政策工具，需要有性平機制統籌與協調跨部門合作；其次，GM在每項政策領域推動都涉及兩種知識系統：特定政策專業與相關的性別研究。性平機制的機構能力（行政權威、法律位階、經費、人力、研究、監督）與性別專業系統（包括性別研究機構、性平專業人員、婦女團體參與管道等）可說是GM實施最需要的配套制度（Bengtsson, 2011; Braithwaite, 2005; Council of Europe, 1998）。

2　例如：自2006年起世界經濟論壇（World Economic Forum, WEF）每年編製性別落差指數（Gender Gap Index, GGI），出版全球各國的性別落差排名報告，涵蓋男女的經濟參與和機會、教育程度、政治參與、健康與生存等四個面向。由於GGI報告不包括臺灣，每年行政院主計總處會依其編算方法計算臺灣的名次。2015年瑞典是全球第4名，臺灣為第43名，遠高過新加坡（第55名）、中國（第92名）、日本（第102名）、韓國（第116名）等東亞國家（行政院主計總處，2016）。

3　臺灣立法委員資料參見中央選舉委員會：http://db.cec.gov.tw/histMain.jsp?voteSel=20160101A2。此處所指的25位部會首長包括14部、8個委員會與中央選舉委員會、公平交易委員會、國家通訊傳播委員會等三個獨立機關。瑞典國會議員資料參見Women in National Parliaments: http://www.ipu.org/WMN-e/classif.htm。瑞典部長性別比例參見：Swedish Government Offices Yearbook 2015 http://www.government.se/4aca88/contentassets/af7c76f44ea8423486f6ce4c02e1acd2/swedish-government-offices-yearbook-2015.pdf

　　本章的目的是比較臺灣與瑞典推動GM的方法與配套制度，探討兩國的優缺點與共同問題，進而分析臺灣GM推動多年出現了形式化嚴重，其成因何在。比較分析聚焦以下三項重點：

1. **性平機制的功能與運作**：比較臺瑞性平機制的機構能力。
2. **執行的方法與概念**：分析兩國GM實施歷程與執行方法，以及公務體系對GM的概念性理解。
3. **專業支持系統**：兩國的GM評估研究與檢討機制、專業人力配置、婦運參與途徑。

　　本文的研究資料包括實地訪談、文獻及官方文件與研究報告。臺灣受訪對象包括行政院各部會性平業務承辦人與性平機制的民間委員等40多人，訪談時間是2012年、2015年與2017年2月。瑞典受訪對象共有30位，包括性平專家、學者、業務承辦人；受訪者服務單位包括性別平等處等8個中央政府部門，以及瑞典國家性別研究祕書處、瑞典地方當局與區域協會、郡行政局、區域政府公平醫療照護中心、自治市政府、性別平等顧問公司、瑞典婦女團體聯盟等（請見章末附錄）。訪談時間是2013年4至12月，當時筆者在斯德哥爾摩大學擔任訪問學者，以及2014年6至7月進行後續訪談。

二、瑞典推動GM模式

（一）性平機制的運作與功能

1.中央政府推動GM的機制與策略

　　瑞典是君主立憲國家實行內閣制，中央政府由政策制定與政策執行雙軌機關組成。職掌預算、立法與政策方針制定的是「內閣各機關」（Government Offices），包括首相府、部（Ministries）與行政事務總管理處（Office for Administrative Affairs）。「執行公署」（Government Agencies）則遵照法令與內閣各機關給予的年度指示

和預算方針執行業務、提供公共服務。[4]執行公署隸屬各部，其首長由內閣各機關任命，但不對個別的部長而是對內閣各機關負責。憲法亦禁止首相和部長干涉執行公署日常治理，稱為「部長統治」的禁令（the prohibition of 'ministerial rule'）。[5]2017年瑞典政府共有10部、23位部長與221個執行公署（若含括駐外使節館約360個）。部通常有二、三位部長，例如：衛生社會事務部有3位部長（兒童老人與性別平等部長、社會安全部長、健康照護公衛與運動部長）。內閣各機關有4,500位雇員，「執行公署」的雇員則多達25萬，可見各部的規模很小，大部分的公務員專家任職於執行公署。[6]

瑞典1970年代起設立性平機制。第一個性平機制「首相的男女平等諮詢委員會」（Advisory Council to the Prime Minister on Equality Between Men and Women）成立於1972年。1976年設性別平等部長的職位（Minister for Gender Equality）。性平部長全權負責性別平等政策，其功能於1982年在性別平等處（Division of Gender Equality）成立後大增（Sainsbury & Bergqvist, 2009: 218）。但瑞典迄今仍未設置獨立的性別平等部或專責的執行公署，性平部長通常由某部副部長兼任。現任的（2017年）性平部長Åsa Regnér，也是衛生社會事務部的一位部長，全稱為「兒童、老人與性別平等部長」（Minister for Children, the Elderly and Gender Equality）。自成立以來性平處隨著性平部長曾落腳於就業部、文化部、民政部、農業

---

[4] 瑞典政府名稱的中文翻譯，參見關中、袁自玉、桂宏誠（2011）文官治理：理念與制度革新——「赴芬蘭、瑞典及丹麥參訪報告」。

[5] 參見瑞典政府網站：Public agencies and how they are governed, http://www.government.se/how-sweden-is-governed/public-agencies-and-how-they-are-governed/

[6] 參見2015年瑞典政府年報Government Offices Yearbook 2015（5、40頁）：http://www.government.se/4aca88/contentassets/af-7c76f44ea8423486f6ce4c02e1acd2/swedish-government-offices-year-book-2015.pdf

部、司法部、融合與性別平等部、教育與研究部；1994年一度跟隨副首相Mona Sahlin移至首相府，現位於衛生社會事務部。[7]

　　性平處是目前瑞典最重要的性平機制，2015年時有15位雇員（2017年的瑞典人口數剛突破1,000萬）。其他國家的各部有各自的權責，在瑞典一項政策業務可能分散於好幾部。瑞典憲法並規定政府有集體責任，因此各部習於共同準備、彼此諮詢預算與法案，所以性平處行政層級並不算高，仍可發揮相當不錯的行政協調（Bergqvist et al., 2007: 229）。性平處推動GM的職責包括統籌與規劃、發展工具與方法、審議各部的政策預算是否具有性平意識，以及提供其他政府部門專業與技術諮詢，也透過制度化的報告機制監督各部的GM實施進度（Åseskog, 2003: 157; Braithwaite, 2005: 74）。

　　1998年成立的國家性別研究祕書處（Swedish Secretariat for Gender Research，設於哥得堡大學University of Gothenburg）是另一個重要性平機制，其職責在分析與發布瑞典國內的性別研究現況，以及增強瑞典性別研究國際能見度與促進國際合作。祕書處與性平處在推動GM任務上扮演互補角色。另一個因應性平主流化實施的制度，是1994年在21個郡行政局各設置一名性別平等官（詳見後文）。

　　性平部長另設有性別平等委員會（Gender Equality Council），邀請政黨代表與市民社會提供建議，每年開會四次純諮詢性質。2009年1月新歧視法（Discrimination Act）開始實施，「性別平等監督員辦公室」（Gender Equality Ombudsman）被併入「平等監察員辦公室」（Equality Ombudsman），任務是保障不同的性別、族群、宗教、身障者、性傾向與年齡者擁有平等權利機會。[8]另外，瑞典國會有聘請性平專家針對政府預算書作性別分析；亦有議長和9位

---

[7]　2007年當時的政府為回應婦運界批評而成立「融合與性別平等部」（Ministry of Integration and Gender Equality）（Sainsbury & Bergqvist, 2009: 226），但於2010年廢除。

[8]　參見Gender Equality Ombudsman: http://www.do.se/other-languages/english-engelska/

議員組成的性平小組，主要活動是為議員舉辦性平演講。

　　性平部長上任後通常會設置委員會檢討過去性平政策的實施成效，並擬定新政策，如2008-2010年設立性別主流化委員會進行大規模調查，體檢各級機關推動GM現況與問題。根據其報告，性平處推出2012-2015年國家性別主流化平臺計畫（2012-2015 National Platform for Gender Mainstreaming），實施對象與目標包括內閣各機關的執行策略、執行公署的發展計畫、郡層級的支持計畫、自治市的GM發展計畫、網路平臺支持系統等五部分（Callerstig, 2014: 43）。

　　筆者從訪談性平處工作人員得知，為加強內閣各機關推動此平臺計畫，性平處的工作包括性平處主任與部長們中餐、提醒首相府資深文官加強對執行公署的監督、各部的性平聯絡人成立網絡、每四個月須定期開會、提升**研議委員會**參與者的性別意識等。[9]性平處作為平行機關缺乏強制性實施規範下，能夠採取的策略都是軟性的協調與遊說。

　　瑞典政府並沒有要求各部與所有執行公署都要提出GM實施計畫，性平處承辦人表示如果要求都要做將引發極大反彈。雖然許多執行公署沒在實施GM或結果很不成功（Stensöta Olofsdotter, 2010），國家GM平臺計畫仍採取循序漸進的小贏策略，鼓勵執行公署自願參與。第一個階段（2013-2014）有18個執行公署參加，第二階段（2015-2018）逐年增加參與數目，2016年總共有60個執行公署加入平臺計畫（Swedish Secretariat for Gender Research, 2016）。這些

9　瑞典政府提出新法案規劃時須先成立研議委員會（Committees of In-quiry），其成員包括召集人與一名到人數不等的委員。相關研議委員隨時維持在200個左右。瑞典的政策制定過程，研議委員會扮演關鍵角色，有些委員會甚至直接提出法案草案（Sainsbury & Bergqvist, 2009: 221）。性平處會舉辦相關訓練課程給召集人及其祕書，研議委員會若拒絕執行性別分析須載明理由。1997年一項調查發現193個研議委員會中只有33%確實做到（Åseskog, 2003）。

執行公署所涵蓋的政策領域極為廣泛，攸關民眾的飲食安全、住屋、工作、經濟、納稅、養老金、保險、心理疾病、教育、文化生活、法律、少數族群權力等。[10]

2.中央政府補助地方政府推廣GM

瑞典政府分成中央、區域、地方三個層級。區域政府有21個郡（counties），地方政府有290個自治市（municipalities）。郡與自治市主管不同事務，行政體系各自獨立並無隸屬關係。自治市主管幼托、中小學、老年照顧、社會服務等事務。郡政府包括郡議會（county councils）與郡行政局（county administrative boards）。郡議會由民選議員的多數黨組成行政委員會，主要執掌醫療照護與大眾交通事務。郡行政局執行與協調中央政策，行政體系上屬於中央執行公署。[11]郡議會與郡行政局亦無隸屬關係。

瑞典中央政府透過「瑞典地方當局與區域協會」（Swedish Association of Local Authorities and Regions, SALAR，自治市與區域政府所組成）鼓勵地方政府推動GM。SALAR早在1995-1998年就在自治市推廣3R性別分析方法，鼓勵自治市的各種政策委員會申請計畫（Åseskog, 2003: 161）。[12]2012-2015年國家GM平臺計畫提撥2,500萬歐元給SALAR，補助88件GM相關計畫，這是歷年來金額最

---

10 包括工作環境管理局、房屋建築及規劃局、軍隊、公共就業服務、養老金局、稅務局、監獄和感化服務、原住民薩米議會、學生援助局、教育署、學校督察、高等教育局、研究理事會、公共衛生署、食品局、檢察機關、移民局、表演藝術局、國際發展合作署、創新系統局等。

11 參見瑞典政府網站：http://www.government.se/how-sweden-is-governed/the-swedish-model-of-government-administration/

12 3R指的是資源（resources）、代表（representation）、價值規範（realia）的簡稱，檢視相關政策與組織內部這三個面向的性別平等情形。

高的瑞典性平創制計畫（Callerstig, 2014: 45）。但據兩位受訪者表示，由於草根婦運力量不大且經費有限，自治市推動GM的成績並不理想。Sainsbury與Bergqvist（2009: 224）指出教育之外，其他領域的進展有限。

　　值得注意的是，地方當局是否申請GM補助計畫，主要關鍵在於女性主義文官，例如：埃司市（Eskilstuna Municipality）的性別平等計畫就是女性主義文官由下而上主動提出申請，實施範圍非常全面性，市府、市議會、學校、市營社福機構、市營企業等都必須執行GM。[13]

3. 瑞典性平機制的缺點：沒有建立獎懲機制、缺乏專責的執行公署

　　瑞典政府機關實施GM最常被詬病的問題是缺乏永續性，即使參與補助計畫，也經常在計畫結束後就不再執行。這項問題有兩個原因造成：第一，性平處的監督策略偏向軟性權威，性平處受訪者表示沒有強制所有執行公署都要提出GM實施計畫，只要求各部的年度報告需要有性別觀點，但對於沒有執行的機關並未施予獎懲。瑞典另一項研究也指出，主管的態度成為執行公署是否持續執行GM的關鍵（Stensota, 2010）。

　　第二，缺乏專責執行公署推動性平業務。多年來瑞典婦運界不斷倡議要求設置專責執行公署與性別平等部，但前幾任政府屢以將造成官僚化與低效率為由拒絕（Sainsbury & Bergqvist, 2009）。2015年現任政府最新研究報告建議，現有性平處的行政位階太低、人力編制不足，建議設立新的性別業務機關統籌及監督全國GM實施。現任性平部長宣布即將正式設置專責的執行公署（Swedish Secretariat for Gender Research, 2015, 2016）。

---

13 參見Action Plan 2011-2015:In Search of Gender Equality: https://www.eskilstuna.se/download/18.369be3c31580a19562d1b5da/147766502 4753/In+search+for+gender+equality+-+action+plan+2011-2015.pdf

（二）基本概念、政策目標與執行方法

1.無所不包的取徑：GM是達成國家性平政策目標的總體策略

Diane Sainsbury與Christina Bergqvist指出一個國家實施GM的方式反映這個國家的性別平等取徑（approach to gender equality），瑞典採取無所不包的取徑（encompassing approach），有幾項獨特之處。首先，瑞典人對性平的概念較美國人寬廣，不僅止於性平機會與性平待遇的觀念。瑞典文「性別平等」（jämställdhet）一詞更關注平等位置或地位，強調的是平等結果（equal outcome）而不僅僅是平等管道（equal access）。早在1970年代瑞典已提出性平方針應給予弱勢性別四成名額比例代表。其次，瑞典的性平政策含括生活重要領域，長期目標致力於將性別面向導入更多的政策領域。第三，無所不包的性平取徑還強調改變的對象包括男與女，而許多國家的目標則只針對改變女性。此外，無所不包取徑的另一項意涵是各政黨雖有不同策略，但都願意持續體制化性平政策（Sainsbury & Bergqvist, 2009: 227）。

瑞典無所不包的性平取徑還反映在對於性別不平等分析有兩項特點：其一，強調性別分工造成性別不平等，需要透過國家政策來改變性別關係，讓女性成為市場受雇者、讓男性成為家庭照顧者。其二，關於不平等的肇因，最早強調傳統價值與規範使然，1980年代中期開始強調權力結構與終結男性的政治支配地位。這項權力論述在1990年代由於女性主義者網絡Support Stocking提出「一半的權力、全薪」的訴求蔚為主流。2005年討論國家性平政策目標而成立的研議委員會（名稱為性別主流化支持委員會）也強調權力結構，提出「男女享有形塑社會與己身生活的平等權力」的法案建議（Sainsbury & Bergqvist, 2009: 227）。

1994年瑞典國會通過「共享權力、共擔責任」法案（Shared Power, Shared Responsibility），其內容是：「性平工作必須在每個政策領域執行，有關措施應是機構常規操作的一部分」（Swedish

Government, 2007: 16），開始採行GM策略與其他性平政策並行的性平政策雙軌制（Callerstig, 2014: 40）。這一年政府也指示瑞典統計署所有官方統計都需要性別分類（Callerstig, 2014: 39）。2006年國會通過國家性別平等政策的總體目標法案：「塑造社會和己身生活的權力：邁向新的性別平等政策目標」（The Power to Shape Society and Your Own Life: Towards New Gender Equality Policy Objectives），提出國家四個中期性平政策目標：男女均分權力與影響力、男女均擔家庭照顧與家務工作、男女經濟平等、男性對女性的暴力必須停止（Bengtsson, 2011; Callerstig, 2014: 39）。

　　2006年通過這項法案的重要性是確定了國家性平政策目標，並律定GM是達成這些目標的首要策略，讓機關實施GM時有更清楚的政策目標。例如：瑞典的性別影響評估須回答政策決策如何有助於達成國家性平目標（Sainsbury & Bergqvist, 2009: 228; Sterner & Biller, 2007: 15-16）。

　　然而，實施多年後許多機關仍反映，釐清核心業務與國家性平目標之間的關係是一大挑戰。國家性別研究祕書處指出問題的關鍵在於性別平等是知識領域，機關須付出更多研究與人力。2015年12月新任性平部長則提出研究報告建議，國家性平政策目標加入「教育平等」與「健康照護服務平等」，移除已經落實的「男女均分家務」項目，希望可以改善問題（Swedish Secretariat for Gender Research, 2015）。

2. 整合型的執行方法：強調具體行動策略、瞄準核心業務、靈活運用GM工具

　　2007年瑞典政府出版GM指導手冊，述明瑞典性別平等政策的架構包括三個部分：政策、理論、策略。政策即前述國會通過的國家性別平等政策目標，制定的基礎是根據性別體系理論（gender system theory），性平政策目標就是要打破瑞典社會的性別體系結構。理論指的是性別體系理論，由瑞典歷史學者Yvonne Hirdman所提出，強調性別結構主要由性別分隔與性別階層形成。策略是性別主流化，

其理念是公共服務不分性別所有民眾都應獲得管道、高品質與適合性的平等。機關應調整服務與資源以適應男女生活形態的需要，因此需要針對其服務民眾的性別狀態進行**性別平等分析**（Swedish Government, 2007: 14）。[14]

　　瑞典政府機關GM實施計畫也依據這個三角架構撰寫：第一角論述國家四項性平政策目標（What）；第二角運用性別體系理論分析所主掌政策領域的性別狀態（Why）；第三角陳述具體行動策略與目標，執行過程會運用性別平等分析、性別影響評估、性別統計進行檢視與診斷（How）。圖2.1呈現瑞典GM的三角實施模式。

└圖2.1┘　瑞典國家性平政策目標與GM的關係[15]

　　以瑞典軍隊（Swedish Armed Forces）為例，說明GM的三角實施模式。瑞典軍隊由人力資源單位草擬2014-2019 GM行動計畫。第

---

[14] 瑞典的性別平等分析涵蓋幾個部分：(1)盤點：機關現況的運作／活動。(2)調查：瞭解男女的現況。(3)分析：運作／活動如何分別影響男女。(4)目標：未來男女的位置。(5)行動：做什麼可以讓現況朝向規劃的目標（Sweden Government, 2007: 16）。

[15] 參見Swedish Government (2007: 15)。

一部分內容說明軍隊性別不平等的現況（Why）；指出GM是達成國家性平政策目標的總體策略，軍隊有責任實踐國家的性平價值與政策目標（What），從三個角度分析捍衛性別平等是軍隊獲得社會信賴的基石：(1)權利角度：男女享有參與社會和發揮影響力的同等權利；(2)實用角度：建立平等的就業機會與工作環境，軍隊方能為人民信任的雇主，招聘到優秀人才；(3)軍事行動效能角度：男女軍人混編有助資訊蒐集與安全評估周全性（黃淑玲，2014）。

第二部分內容是三角中的How部分。首先，說明既有的軍隊長期持續進行的GM行動計畫，分成兩大部分：(1)軍隊人力徵募、升遷的平等政策；[16](2)瑞典駐外維和部隊執行聯合國1325決議任務。[17]接著說明2014年新的GM具體行動策略是加強軍隊四大核心業務——政策文件、管控、訓練與裝備的性平政策。這個新計畫新聘三位性別主流化策略專家（Gender Mainstreaming Strategist），工作過程須與控管、培訓及後續行動的業務負責人密切互動。筆者訪問其中兩位專家，他們表示工作上遭遇到的最大困難是軍隊組織龐大，總部很難將GM的目標清楚地傳遞到下游單位，而基層單位也很難將抽象概念具體化到軍隊日常事務。他們也說軍中很少人反對GM，但大部分人是被動、消極配合，畢竟性別議題不是他們最重要的業務。

從前述國防部三軍案例可看出，瑞典GM執行過程確實針對核心業務的性別平等狀況進行分析，具有性別結構的視野且能夠擬定具體性平政策，並沒有出現許多國家的承辦人只會填具表格，出現技術官僚化的現象（參見關鍵概念）。

---

[16] 包括遵守反歧視法、研究調查軍隊性別歧視、舉行網路研討會、制定反歧視與反騷擾手冊、離職原因加入性別分析、高階管理教育課程加入性別議題等。

[17] 重點工作是介入措施計畫都須做性別分析，並在斯德哥爾摩設立「北歐性別與軍事行動中心」（Nordic Centre for Gender in Military Operations，2013年成立）。1325決議案指聯合國安理會通過的有關婦女、和平與安全之決議。相關討論參見本書葉德蘭教授的文章。

　　瑞典機關的GM計畫非常個別化，也特別依賴性平專家的性別平
等分析，所以性平處為了確保2012-2015國家GM平臺計畫各機關的
結果有一致性與效率，提示五項指南：(1)各部準備政府法案（gov-
ernment bill）時要有性別統計、評論（comment）、分析（analy-
sis），並提出改善策略與預算修正的建議；(2)政府法案須進行對於
成年男女與男女孩的影響之分析，國家性平政策目標是參考的起點；
(3)給予執行公署的年度政策指示須有明確的性別主流化觀點；(4)各
部成立的研議委員會的報告須具有性別觀點；(5)給政府決策前的歐
盟相關政策皆須進行性別平等分析。這五項方針強調GM目標範圍須
涵蓋主要業務，也提醒應該運用GM工具，進行性別影響評估應參考
國家性平政策目標。

　　最後，瑞典GM實施計畫也可能採取跨府、跨部會、跨部門的合
作模式，值得我們政府機關借鏡（彭渰雯等，2015）。例如：瑞典
的健康與社會服務部有一項計畫，其執行單位包括郡議會、自治市、
數個執行公署（國家保險辦公室、兒童視察官、國家公共健康機構、
機構護理國家委員會等）（Braithwaite, 2005: 72）。

（三）專業支持系統

1. 進行研究改善GM執行方法

　　瑞典政府推動GM如同治理其他政務一樣，強調專業、講求效
益，以及減少形式化。自1994年推動GM之後，每任政府都設置委
員會進行GM方法與成效評估研究。1994年的女性權力研議委員會
（Women's Power Inquiry Committee）集合數十位學者從家庭、工
作／勞動市場與福利國家等三面向探討瑞典社會的性別權力關係，
1997-1998年出版13冊研究成果。[18]在GM方法的研發方面，1995年
創立3R性別分析方法。發展性別預算工具也很謹慎，僱用財政、教

---

18 根據筆者訪談得知。

育、工業、就業、交通、大學與統計室的專家共同制定（Åseskog, 2003）。2000年調查執行公署推動GM的進展與困境，發現各部的年度政策指示與成果報告都沒有給予明確的性平目標；2002年成立一個指導小組，致力於找出執行公署如何永續推動GM的策略；2004年設立另一個委員會，建議各部給執行公署的年度指示要求客製化的性平政策目標，並做追蹤、回報與評估（Callerstig, 2014: 41-42）。2004-2006年再設置性別主流化支持委員會（Swedish Gender Mainstreaming Support Committee，瑞典文JämStöd），提出國家性別平等政策總體與中期目標，改進GM的實務方法與模式（Callerstig, 2014: 42）。2008-2010年又成立一個性別主流化委員會（Swedish Commission for Gender Mainstreaming，瑞典文JÄMI），調查各層級政府實施GM的障礙因素，建議政府建立性別主流化長期支持系統，包括修訂政府採購法、引入私人企業與市民社會參與、建置學術研究與實務經驗平臺等（Bengtsson, 2011）。2014年9月現任政府設置性別平等委員會（The Swedish Gender Equality Commission），檢討2007年以來重要性平政策與GM實施問題，提議修改國家性平政策目標與設置專責執行公署。

　　瑞典政府亦贊助學術機構支援GM的目標與執行，例如：1998年設置國家性別研究祕書處協助機關進行GM的業務，並於2009年設立英文Includegender.org網站，蒐集與散播瑞典GM的經驗與知識。SALAR也集結性別主流化的補助計畫成專書出版（Lindolm, 2011）。GM需要的性別知識分布在行政、企業、管理、醫學、理工與科技等領域，多所瑞典大學設立跨領域性別研究中心，如Luleå University of Technology的性別與科技研究中心；Karolinska University成立Centre for Gender Medicine。研究單位如The Swedish Governmental Agency for Innovation Systems鼓勵以性別、多元平等與社會創新為主題的研究計畫。也有些大學開設實務的性別平等課程（Callerstig, 2011: 169）。但有幾位受訪者認為瑞典的大學性別研究相關科系課程與GM所需的性別知識大為脫節。

2. 性別顧問公司

　　瑞典政府實施GM後許多機關需要性平專家，有些機關聘有永久職的性平專家，例如：郡行政局的性平官、軍隊性別專家與戰地性別顧問，但名額很少。新創性平計畫例如2012-2015國家GM平臺計畫、SALAR的補助計畫都是透過市場機制聘請短期的性平專家與性別顧問公司協助進行。

　　性別顧問公司是國際組織、歐盟、瑞典等國家實施GM之後的產物。筆者拜訪過一家有10位員工叫做Add Agender的性別顧問公司，其執行長創立「瑞典平等企業家協會」（Swedish Business Association for Equality Entrepreneurs）。她說瑞典全國性平專家約有250人，大都是個人工作室。她們的顧客除了政府機關，也提供企業性別觀點的課程、分析與諮詢服務，訴求的重點是性平有助於提升公司的形象、效率與利潤。瑞典法律雖規定僱用25位員工以上的企業都須提出年度性別平等計畫，但仍停留在紙上作業。GM的理念尚未真正擴展到企業界。性平專家的就業市場競爭激烈，經常在結束一項計畫工作後就得尋找下一份工作。

　　雖然瑞典推動GM之後很需要性平專家，但性平專家的職業威信還有很大努力空間。一位在交通機關任職的策略專家告訴筆者，性平業務被視為專業度較低。某文獻引述一位受訪者的陳述更為悲觀：「如果你的工作與性別平等有關，你會被視為是某類失敗者」（Hankivsky, 2013: 637）。瑞典政府不願僱用更多永久職的性平專家，也影響GM的永續性。許多機關在補助計畫結束後，不會自行聘用專家，而是委由其他工作人員負責，有些機關可能就不再執行GM。

3. 性平專家的「策動者」角色

　　1994年GM剛開始推動，中央政府在21個郡行政局設置性平官職位（gender equality officer），他們是政府機關中少數的永久職性平專家，正式職稱是「性平策略專家」（gender equality strategist）或「性平發展專家」（gender equality developer）。性平官的任務之一

是規劃與執行GM年度行動計畫。一位性平官受訪時表示推動GM需要各部門配合，性平官須喜與人交談，不宜擺出婦運者的高姿態。性平處前副處長Birgitta Åseskog受訪時也表示，優秀的性平官必須是一位策動者（facilitator），她／他不須特別專精某個性別議題，懂得策略、善於溝通、熟稔行政事務的這些能力更為重要。

根據2012-2015國家GM平臺計畫的一項調查，當前的性平官在工作上面臨不少的困境，包括了中央政府沒有給予明確的任務指示，自己要摸索工作方向；同事不知道如何執行GM，後續追蹤困難；主管對GM沒興趣，沒有獎懲制度等。改善策略包括：請中央政府定義明確的職責範圍、成立全國性的協調機制並彙集優良範例、發展共同的工作程序與組織教育方式、設置政治支持系統例如成立委員會以定期監督與追蹤（Turesson, 2013）。

簡言之，在瑞典GM被視為是實踐國家性別平等政策目標的總體策略。瑞典模式的特色性，只有中央政府有制度化的專責機制，但行政層級不高，亦缺乏硬性考核獎懲制度；其次採取計畫經費補助方式鼓勵地方政府機關推動GM，女性主義之官由下而上的主動性成為地方政府推動GM的關鍵。執行方式強調靈活運用GM工具，針對政策關聯的不平等狀態進行全盤式性別分析，再從核心業務提出具體行動以達到國家性別平等目標。專業支持系統方面，中央或地方政府都重視研究，聘用專職性平專家執行GM計畫，但仍有政府性平官的正式員額少、性平專家專業地位不高、學校性別研究與GM實務脫節等許多問題。

三、臺灣實施模式

（一）性平機制的運作與功能

臺灣GM實施的最大特色是性平機制深入到各級政府機關，行政層級高以及允許市民社會的參與程度非瑞典所能及。2012年開始實

施的《行政院組織法》與《消除對婦女一切形式歧視公約施行法》（簡稱CEDAW）是奠定今日性平機制規模的法源。

　　臺灣第一個中央性平機制是「行政院婦女權益促進委員會」（以下簡稱婦權會），成立於1997年。1999年「財團法人婦女權益促進發展基金會」（以下簡稱婦權基金會）成立。婦權會推動性別主流化後，婦權基金會負責GM工具與方法的開發，以及課程訓練。地方政府則為獲得內政部社會福利評鑑補助，於2004年前陸續設立婦權會。行政院各部會在中央婦權會的提議下於2006-2007年設立性別平等專案小組。為因應《行政院組織法》與CEDAW實施，2012年行政院於本部新設性別平等處，並更名婦權會為「性別平等會」（以下簡稱性平會），並在國家發展委員會增設性別平等科。同一年考試院、司法院分別成立性別平等委員會、人權暨性別平等委員會。2013年監察院在人權保障委員會之下增設性別平等小組，總統府亦成立性別平等小組（但任務範圍只限府內事務，並不涉及國家政策）。2016年立法院成立性別平等委員會。

　　五院與地方政府的性平機制皆是參與式民主委員會，然而市民社會參與決策的程度不一，行政院之外其他四院的委員會只有三、四位民間委員，主要仍是諮詢性質的功能。行政院性平會則是國家性平政策的最高層級行政機制，正（副）院長擔任正（副）召集人，指派一位政務委員擔任執行祕書，委員囊括14個部會首長、18位民間代表。運作方式採取三級會議與滾動式的管理制度，部會性平專案小組具有第四級會議的功能。各院轄市與縣市政府的性平機制採取類似性平會的組織架構與運作方式。

　　參與式委員會的決策功能，由於法律位階較低其功能可大可小，比起瑞典的性平機制，更仰賴首長的重視程度、幕僚的專業能力以及民間委員的積極參與，只要其中一項條件欠缺，其功能就會受到影響。

　　在行政院性平處的監督下，GM已是行政院、各部會與地方政府的制度性例行工作。性平處採取評鑑方式與舉辦金馨獎來提高各部會及地方推動GM的意願，這種硬性形式的監督策略比起瑞典

的軟性形式，最大優勢是表面上各部會都在持續推動GM，缺點則是GM實施計畫與性別平等政策綱領、消除對婦女一切形式歧視公約（CEDAW）的業務都要被管考，造成性平業務包山包海，許多部會承辦者抱怨只有填表格的瑣碎行政事務，無法感受性平業務的重要性。

（二）基本概念與執行方法：以GM工具為推動目標的全面模式

　　行政院各部會GM實施計畫已進行到第三期。第一期（95-98年度）的工作重點是推動所謂的六大工具：性別平等機制、性別意識培力、性別統計、性別分析、性別影響評估、性別預算。第二期（99-102年度）除了庚續推動六大工具，另一個主軸是中長程計畫與法律修訂的性別影響評估。第三期（103-106年度）持續上述目標之外，新增「關鍵績效指標值」，亦即須提出所預期達成的CEDAW或重要性別平等政策的目標值。地方政府的GM實施計畫在形式上亦差不多。

　　以第三期實施計畫為例，臺灣執行GM方式與瑞典最明顯不同之處有幾項。首先，就實施範圍而言，中央與地方政府要求所有部會、局處都要提出GM實施計畫，而且每個單位都要參與。這種推動模式沒有小贏策略的概念（參見關鍵概念），且未考慮重要政策優先執行，也較少關注到資源分散、成功條件缺乏與公務體系反彈的問題。

　　在實施重點方面，各機關實施計畫以六大工具為推動目標，造成目標錯置；因為GM這些工具的用途只是分析、教育與諮詢，真正目標是提出創新的性平政策，並提升組織中性別平等文化。而目標錯置也是造成GM形式化的癥結之一。

　　在實施目標與理論方面，我們的實施計畫缺乏瑞典三角模型中的國家性平政策目標與性別理論。性別平等政策綱領於2011年頒布，理應與GM實施計畫密切結合，就如瑞典實施計畫很明確說明GM是國家性平政策目標的總體策略。少了這項概念的說明，各部會始終

沒有釐清GM計畫與性平政策綱領的關係，設定的關鍵績效指標大都是簡單的、可行的提升女性參與決策與就業機會的性別比例（彭渰雯等，2015）。又由於性別平等政策綱領欠缺清晰的性別理論架構，以致各部會實施計畫缺乏針對核心業務相關性別議題與資源分配進行性別分析。茲以國防部案例說明這些問題。

國防部第三期GM實施計畫提出的關鍵績效指標，即所預期達成的性別平等政策是：增加女性人力進用比率、開放裝甲官科職缺進用女性、開放艦艇（含潛艦）職缺進用女性、完成違反CEDAW公約法規條文修正、上尉應具備晉任少校必要學歷（正規班）之男、女性比例差異等項目。這些目標都很重要，但也都是國防部的既定政策，將它們當作GM的關鍵目標值，規避了GM應該要做而沒有做的工作，即檢視、診斷、分析與論述國防部還有哪些核心業務缺乏性平觀點，再據以提出行動策略，執行後再提出改善的修正政策。瑞典政府機關的GM實施計畫，就有這樣的內涵、步驟及結果。例如：前述提到2014年瑞典軍隊GM計畫的一項行動策略是針對軍人的裝備帶入性別平等觀點，其實施結果，在2015年軍隊籌劃預購的武器與防具就會考慮女性與少數體型軍人的需求。

最後，在GM實施的分工方式方面，臺灣是將六大工具都當作是六個目標，分配給不同單位去執行，而最重要的規劃、調查與分析的基礎工作卻無人負責與聞問。更麻煩的是，許多文官對GM的概念不清，將工具錯置為目標。其他還有一些問題如性別意識培力課程很少有客製化的課程；性別影響評估聊備一格，僅供參考；將性別分析與性別統計綁在一起，缺乏瑞典性別平等分析所具有的盤點功能等。

（三）專業支持系統

在GM專業支持系統方面，臺灣與瑞典政府也有不同的策略。首先，我們政府沒有持續進行成效評估與改善方法的大規模研究。有的只是斷續的獨立計畫研究，如性別影響評估成效研究（陳金燕、王曉丹，2011）、性別平等專責機制之研析（顧燕翎、范情，2009）、

GM執行成效探討研究（彭渰雯等，2015）。性平處隸屬行政院本部，業務經費預算受限不可能進行大型研究。

行政院要求各部會同步推動GM，但並不重視科技、科學、工程、醫學、國防、經濟、財政、金融、環境等實用性別研究。科技部雖然有「性別與科技」專題計畫，但經費極為有限。臺灣的GM基本概念課程已推動很久，多數公務人員皆已上過，但與業務密切相關的實務課程卻找不到講師。

其次，臺灣的性平機制採取參與式委員會形式，允許婦女團體與專家學者直接參與決策，更能實踐GM深化民主的目標，但過度依賴外聘委員提供專業指導也衍生許多問題。專家學者都有正職，很難全心投入而致影響品質。雖然GM專家人才資料庫號稱有300多位師資，其實很高比例欠缺業務相關性別研究知識，以致許多機關找不到合適的性平機制委員與訓練課程講師，或專家協助進行性別影響評估。

再者，性平機制仰賴外聘委員極不利於公務體系培養女性主義文官。瑞典性平機制比我們早二十年成立，實施GM也比我們早十年，培育出許多女性主義文官。臺灣民間婦運蓬勃發展，性平機制已成立二十年，GM也實施超過十年，但公部門並未出現許多女性主義文官，性平處的公務員大都還是一般公務員轉任，仍無法發揮瑞典郡行政局性平官的「策動者」專業角色，可見重視外部性平專家不易於內部性平專家制度之建立；也導致公務員總以為性平專家應該是外聘的，忌諱自稱是「性別專家」。

臺灣機關缺乏內部性平專家，各部會執行GM的業務承辦人都是兼任性質、職務調動頻繁，又沒有獎懲制度來考核其表現，承辦人不易建立專業性及對性平業務的認同。筆者曾至某部會訪談，受訪的承辦人表示交接業務之後，就得靠自己摸索業務了。她認為性平業務是多出來的工作，自己有本職的工作，又要花許多心力做性平工作，感覺多是行政的瑣碎事，如開會、填報表，不覺得性平業務有什麼專業性。又一位公務員表示，性平業務做得再好，頂多在會議上被民間委員誇獎，卻可能遭到長官質疑幹嘛花那麼多時間做這些事。

　　從以上可見，臺灣在性平機制方面的優點是具有監督功能，且允許市民社會直接參與決策。執行方式方面的優點是，全面推動模式建立在由上而下命令、評鑑與考核，缺點是沒有積極的激勵制度與人力配套讓各機關人員由下而上長出認同。專業支持系統的問題是過度依賴外部學者專家，以致難以培養女性主義文官與內部性平專家。

四、比較臺瑞兩國對於GM的關鍵概念

　　基於以上分析，瑞典與臺灣的GM模式差異甚大，造成差異的因素必須進一步追尋到最基礎點，即兩國對於GM的方法論有不同的見解。瞭解這最根源的不同，才能真正理解兩國的差異，並從其中相互學習。

（一）監督手段是軟性VS.硬性

　　Sophie Jacquot從政策工具觀點出發，指出GM是一種沒有約束力、具有彈性的、橫向整合的政策工具（transversal policy instruments），旨在管理複雜、多面向的政策議題，將它們有系統結合在跨層級、跨部門的治理體系，又稱為「插入式治理」（governance by insertion）。不同於平等機會的管制型工具或平等對待的校正型工具，GM的另一特色是引進市民社會參與決策，並允許多元化的實施方式。例如：歐盟並沒有建立懲罰機制或制定統一執行模式，而是由會員國與歐盟各組織自行規劃與負責推動GM（Jacquot, 2010: 119）。

　　臺灣與瑞典GM模式都有「插入式治理」特點，但也有明顯差異。臺灣的監督策略偏向硬性權威，機關實施的動力完全基於由上而下的命令，並且偏好評鑑管制與統一形式的執行方式；瑞典則採用軟性的監督策略，以經費補助鼓勵機關參與，計畫形式較為多元，但GM永續執行仰賴機關主管態度。在性平機制部分，同樣強調公私伙

伴關係，臺灣行政體系的性平機制延聘外聘委員參與決策、邀請專家學者授課；瑞典政府機關則由女性主義文官規劃，透過市場機制延聘性平專家執行計畫與提供訓練課程。

（二）GM是工具VS.目標

　　GM作為提升性別平等的策略，其重要特徵在於使用三種類型的工具與技術：(1)分析工具與技術：評估與監督性別不平等狀態，如性別統計、性別分析、性別預算、性別影響評估等；(2)教育的技術與工具：協助公務體系瞭解性平問題，例如：性別專業與意識提升的工作坊、課程與手冊等；(3)諮詢與參與的工具：允許市民社會參與決策，如成立工作小組、人才資料庫、建立性別比例原則等（Council of Europe, 1998: 29）。

　　臺灣與瑞典GM模式對於三種工具的用途明顯有不同的概念。臺灣政府機關的實施計畫將這些技術歸類成六大工具，並且被當作是推動目標本身。許多承辦人只會操作工具，而不會積極去瞭解機構脈絡下GM的意義。對於問題本質與嚴重性的描述、證明、統計、分析等資料相當薄弱，導致GM實施結果經常淪為純程序的性質，產出不了具體的性平政策，或誤將無關的性別政策納入。瑞典的GM模式則強調國家性平政策目標、有關政策議題的性別不平等分析，以及具體行動策略之間的三角關係，執行過程靈活使用GM工具，目標瞄準核心業務。

（三）小贏策略VS.全面推動

　　臺灣各級政府推動GM都採取所有部門參與的模式。這個模式的原始規劃者是行政院婦權會民間委員，她們當時急於改革，在尚不熟悉行政生態、尚未建立與官僚體系的信任關係之情形下，很難接受慢慢來的小贏策略（黃淑玲、伍維婷，2016）。全面推動卻沒有指派類似瑞典性平專家的人負責跨部門核心業務的性別分析以及設定行動策略目標，再加上完全著重在工具的執行，這些因素加總造成形式化

問題嚴重。

瑞典雖然律定GM是所有政府機關的任務，但沒有採取硬性的獎懲制度，而是集中資源以經費補助方式鼓勵參與，避免一開始就強制所有機關執行可能引發的反彈。這項作法呼應組織心理學家卡爾維克的主張，社會議題宜表述為可以運用小贏策略而解決的問題。小贏策略奠基在一系列看似中等重要卻能產生完整而具體的成果，因而較能吸引支持者，減少反對力量（Weick, 1984）。

五、結論

從本文分析瑞典與臺灣推動GM歷程及GM模式差異來看，有以下幾點結論：

（一）性平機制的機構能力（institutional capacity）

依照Rai（2003: 26）的五項指標來比較臺灣與瑞典的中央性平機制。第一項指標為性平機制的行政權威是否足以影響政府決策？瑞典性平處的行政層級相較於臺灣低，然垂直與橫向的整合功能仍極強，但沒有獨立性平部與專責執行公署最被批評。臺灣性平會以院長為召集人，行政權威雖高，但實質功能受到主政者態度與民間委員素質的影響。第二項指標是性平機制與市民社會的關係是否密切？臺灣性平機制允許民間委員直接參與決策，瑞典的性平機制雖欠缺這項元素，婦運界仍與學術界、女性主義文官形成分工與聯盟關係，可參與研議委員會與性平部長的諮詢委員會，以及組成性別顧問公司參與GM推動。第三項指標為性平機制的任務與功能是否有法源依據？臺灣行政院性平會與性平處已有《行政院組織法》的背書，但性平會法律位階相對於瑞典性平部長仍較低，受到院長個人態度的影響大。第四項指標是性平機制的專人與經費是否充裕？臺灣性平處的40位專職人員大都是一般公務員轉任，仍有待加強性平專業；瑞典性平處的

女性主義文官專業強，但人力只有15人左右而遭到批評，然每年編列性平創新政策與研究預算，行政院性平處則缺乏類似預算。第五項指標是性平機制是否受到監督與課責？瑞典性平處受到國會監督，臺灣性平處也有立法院的監督與課責，但性平會不受立法院監督，民間委員也不受市民社會的監督與課責，使得其素質與專業大大影響運作功能。

（二）GM執行方式臺瑞各有優缺點

　　瑞典機關執行GM計畫的工作模式與臺灣各有千秋。瑞典在規劃GM計畫的初期主責單位就與跨部門組成工作團隊。執行與報告撰寫也是由性平專家負責；專家分工方式是各自負責一、兩項核心業務，過程中與各部門討論。這種工作模式的優點是有性平專家執行，選擇優先性議題進行，以小贏策略推動。缺點是採用軟性監督策略，缺乏獎懲，並且沒有設置類似臺灣部會性平專案小組，所以許多執行公署經常GM計畫結束之後無以為繼，機關主管態度成為持續GM的關鍵。臺灣機關則從規劃、執行、到報告撰寫，皆缺乏跨部門討論與性平專家深入統籌、調查、分析與統整。各部會實施計畫書照抄行政院頒布的版本，一個部門各自負責一個GM工具，並各自提報年度成果報告給人事單位彙整，在性平專案小組會議讓外聘委員審查，再經由性平處審議後送交性平會通過。臺灣這種全面推動模式的優點是有性平監督機制與評鑑可以持續推動，缺點則是無法提出重要的創新政策，且錯置GM工具為推動目標。

（三）瑞典重視專業支持系統可供臺灣學習

　　瑞典推動GM能夠成為國際典範，很重要的一個策略是政府很早就意識到GM執行需有專業支持系統，主要以進行研究來持續改善執行方法，也會聘請性平專家執行開創性的性平計畫。而臺灣性平處因為經費不貲，只能有偶爾的獨立計畫研究，無法進行持續性的成效評估與改善方法的研究。又性平機制太依靠外部性平專家學者，以致無法培養政府內部的性平專家。瑞典政府專業支持系統的作法是臺灣很

可以學習參考的。本文強力建議臺灣政府吸收瑞典此優點，增加性平處與科技部的性別研究預算，以及有計畫地培養內部性平專家，相信定能提高推動GM的效能。

最後，瑞典有學者深不以為然國際盛讚瑞典的性別主流化是全球典範，直指這是建構出來的神話，批判瑞典的GM其實是建立在國族、種族與異性戀優位性的偏見上（Landén & Olofsdotter, 2016; Martinsson, Griffin & Nygren, 2016）。這項論點有待未來研究進一步檢視。

關鍵概念

1. GM的小贏策略模式

　　歐洲理事會（Council of Europe）於1998年出版了一本最早期的GM教戰手冊《性別主流化：概念架構、方法論與良例》（*Gender Mainstreaming: Conceptual Framework, Methodology and Presentation of Good Practices*）。作者群是歐盟性平專家，她們建議不要一開始就貿然全面推動GM，要有優先性與資源集中的觀念，先選擇某些與民眾利益最為切身、男女最不平等、或已有執行性平政策經驗的機關開始推動。在實施過程必須有發展與實驗的階段，如此方能確保性別主流化的過程邁向成功。這就是GM的小贏策略模式。

　　女性主義組織行為學者黛博拉梅爾森在中文翻譯為《改革不造反》一書中如是定義：「小贏是一種有限的可行方案，能產生具體可見的成果。擬定立即可行的步驟，時間一久，即演變成能產生擴散效果的程序，不僅創造成績，也創造有助於進一步改變現狀的環境。」〔李田樹、李芳齡譯（Meyerson, 2001），2004: 151〕。

2. GM技術官僚化（technocratization of gender mainstreaming）

　　GM的定義沒有明訂政策目標，其理論假定政策制定的過程與結果是有意圖的、理性的，執行者會自動設定明確的實質目標

（Meier & Celis, 2011），會利用分析工具診斷性別不平等與政策領域之間的關聯性。然而，許多承辦人操作時卻出現漏斗效應，只會操作性別統計、性別影響評估、性別預算等系列工具，而沒有進行不平等狀況的分析，也沒有提出具體的改善策略。推動結果只是執行一套方法與過程，而不是將它當作重要的政策議程。這種現象稱為GM技術官僚化（Daly, 2005）。

問題與討論

1. 請以本文對於GM的小贏策略概念，針對文中所提到臺灣國防部所實施的第三期GM計畫，說出妳／你個人的看法以及建議。
2. 請針對臺瑞兩國GM模式的關鍵概念差異因素，提出一至二項妳／你觀察到的臺灣公務體系文化與性平機制設計因素來論述造成差異所在。

政策建議

1. 各級機關的GM具體行動計畫，選擇有益民眾最迫切需要的優先性議題，以小贏策略模式進行：組成性平業務小組以團隊合作討論方式，瞭解GM工具與性別平等政策綱領及核心業務之間的關係，寫出從核心業務切入的GM具體行動計畫。
2. 中央、地方政府學習瑞典政府注重研究，看到GM推動有助社會創新，輔導大學與研究機構發展醫學、科技、工程與國防等性別研究。
3. 中央各部會應培植內部性平專家，減低依賴外聘學者專家提供片段意見。性平處能借鏡瑞典的性平專家角色，豐厚工作同仁的性平專業知能，得以符合各部會對於性平處推動GM作為策略者的角色期待，才能真正帶領各部會落實GM。

參考文獻

中文部分

行政院主計總處（2016年3月29日）2015年我國性別落差指數（GGI）居全球第43名。國情統計通報（第57號）。

黃淑玲（2014）〈全球典範！？瑞典GM實施模式〉，《公共治理季刊》，2(2)：69-82。

黃淑玲（2015）《臺灣性別主流化十年檢視與國際比較：全球脈絡與在地發展的問題與展望——性別主流化在臺灣與瑞典：國家機制與落實問題的比較分析》（國科會專題研究計畫成果報告）。

黃淑玲、伍維婷（2016）〈當婦運衝撞國家：婦權會推動性別主流化的合縱連橫策略〉，《臺灣社會學》，32：1-55。

彭渰雯、黃淑玲、黃長玲、洪綾君（2015）《行政院性別主流化政策執行成效探討》（委託研究報告）。臺北：行政院性別平等處。

陳金燕、王曉丹（2011）《性別影響評估機制》（委託研究報告）。臺北：行政院研考會。

顧燕翎、范情（2009）《性別平等專責機制之研析》（委託研究報告）。臺北：行政院研考會。

李田樹、李芳齡譯（2004）《改革不造反》。臺北：天下雜誌。譯自D. E. Meyerson (2001) *Tempered radicals: How people use difference to inspire change at work*. Harvard Business School Press.

英文部分

Åseskog, B. (2003) National machinery for gender equality in Sweden and other Nordic countries. In S. M. Rai (Ed.), *Mainstreaming gender, democratizing the state: Institutional mechanisms for the advance of women* (pp.146-66). London: Transaction Publishers.

Bengtsson, E. A. (2011) *JÄMI: A Swedish commission for gender mainstreaming.* National Secretariat for Gender Research, Göteborgs universitet University of Gothenburg. Retrieved from http://www. jamiprogram.se/digitalAssets/1340/1340817_jami_eng_report.pdf

Bergqvist, C., Olsson, B. T., & Sainsbury, D (2007) Swedish state feminism: Continuity and change. In J. Outshoorn and J. Kantola (Eds.), *Changing state feminism* (pp. 224-45). Basingstoke: Palgrave Macmillan.

Braithwaite, M. (Ed.) (2005) *Gender – sensitive and women friendly public policies: A comparative analysis of their progress and impact, EQUA-POL*. Final Report. Brussels: European Commission. Retrieved from http://cordis.europa.eu/documents/documentlibrary/90619051EN6.pdf

Callerstig, A. (2011) Implementing gender policies. In K. Lindhom (Ed.*),* *Public sector organisations: Public implications and practical applications* (pp. 167-87). Sweden: Studentlitteratur.

Callerstig, A. (2014) *Making equality work: Ambiguities, conflicts and change agents in the implementation of equality policies in the public sector organisations* (electronic version). Unpublished Doctoral dissertation, Linköping University, Sweden). Retrieved from http://www. diva-portal.org/smash/get/diva2:704692/FULLTEXT01.pdf

Council of Europe (1998) *Gender mainstreaming: Conceptual framework, methodology and presentation of good practices*. Retrieved from http://www.unhcr.org/3c160b06a.pdf

Daly, M. (2005) Gender mainstreaming in theory and practice. *Social Politics,* 12(3): 433-50.

Hankivsky, O. (2013) Gender mainstreaming: A five-country examination. *Politics & Policy,* 41(5): 629-55.

Jacquot, S. (2010) The paradox of gender mainstreaming: Unanticipated effects of new modes of governance in the gender equality domain. *West European Politics,* 33(1): 118-35.

Landén, A. S. & Olofsdotter, G. (2016) What should we do instead? Gender-equality projects and feminist critique. In L. Martinsson, G. Griffin and K. Nygren (Eds.), *Challenging the myth of gender equality in Sweden* (pp. 141-93). Britain: Policy Press.

Lindhom, K. (2011) *Public sector organisations: Public implications and practical applications*. Sweden: Studentlitteratur.

Martinsson, L., Griffin, G. & Nygren, K. (Eds.) (2016) *Challenging the myth of gender equality in Sweden*. Britain: Policy Press.

Meier, P. & Celis, K. (2011) Sowing the seeds of its own failure: Implementing the concept of gender mainstreaming. *Social Politics,* 18(4): 469-89.

Rai, S. M. (2003) Institutional mechanism for the advancement of women: Mainstreaming gender, democratizing the state? In S. M. Rai (Ed.), *Mainstreaming gender, democratizing the state: Institutional mechanisms for the advance of women* (pp. 15-39). London: Transaction Publishers.

Sainsbury, D. & Bergqvist, C. (2009) The promise and pitfalls of gender mainstreaming: The Swedish case. *International Feminist Journal of Politics,* 11(2): 216-34.

Stensöta, O. H. (2010) *Processer i arbetet med jämställdhetsintegrering : ett samtal med tio myndigheter (Processes in gender mainstreaming: A conversation with ten agencies)* (A Report). National Secretariat for Gender Research, University of Gothenburg. Retrieve from http://jamda.ub.gu.se/bitstream/1/478/1/Jamirapport-1318929-jamirapport-2.10.pdf

Sterner, G. & Biller, H. (2007) *Progress, obstacles and experiences at governmental level gender mainstreaming in the EU member states.* Ministry of Integration and Gender Equality, Sweden.

Swedish Government (2007) *Gender mainstreaming manual: A book of practical methods from the Mainstreaming Support Committee* (JämStöd). Swedish Government Official Reports SOU 207: 15.

Swedish Secretariat for Gender Research (2015) Retrieved from http://

www.genus.se/en/newspost/formulation-of-goals-a-big-challenge-for-gmga-agencies/

Swedish Secretariat for Gender Research (2016) *Formulation of goals a big challenge for GMGA agencies.* Retrieved from http://www.genus.se/en/newspost/formulation-of-goals-a-big-challenge-for-gmga-agencies/

Turesson, E. (2013) (*Jämställdhet i alla län: förstudie om en utvecklingssatsning för att stärka länsstyrelsernas arbete med jämställdhetsintegrering i länen (Gender equality in all counties: preliminary study on development efforts to strengthen county administrative boards' work on gender mainstreaming in the counties*) (A Report). [online] www.lansstyrelsen.se/gotland. Retrieved from http://jamda.ub.gu.se/bitstream/1/699/1/Jamstalldhet-i-alla.lan.pdf

Walby, S. (2011) *The future of feminism.* Cambridge, UK: Polity.

Weick, K. (1984) Small win: Redefining the scale of social problems. *American Psychologist,* 39(1): 40-49.

附錄　瑞典受訪者服務部門

中央部門	Division for Gender Equality, Swedish Armed Forces, Nordic Centre for Gender in Military Operations, Transport Administration, Swedish Prison and Probation Service, Swedish Civil Contingencies Agency, Swedish National Board for Youth Affairs; Ministry of Enterprise, Energy and Communications
區域政府公平照護中心	Center for Equity in Health Care, Gothenburg, Västra Götaland Region
四個郡行政局	Stockholm County Administrative Board, Örebro County Administrative Board, Södermanland County Administrative Board, Gotland County Administrative Board
自治市	Eskilstuna Municipality
研究單位	Swedish Secretariat for Gender Research, Karolinska Institutet Center for Gender Medicine, Stockholm University
婦女團體、性平顧問公司	The Swedish Women's Lobby, Add Gender

第三章

性別主流化的在地實踐
高雄與釜山的比較[1]

黃長玲

國立臺灣大學政治系教授

摘要

性別主流化爲1995年以來，全球許多國家推動性別平權的行動策略。然而，過去二十年間，討論或評價此行動策略成果的作品，多半集中於各國中央政府層級。本文以臺灣高雄及韓國釜山兩個城市進行比較研究，探討性別主流化的在地實踐經驗，並指出兩個城市在推動主流化的過程中，都出現與該國中央政府體制同形的現象：臺灣較爲依賴委員會治理，而韓國較爲依賴官僚主導。臺灣對於主流化的工具法制化程度較低，但是民間參與的程度較高，而韓國則法制化程度較高，但是民間參與的程度不若臺

---

1 本文為科技部專題研究計畫「臺灣性別主流化十年檢視與國際比較：全球脈絡與在地發展的問題與展望——性別政策機制與地方治理：臺灣與南韓的比較（101-2420-H-002-017-MY3）」之計畫成果之一。作者感謝黃淑玲教授及謝小芩教授對文稿的審閱及建議，也感謝參與此計畫的其他學界同仁的提點及助理們的諸多協助。

灣活絡。從這兩個城市的經驗也可以看出，臺灣及南韓兩國在性別主流化的在地實踐上，雖然仍有強化的空間，但也都累積了相當的成果。

一、前言

　　性別主流化（gender mainstreaming）是1995年聯合國北京世界婦女大會中所提出來的概念。該次大會中，通過了所謂的北京行動綱領（Beijing Platform for Action），使得性別主流化在過去二十年間，成為全球婦運最重要的行動策略。這個行動策略的主要特色是透過政策工具，使得政府在施政過程中積極扮演促進性別平權的角色，而其核心內涵是任何一項政策，從研擬、制定、執行、到管考，都能符合性別平權的價值。

　　臺灣因為多年來孤立於國際社區外，直到2000年中期才由民間婦女團體透過參與政府委員會，將此一行動策略導入行政部門，以行政院婦女權益促進委員會（以下簡稱行政院婦權會，該委員會2012年改組為行政院性平會）作為平臺，開始推動性別主流化。在發展程度及民主進程都與我國相近的南韓，政府及民間婦女團體也自1995年世界婦女大會後開始大力推動性別主流化。在金大中、盧武鉉政府任內，由於婦運組織與政府部門關係密切，諸多議程的進展尤其快速。[2]無論是臺灣或是南韓，在性別主流化推動多年後，都出現相關研究。臺灣方面，相關作品多半討論性別主流化與婦女運動的關係（林芳玫，2008；彭渰雯，2008）、性別主流化與政府體制的關係（魏美娟，2010；張瓊玲，2014）、性別主流化與特定議題的關係（嚴祥鸞，2011a）、或是與國際經驗的參照（黃淑玲，2008）。這

2　關於韓國推動性別主流化的經驗，到金大中政府任內為止，迄今最完整的研究是Jones（2003）的作品。

些關於性別主流化的研究，除了少數例外（嚴祥鸞，2011b），多半以中央政府的經驗為主。韓國關於性別主流化的情形，也出現類似的狀況，討論的焦點多半也是性別主流化與婦女運動的關係（Kim and Kim, 2011）以及中央政府的體制與政策（韓貞媛，2010；金恩慶，2008；Won, 2007；金在仁、林美容，2004）。對於性別主流化的地方經驗欠缺較為深入的瞭解，是目前臺灣與韓國性別主流化研究的共同現象。

由於性別主流化是在聯合國場域中提出的行動綱領，它的在地實踐，也就是各國以及各國內部地方層級的政府及公民社會是否願意採取這樣的行動策略，就成為性別主流化是否真的能有效促進性別平權的關鍵。聯合國人居署（UN HABITAT）於2008年彙整許多國家在地方層級施行性別主流化的經驗，並從這些經驗中呈現最好的實踐方式（best practice）。從聯合國彙整的案例中，可以看出性別平權的實踐在於日常生活的經驗，而地方政府或是地方社會團體與個人日常生活關係的密切程度遠超過中央政府。國際議程的在地化，如同全球在地化（glocalization），往往需要經過許多層次的轉譯（translation），既需要連結國際與各國，也需要連結各國的中央與地方。這個轉譯過程，並不只是概念的宣導與價值的溝通，也包括體制的挪移與政策工具的有效使用。[3]然而這樣的轉譯是否成功，或是否能有效回應在地需求，不僅影響性別主流化在個別國家內的實踐情形，也影響全球性別平權的進程。本文是比較南韓與臺灣性別主流化在地實踐經驗的一個初步研究，希望藉此理解兩國性別治理的地方經驗，從而能更深入的探討性別主流化在這兩個國家所具備的成果與所面臨的

---

[3] 這個轉譯過程，往往涉及國際性別議程與在地文化的互動，有時僅僅是語言的使用及語意的內涵，都有可能影響實踐經驗與方式。舉例而言，同樣在漢字文化圈中，中、日、臺、韓四國對於gender mainstreaming的翻譯就不完全相同，我國稱為「性別主流化」、中國大陸稱為「社會性別主流化」、韓國（若是從韓文對應漢字的話）稱為「性主流化」，而日本則不翻譯成漢字，直接用片假名拼出gender mainstreaming。

挑戰。

二、比較高雄與釜山

　　高雄與釜山分別是臺灣與南韓的第二大城，相較於首都，它們是南部城市，也是海港城市。這兩個城市存在許多相似性，是本文選擇它們作為研究對象的主要原因。以研究在地經驗而言，沒有選擇臺北和首爾的原因是因為首都在代表性上常存在一個矛盾現象：一方面它是一般人理解一個國家的主要方式，是最具代表性的城市；但是另一方面，首都也往往與這個國家的其他城市和地區存在明顯的差異，也因此是最沒有代表性的城市。考量到研究主題與性別價值及性別政策有關，兩國首都與其他地區在價值與資源上的差異，使得他們不適合成為理解地方經驗的案例。對於高雄與釜山，筆者除了蒐集這兩個城市與性別主流化相關的文獻以外，也以配對訪談的方式在2014年夏天及秋天分別在這兩個城市進行訪談。總共訪談14人，而受訪者涵蓋參與推動性別主流化的男性、在地婦女團體成員、有學界背景的婦女運動及政府委員會參與者、婦女政策官僚，以及官方婦女政策研究者等。兩個城市的基礎資料及本文受訪者背景及代號如文末附表3.1及附表3.2，文中凡是由這些受訪者提供的資訊，直接在資料來源上以代號標出（如KG、FG等）；凡是資訊由其他人在公開場合陳述或在其他場合的受訪中提出，則筆者直接說明或呈現資料來源。

三、臺灣與韓國性別政策與機制的形成[4]

　　比較高雄與釜山的經驗之前，必須先說明臺灣與南韓性別政策

4　以下本節關於南韓政策機制的說明，摘錄改寫自性別平等處委託研究

及機制的形成過程。從兩國性別平權體制出現的過程，可以看出韓國體制化的開始時間較早，法制化的程度也高。南韓在1991年之前，雖然在聯合國只有觀察員的身分，但是這並不妨礙其參與聯合國的各項會議，也因此其性別政策與機制的形成和聯合國的婦女議程有相當的關聯。[5]韓國第一個婦女政策機制，就是對於聯合國婦女議程的回應。聯合國1975年在墨西哥舉行第一次世界婦女大會，會中決議接下來的十年是「婦女十年」（Decade for Women），責成聯合國及各會員國應全力推動促進性別平等的政策、方案與機制。在這樣的背景下，當時還處於威權體制下的韓國，在婦女十年這個議程即將屆滿前的1983年，成立了國家級的婦女政策研究機構「韓國女性開發院」（Korean Women's Development Institute，韓文名稱在2007年改為「韓國女性政策研究院」）。1988年盧泰愚總統當選後，在青瓦臺設立了規劃與制定婦女政策的政務長官第二室，在性質上該室是直屬國務總理的迷你部會。

　　1992年金泳三當選總統後，第二室與民間婦女團體的互動開始增加，主要原因是針對1995年聯合國第四屆婦女大會，韓國政府在進行相關的準備工作時，大量借重民間婦女團體與性別研究學者的協助（Jones, 2006: 166-168）。在金泳三總統任內，第二室的規模從20人擴編到53人，等於在短短五年內，人數增長了2.5倍（彭渰雯、黃淑玲、黃長玲、洪綾君，2015：42）。1995年聯合國在第四屆婦女大會中提出北京行動綱領，以性別主流化作為促進性別平等的行動策略。同年韓國國會也通過了由第二室草擬的《女性發展基本法》（2014年改為《兩性平等基本法》），韓國政府在國際議程與國內

計畫中，筆者所撰寫的關於南韓的案例說明（彭渰雯等，2015：41-58）

5　韓半島在1948年分裂為大韓民國（南韓）及朝鮮民主主義人民共和國（北韓），南韓自1948年起就是聯合國的觀察員，北韓則是在1971年，因為中華人民共和國取得了聯合國的中國代表權後，才成為觀察員。兩韓在1991年共同成為聯合國的會員國。

基本法的基礎上，正式開始推動性別主流化。

　　1998年金大中當選韓國總統，就任後任命了許多具備婦女運動背景的女性擔任政策職務，同時為了提升婦女政策的位階以及擴大民間婦女團體的政策參與，成立了「大統領直屬女性特別委員會」。[6]女性特別委員會運作了一段時間後，在民間婦女團體的倡議下，金大中政府於2001年成立了「婦女部」〔韓文為「女性部」，英文名稱是性別平等部（Ministry of Gender Equality）〕。金大中之後的盧武鉉總統2002年就任後，不但延續金大中時期推動性別平等的諸多政策，也賦予婦女部更大的職權。接下來幾年中，婦女部在盧武鉉、李明博以及朴槿惠三任總統內，從名稱、主責事務範圍、到人力規模及預算都幾經更迭，但是體制上都是獨立部會，有獨立的預算及人事。[7]目前（2017年），該部會稱為「婦女與家庭事務部」（韓文為女性家族部，英文譯名則為Ministry of Gender Equality and Family Affairs，以下統稱婦女部）。

　　韓國在中央有性別專責部會，而各地方政府中主管女性事務的體制則不完全相同，如文末表3.1所示，有些是包含正式官僚組織的局處，有些則是政策協調統合的單位。表3.1中，名稱是「局」的與我國地方政府的局處在功能和位階上類似，但是名稱是「政策官」或「政策官室」的，則是政策協調統合單位編制較小。從表3.1可以看出近年韓國各地方政府的變動是，有許多都將女性政策體制在組織上朝向政策統合協調的方向調整，但是這個組織形式有可能陷入空有政

---

6 當時也在六個重要部會建立了性別聯絡人，或是所謂的性別政策輔佐官。有性別聯絡人及輔佐官的部會包括勞動部、教育部、法務部、保健福祉部、農林部以及行政與地方自治部。

7 名稱的改換主要是在該部會名稱是否包含「家庭事務」，業務範圍的變動則是某些政策有時劃入該部會主管業務，有時又從該部會移出。可能變動的主責政策包括健康、福利、兒童、青少年、家庭及新移民家庭政策。較為詳細的說明，請參考彭渰雯等（2015：42）。

策規劃制定能力，但是無法有效執行的「有將無兵」困境。[8]比較值得注意的是，韓國幾乎所有的地方政府都設立了婦女政策的研究單位或是隸屬地方政府的婦女相關基金會。表3.2呈現的是這樣的機制在韓國各地方政府，包括主要都市（韓國稱為廣域市）以及各道的情形。從表3.2中可以看出，這些研究機構或基金會的員額差異很大，少則數人、多則數十人。雖然這些機構主要是仰賴地方政府的財源支持，但是在員額配置上，有些員額的人事費用是來自中央政府。

　　臺灣自1971年中華民國退出聯合國後，長期孤立在國際社區外，因此1970年代以來聯合國和婦女發展有關的種種議程，臺灣都並未與之接軌。政府的相關政策與機制也看不出與聯合國「婦女十年」的議程有任何關聯。臺灣性別政策機制的起源是1995年成立的臺北市婦權會，當時的市長陳水扁在民間婦女團體的敦促下，成立了以市長為召集人，由市府局處首長及民間婦女團體與學者專家擔任委員的參與式委員會。[9]1997年行政院及高雄市也以類似方式成立了婦權會。雖然中央政府及兩個直轄市成立婦權會的時間與1995年聯合國世界婦女大會的時間接近，但是這些委員會的組成，反映的是國內婦女運動的訴求與北京行動綱領沒有任何關聯，當時「性別主流化」這個詞彙並不存在於政府政策或婦女運動中。[10]

　　2002到2003年間，因應當時持續討論的政府組織再造，民間婦女團體也順勢要求政府成立性別專責機構，當時在國際上性別主流化

8　筆者曾於2007年訪問在2004到2006年間擔任忠清北道女性政策官的閔京子女士，她就表示政策官室這樣的體制，最大的困擾是指揮不動其他的局。

9　關於臺北市婦權會的運作情形，可以參見李文英（2011）。

10　1997年行政院和高雄市婦權會的成立，是回應民間婦女團體的抗議訴求。1996年底民進黨婦女部主任彭婉如在高雄遇害，婦女團體與女大學生發起「女權火，照夜路」的夜間遊行，並且要求成立中央層級有民間參與的委員會，而高雄婦女團體也要求高雄市成立類似的委員會（周芬姿，1997）。

已經成為許多國家婦女運動或是政府政策的共同語彙，因此性別主流化不但成為遊說成立專責機構的理由，也由行政院婦權會民間委員引入，成為婦權會推動性別平等的重要依據。婦權會的組織形式隨後擴延到各縣市，主要原因是內政部將各縣市婦女福利業務的評分項目中，增加了是否成立婦權會的項目，也因此短短的兩、三年之內，幾乎全國各縣市都成立了婦權會。行政院各部會在2005年之後，於當時婦權會的推動下也紛紛成立性別平等工作小組，雖然在體制上不完全像中央和地方婦權會一樣，採取官方及民間委員各半的作法，但是必須要有外聘委員的規定，使得這些工作小組仍有民間提供諮詢或參與決策的性質。

　　和韓國不同之處是臺灣的性別政策機制，無論在中央或是在地方都沒有研究機構的設立。因行政院婦權會成立而於1998年成立的婦權基金會是政府出資的財團法人，但是主要性質並非研究單位，其人員規模也與韓國女性政策研究院頗有差距。人員規模的差距也表現在中央專責單位上，南韓總人口約5000萬大約是我國的2.2倍，但是目前韓國婦女部的員額大約是我國性別平等處的6倍。雖然韓國婦女部的業務範圍超出我國性別平等處甚多，但是這樣的比例差距仍十分明顯。

四、與中央體制同形的高雄與釜山

　　高雄與釜山實施性別主流化的經驗中，很明顯的出現與兩國中央政府體制同形（institutional isomorphism）的現象。「體制同形」是組織社會學中常見的概念，它主要是說明為什麼新建立的組織會跟已有的組織在組織形式及功能安排上，看來非常相像。最早提出體制同形概念的學者（DiMaggio and Powell, 1983）認為此一現象，主要是受到三個因素的影響：強迫（法律命令）、模仿（降低風險）以及規範（教育學習）。對高雄和釜山而言，這些因素都存在。韓國的部

分，因為受到法律的影響，比較是強迫的結果；而臺灣的部分，則是模仿與學習的程度比較高。這個差異直接影響了兩個城市的性別主流化經驗。

韓國性別主流化的核心工具，包括性別統計、性別預算（韓文稱為「性認知預算」）及性別影響評估（韓文稱為「性別影響分析評價」）。自1995年起，分別被規範在兩性平等基本法、財政法以及性別影響評估法中，其中性別影響評估法是2013年通過的專法。由於統計、預算、影響評估都涉及官僚過程（bureaucratic process）以及一定程度的專業知識，再加上1995年以後韓國女性開發院扮演了引介、轉譯及傳播性別主流化的角色，因此性別主流化成為政府推動性別平權的策略後，許多地方政府也紛紛成立地方層級的女性開發院，投入資源與人力協助推動性別主流化以及發展相關政策工具。「開發院體系」對韓國性別主流化的影響十分顯著，因為兩性平等基本法規定行政部門要定期對國會提出關於性別現況的報告，因此，韓國婦女部會出版年度報告書，詳列女性現況、政策目標、政策執行方式以及政策成果等。報告書雖然由婦女部出版，但是與政策研究相關的報告則往往是由婦女部委託性別政策研究院進行。這種政府部門與政府智庫的關係，在地方政府的層次上也存在，但地方層級的開發院和地方政府關係往往更緊密，因為中央的性別政策研究院的經費有30%要自籌，但是地方的開發院經費往往完全來自地方政府，釜山就是如此。

釜山市政府在2002年成立女性研究中心，到2008年將研究中心擴大改組為女性家族開發院，其運作經費全部來自釜山市政府的預算，因此實質上是市政府的附屬機構。2002年時成立研究中心的主因是兩性平等基本法中規定各地方政府必須成立促進性別平等的機構，因此婦運者並不認為該中心成立反映釜山市對性別平等的承諾（FS）。2008年改組為女性家族開發院，則是當時市長履行競選承諾，由於釜山長期是韓國保守政黨出身的人執政，因此婦女團體對於市長是否實踐諾言非常重視（FS）。開發院的規模在2014年時約38人，其中20人屬於家庭中心；政策智庫的部分約18人，其中10人是

研究員。研究員的研究工作,雖然也可以依據自己的研究興趣進行,但是主要是配合政府的政策需求進行研究。譬如政府正在關注女性就業或兩性經濟平等時,即使自己比較關注老人福利的性別差異,也要以配合政策需求的研究為優先(FT)。以2014年開發院出版的研究報告而言,主題涵蓋了釜山地區女性勞動、創業、就業、參與以及生活現況的研究。[11]除此之外,和性別主流化工具相關的研究或報告,也是由開發院出版。譬如釜山市2013年決算的性別分析以及2014年預算的性別分析,以及當年度的釜山性別統計年報等。

在主流化工具的運用中,從中央到地方韓國近年投入大量資源的是性別影響評估。中央及16個地方政府(主要城市及各道)都建立了性別影響評估中心。釜山市在2013年國會立法後,隨後也通過了釜山市性別影響評估條例,而釜山的性別影響評估中心,就由開發院內的四個研究員以任務編組的方式組成。中央政府為了推動性別影響評估,2014年直接補助8700萬韓元給釜山女性家族開發院(約290萬臺幣),該筆經費包括其中一位研究員的薪水3,500萬韓元(約117萬臺幣)(FT)。除了開發院的四位研究員進行性別影響評估外,也邀請釜山地區10位學者專家參與。外部專家協助做性別影響評估時,每個案子大約4-5萬韓元(約1,300到1,700元臺幣)。性別影響評估的案量非常大,韓國在2013年法律實施的第一年,全國就做了2萬多件性別影響評估。而在釜山市,開發院的4人中心加上10位外部學者專家在那一年做了約1,800件性別影響評估,平均每人每三天就要做一件(FT)。開發院性別影響評估中心的4位研究員,除了要做性別影響評估外,還要到釜山的16個行政區去協助訓練公務員做性別影響評估。評估表是全國一致的表格,因此有參與經驗的婦女運動者或是學者專家認為評估方式過度官僚化(FS),而學者也抱怨市政府給予評估的時間太短,往往才提供相關資料就希望一、兩天內可以有評估結果(FMS)。雖然市府主管女性政策的官員強調釜

---

[11] 相關資訊可見釜山女性家族開發院的網頁:http://bwf.re.kr/index.asp

山市的性別影響評估條例重視市民參與（FG），但是開發院的研究員卻表示市民參與程度很低，因為性別影響評估存在某些專業門檻（FT）。

在性別政策上，婦女團體或市民參與程度不夠，其實和市府倚重開發院是一體兩面。比起開發院，在地婦女團體或性別研究學者專家參與市府決策或是參與性別治理的程度就相對有限。具備學者身分的婦運者就認為市府的性別政策不夠積極，她強調釜山女性家族開發院的成立是進步陣營的女性團體推動的，但是由於市長來自保守陣營，因此女性開發院的院長並非進步團體出身，使得開發院無法帶動較為積極的婦女政策（FS）。純粹就體制而言，釜山的性別治理經驗中是包括民間參與的，而且不只是在市的層次，也包括全市16區，各區都有關於婦女政策的委員會。然而，即使在市府層級的委員會（韓文直譯為「女性政策關聯長官會議」）其運作也不理想，除市府官員外，有15位來自學界和民間組織的委員，每年開二到四次會，但是這個委員會並沒有決策權，而且許多委員對於政府體制不熟悉（FMS）。至於區級的女性政策委員會，組成方式也是官民共組，有區廳的官員，也有該區內社會團體的代表，委員會的人數大約是20人（FWM）。然而，委員會很少真的討論政策，主要功能是討論如何使用小額預算，預算金額多在韓元1,000萬（約臺幣30萬）以下，而區級的公民團體參與委員會的主要目的是希望能更容易得到政府預算（FWM）。這筆預算的使用方式通常是由區廳的官員規劃，由委員會同意，經費多半用來做與女性相關的教育訓練或聯誼活動。有些區的委員會一年只開會一、兩次，有受訪者還曾經碰到會議出席紀錄造假的情形，區廳公務員要求她在沒開過會的出席表上簽名（FWM）。從市府官員的角度而言，仍然強調委員會的重要性，並且表示委員的建議市府多半重視，也會採納或回應（FG）。然而，當筆者請受訪官員以具體案例說明此一情形時，受訪官員一時無法舉例，只表示可以從會議紀錄看出，然而會議紀錄並非公開文件，因此外界很難確知市府對委員會意見的接納程度。

民間參與程度或是政策影響力有限的狀況下，釜山市的性別平等

政策，往往是根據中央政府婦女部的性別主流化計畫來規劃。韓國自1995年女性發展基本法通過後，自金大中政府開始，每一任政府都依法推出「女性政策基本計畫」。這些計畫配合總統任期，剛好是五年為一個單位。其實中央政策固然有重要性，但是總統不見得與市長或是道知事屬於同一個政黨，然而地方政府中的婦女或性別主管機關配合中央施政推出相關政策，是韓國性別政策的常態（FMS）。性別主流化如何回應釜山婦女的在地需求就成為挑戰。釜山當地長期關注性別暴力的婦女組織就認為主流化進程對於性別暴力防制並無太大影響，因為全國通報系統1366（相當於臺灣的113專線）的建立，並非主流化的成果。從性別暴力防制的角度而言，政府其實不需要再推出新議程，重點已經不是新政策或新體制，而是應該把已經有的政策和體制執行或發揮得更好（FWO）。至於倡議新移民女性權益的組織，其組織成員聽說過性別主流化，但是在市府委員會的參與，並未受邀參與和性別有關的委員會，而是參與和多元文化有關的委員會。至於區級的女性政策委員會，此一組織也未受邀，受訪者還表示比較可能受邀的可能是該區的「新村婦女會」—— 那是過去威權體制下政府在各地建立的配合威權政府施政的婦女組織（FI）。

　　和釜山的經驗類似，高雄同樣有依循中央體制的現象，只不過因為臺灣在性別主流化的推動上，法制化程度低且高度依賴委員會治理，因此高雄性別主流化的實踐經驗幾乎與釜山成為對比。臺灣從未像韓國一樣，針對性別主流化的推動先立基本法。而臺灣推動性別主流化十餘年來，主流化工具的發展及運用，其依據並非法律，而是基於行政院婦權會的決議。換言之，第五屆婦權會針對性別主流化提出六大工具後，接下來這些工具的發展及運用，包括性別意識培力、性別政策機制的建立、性別統計、性別預算、性別影響評估以及性別分析，其實都是各部會或各地方政府遵行國家性別主流化政策的結果。他們既不像韓國一樣出現在相關法律中，也沒有制定專法。也因此，

這些工具在地方政府層級的發展及運用就出現不小的落差。[12]

就高雄的經驗而言，性別主流化的六大工具中，最早建置的是1997年成立的婦權會，早於行政院推動性別主流化之前，而且如上文所述，是回應高雄在地婦女運動團體的要求。首屆委員中由於具備婦運背景的人數太少，導致「委員名單一出來，婦女團體一片譁然」（周芬姿，1997），而高雄市婦權會早期的運作狀況也並不理想（傅立葉，1999）。然而隨著高雄市婦女團體的活躍程度增加、高雄市的政黨輪替、以及出現第一個女性直轄市長，高雄市的婦權會運作出現明顯的改變。在行政院推動性別主流化後，來自高雄的行政院婦權會委員，將行政院推動性別主流化的方式引介至高雄市婦權會，其中的主要改變就是婦權會委員分組以及委員提案進行重點分工並由各局處室回應（KWM）。後者雖然只是會議資料及表單的改變，但是有參與經驗的委員卻覺得很重要，因為最基本需要做的就會做，「可以守住基本盤」（游美惠，2012）。本文多位受訪者也提到重點分工制度的引進，讓相關提案的處理情形比較清晰（KMS，KWM2）。然而，只從重點分工表來看提案及議題處理的情形，當然還是很難深入，因此有些委員就會覺得其實分組會議才可能較為深入議題（KS）。曾任或現任委員的公開表述對高雄市婦權會的運作有一定的肯定（游美惠，2012；王秀雲，2012），這個評價在筆者的訪談中也得到證實。整體而言，多數擔任過高雄市婦權會委員的受訪者都認為高雄市婦權會有一定的成果，主要原因是自謝長廷開始，市長對性別平權就有一定程度的支持、部分局處如社會局與衛生局官員有相當的能動性、某些婦權會委員所具備的專業能力以及彼此之間所存在的熟悉信任，都有助於主流化工作的推動。

高雄市婦權會的運作儘管受到肯定，仍然出現委員會治理常見的情形：包括首長親自參與委員會的頻率下降時，委員會運作會受到

---

[12] 這可以從行政院性平處針對各縣市婦權會運作情形所建置的網頁資料中看出：http://www.gender.ey.gov.tw/Locality/System/Committee/Default.aspx

影響、某些委員對政府體制或甚至性平議題陌生、以及承辦人員或機關代表經常更換以至於影響委員會運作效能等。[13]若是在婦權會的幕僚單位如社會局,出現承辦人員更換的問題則通常困擾更大,連市府官員也對常需要訓練新的承辦人員十分挫折(KG)。高雄市婦權會的一個重要成果是促成全市各區成立婦女社會參與促進小組(婦參小組)。雖然這些小組的成立,有些區長把它當作是「上面交待下來」的事,但是婦權會中社會參與小組的委員卻投入相當心力參與各區會議,陪伴討論各區計畫(KWM, KS)。不過各區婦參小組的成果及運作情形也存在落差,筆者在2017年3月檢視高雄市38個行政區網站上所呈現的資訊,觀察各區網站是否在首頁有列出婦女或性別專區(無論其具體名稱為何)、是否公布該區婦參小組委員名單、是否說明委員背景、以及是否呈現成果報告等。逐一檢視後,發現在38個行政區中,網站首頁有和婦女或性別議題相關專區的只有8個,其中在網頁上公布婦參小組委員名單的有5個,公布成果報告的也有5個,而名單中有說明委員背景的只有3個。其中沒有任何一個行政區網頁上公布了所有這些項目的資訊。從這個粗略的統計,可以看出至少就資訊而言,高雄市各行政區對婦參小組並不很重視。

　　相較於釜山市婦女政策委員會,高雄市婦權會同樣是市府層級有民間委員參與的委員會,但是關於委員會資訊公開完整的程度超出釜山很多。[14]這些資訊的公開,一方面是回應上文提到婦女團體對地方婦權會的監督,另一方面也顯示高雄市婦權會的可課責程度超過釜山市的委員會。值得注意的是,就主流化的工具而言,臺灣法制化的程度雖然不若韓國,但是在委員會治理的部分,臺灣某些與性別議題

---

[13] 高雄多位受訪者都提到陳菊擔任市長初期,常親自主持婦權會的會議,但是後來就很少出席,而由副市長劉世芳主持會議,再後來則連副市長也很少出席。

[14] 高雄市政府性別主流化專區的網頁上可以看到歷屆委員名單、委員會的會議紀錄、以及歷屆委員會主要成果等。不過,縣市合併後網頁上只有改制後的資料,甚為可惜。

相關的委員會是法制化的。譬如各縣市的家庭暴力、性侵害、以及性騷擾防治委員會、各縣市的性別工作平等委員會、以及各縣市及學校的性別平等教育委員會都是依據相關法令設立。相比之下，婦權會這樣的體制，雖然從行政院到各地方政府都有設置條例，但是其所依賴的法律位階並不如依法設置的委員會。也因此，從體制運作的角度而言，婦權會更需要主政者的重視、官僚體系的能動性、以及民間參與的積極性，而這些因素在不同時期不同程度的存在於高雄市婦權會。

　　以主流化的其他工具而言，也可以明確看出高雄市依循中央體制的作法。譬如性別統計的部分，由主計處公布性別圖像，在形式及指標上跟行政院主計總處每年3月定期公布的臺灣性別圖像十分類似。性別影響評估則是從2011年起，凡是預算金額超過5,000萬的計畫都要進行性別影響評估，從表單格式到規定外部委員參與，都和中央體制類似。由於性別影響評估不像韓國一樣已經法制化，因此，雖然許多委員都提到性別影響評估的作法還有許多改善空間，但是並未出現像釜山一樣，一年之內做了1,800件的情形。除此之外，高雄市也像行政院的金馨獎一樣，設立「推動性別主流化績效優良獎勵」。事實上，高雄市連續多年是行政院金馨獎的得主，從早年是針對各機關拔擢女性公務員的情形，到後來強調性別主流化的推動成果，高雄市都屢屢獲獎。然而，也有民間委員對高雄的得獎經歷無動於衷，認為自己是民間委員，金馨獎是政府機關內部的事，「關民間什麼事？」（KWM2）。依循中央體制的作法，也表現在對專責單位的討論中。自行政院於2012年起成立專責的性別平等處後，高雄市婦權會就有委員提案，希望高雄市也成立專責單位。本來市府規劃的方案是設在社會局下，但是2013年臺北市成立了專責統籌市府性別平等政策的性別平等辦公室後，北市的經驗也成為爭取性別專責單位層級的槓桿之一，因為同為直轄市，專責單位層級不應差距太大（KWM）。[15]

---

[15] 2016年桃園市也成立了有專責人員的性別平等辦公室。截至2017年3

　　整體而言，高雄與釜山主流化經驗的差別，相當程度上反映的是兩國性別平權體制及主流化工具法制化程度的差別。造成這些差別的原因很多，南韓推動性別主流化的路徑跟許多非西方國家類似，一開始是為了回應聯合國議程，因此在女性發展法訂定後，許多相關體制、政策及法律隨之出現。臺灣則是因為性別主流化議程本來就是民間引進，利用政府委員會作為推動平臺，於是臺灣的委員會主導（commission-driven）就跟韓國的官僚主導（bureaucrat-driven）形成對比，由於地方政府在體制上持續模仿或依循中央體制，這樣的差異也就相當程度的反映在高雄與釜山的經驗中。

五、結論：「在地」的持續挑戰

　　本文初步討論了高雄與釜山這兩個城市，性別主流化體制發展及工具運用的情形。然而，對於性別主流化這個議程而言，真正重要的可能是如何評估它的效益。1995年北京行動綱領通過時，聯合國要求性別平等要成為各國施政的主流，然而現代國家體制龐雜，性別主流化也就成為無比浩大的工程。這個改造國家體制的工程，幾乎在所有國家都遭遇莫大的挑戰，儘管女性參政的比例在全球節節上升，但是無論在哪一個國家，參與國家體制運作的多數終究是男性。主流化相關工具的運用，本來是為了讓主流化落實，並且要求官僚體系的投入與配合，但是近年無論是國際上或是在臺灣與南韓，都有關於性別主流化過度陷入官僚化過程的反省及憂慮（Squires, 2007）。性平處於2015年進行委託研究，檢討我國性別主流化政策的成效，該研究報告的建議之一就是減少對於工具運用的管考，因為工具是為了達成性別平等的目標，其運用程度並非重點（彭渰雯等，2015）。

　　性別主流化的效果雖然不易評估，但是參與推動者的感受仍會有

月，高雄市府內的性別專責單位仍未成立。

一定程度的意義。就這個角度而言，筆者在高雄與釜山進行配對訪問的結果是，雖然受訪者都對自己所居城市的主流化經驗有褒有貶，但是高雄的受訪者明顯在態度上較為肯定。這不見得代表主流化成果的差異，但是可能反映了主流化推動模式的差別，從而顯示出依賴民間參與的模式和依賴官僚主導的模式相比，會使得參與者持較正面的評價。然而，依賴民間參與的模式不但要面對參與者能量的問題（王秀雲，2012），也要面對參與者的感受與社會體制的變動之間，所存在的差距。對於體制同形現象明顯的高雄與釜山而言，如何在遵循中央體制的情形下，回應在地需求是持續的挑戰。兩個城市並非沒有累積成果，區級女性委員會或是工作小組就是開端。高雄的部分，在婦權會中納入原住民及新住民代表、市府各委員會三分之一性別比例的全面適用、或是友善女性的醫療環境，都是在地化的努力。釜山的部分，開發院在性別統計的基礎上，對市府預算進行詳盡的性別分析以及對在地婦女生活狀況的調查，也同樣是重要的成果。

　　性別主流化的成效，最終仍需長期追蹤及觀察特定政策與體制，才能真正釐清。對高雄與釜山而言，或是臺灣及南韓任何一個地方政府，在性別主流化的實施與推動中，如何在遵循中央體制與建立在地特色之間得到平衡，以及如何在強化專業與擴大參與之間得到平衡，都是決定性別主流化在地實踐的成敗關鍵。

┌表3.1┐　韓國地方政府女性政策機構名稱變化

	局處名稱（韓文直譯，2010年）	局處名稱（2017年）
首爾	女性家族政策官室	女性家族政策室
釜山	女性家族政策官室	女性家族局
大田	福祉女性局	保健福祉女性局
仁川	女性福祉保健局	女性家族局
光州	女性青少年政策官室	女性青少年家族政策官室
大邱	保健福祉女性局	女性家族政策官

（續下頁）

	局處名稱（韓文直譯，2010年）	局處名稱（2017年）
蔚山	福祉女性局	福祉女性局
京畿道	家族女性政策局	福祉女性室
江原道	保健福祉女性局	保健福祉女性局
忠清南道	女性家族政策官室	女性家族政策官
忠清北道	保健福祉女性局	女性政策官
全羅南道	福祉女性局	女性家族政策官
全羅北道	福祉女性保健局	福祉女性保健局
慶尚北道	保健福祉女性局	女性家族政策官
慶尚南道	保健福祉女性局	女性家族政策官
濟州地方自治特別市	保健福祉女性局	女性家族科

資料來源：作者依據韓國各地方政府網站整理而成。

表3.2　韓國各道及廣域市女性政策智庫成立時間及規模*

行政區域	政策智庫名稱	智庫成立時間	規模
首爾特別市	首爾女性家族基金會	2002設立財團法人首爾女性 2007改爲首爾女性家族基金會	54人
釜山廣域市	釜山女性家族開發院	2002設立釜山女性中心 2008改組爲女性家族開發院	38人
大邱廣域市	大邱女性家族基金會	2005大邱慶北研究院新設兩性平等研究中心 2012女性家族基金會成立	16人
仁川廣域市	仁川女性家族基金會	2012女性家族基金會成立	41人
光州廣域市	光州婦女基金會	2011婦女基金會成立	27人

（續下頁）

行政區域	政策智庫名稱	智庫成立時間	規模
大田 廣域市	大田女性家族政策中心	2007大田發展研究院新設女性政策研究部 2011女性家族政策中心成立	5人
蔚山 廣域市	蔚山女性家族開發院	2006女性論壇成立 2015女性家族開發院成立	不詳
京畿道	京畿道家族女性開發院	2005家族女性開發院成立	44人
江原道	江原道女性家族研究院	1968江原道女性會館成立 2005女性政策開發中心成立 2010改組爲女性家族研究院	14人
忠清 北道	忠清北道女性發展中心	1968女性會館成立 2004女性發展中心成立	18人
忠清 南道	忠清南道女性政策開發院	1999女性政策開發院成立	21人
全羅 北道	全北發展研究院女性政策研究所	2010財團法人全北發展研究院新設女性政策研究所	8人
全羅 南道	全羅南道女性廣場	2008女性廣場成立	15人
慶尚 北道	慶北女性政策開發院	1996成立	15人
慶尚 南道	慶南發展研究院女性家族政策中心	2005慶南發展研究院新設女性家族政策中心	20人
濟州特別 自治市	濟州發展研究院女性政策研究中心	2005濟州發展研究院新設女性政策研究中心	5人

資料來源：作者整理自韓國各地方政府網站。[16]

*人數以官方網站公布之職員名冊及人數爲主。

---

[16] 本表較爲詳細的版本，作者曾在稍早參與撰寫的作品中呈現（彭渰雯等，2015：162-167）。

┌附表3.1┐　高雄市及釜山市2016年基礎資訊

	高雄市	釜山市
人口	277萬	360萬
面積	2,951平方公里	770平方公里
預算	39億美元	79億美元
人均所得	20,179美元	23,687美元
行政區數	38個行政區	16個行政區

資料來源：人均所得資料來自行政院主計總處及韓國統計廳，其他資料作
者整理自高雄市政府與釜山市政府網頁，所有資料的擷取時間
皆為2017年3月。

┌附表3.2┐　本文受訪者背景及代號

受訪者背景	高雄	釜山
市政府與婦女政策相關局處官員	KG	FG
在地有學者身分的婦權會或婦女政策委員會委員	KS	FS
在地有性別平權運動及委員會參與經驗的男性學者	KMS	FMS
在地性別暴力防治婦女團體成員	KWO	FWO
在地婦運／社運組織成員	KWM/KWM2	FWM
在地女性移民權益倡議組織成員	KI	FI

關鍵概念

1.全球在地化（glocalization）

全球在地化（glocalization）是全球化（globalization）與在地化（localization）合組而成的字。它是指全球化的過程中，無論是商品的生產銷售、體制的模仿挪用、或是價值的傳播實踐，都是既有全球同一的標準或規格，但是又具備在地的色彩與風格，使得全球與在地的文化、價值與體制是持續互動，彼此影響的。

2.體制同形（institutional isomorphism）

同形（isomorphism）是在許多知識領域中都出現的概念，廣泛的指涉結構相同的科學或社會現象。體制同形則是特別針對政治與社會生活的組織或體制的描述，譬如企業、政府、教會等各類組織，雖然規模與文化不盡相同，但是在組織形式上往往非常類似。

政策建議

1. 性別主流化的相關工具運用，法制化雖然有其意義，但是政策制定過程中，政府與民間能夠對工具的意義，有較為深入的理解與討論將比法制化重要，否則可能流於形式，徒增公務體系困擾，民間也無法受益。

2. 臺灣性別主流化的推動過程中，參與機制已普遍建立，強化參與的實質內涵，以及讓參與機制與主流化的其他工具整合，可以增加主流化的效益。譬如無論在中央或是地方政府的性平會／婦權會開會時，相關討論或政策議決若有效輔以性別統計或是相關性別影響評估，則可以增加參與及政策決定的品質。

問題與討論

1. 性別主流化工具的法制化，有優點也有缺點。以臺灣推動性別主流化的經驗而言，你是否贊成進一步法制化，譬如制定性別影響評估法？贊成或反對的原因為何？

2. 縣市政府的婦權會應如何運作，會有助於性別平等價值的成長？在縣市層級之下，政府應推動鄉鎮層級的婦權會嗎？

3. 以臺灣和南韓推動性別主流化的經驗來看，你認為臺灣的委員會主導模式和南韓的官僚主導模式，還可能有哪些本文未討論到的優缺點？

參考文獻

中文部分

王秀雲（2012）〈性平政策更上層樓？──民間參與地方政府性平機制的運作及檢討焦點座談會發言記錄〉，《臺灣女科技人電子報》，63。取自http://www2.tku.edu.tw/~tfst/063FST/meeting/063report3.pdf

李文英（2011）《從民主治理探討臺北市女性權益促進委員會的變遷（1996-2010年）》。臺北：臺灣大學政治學研究所碩士論文。

周芬姿（1997）高雄市權益委員會介紹。第三屆婦女國是會議論文集七-二婦運與參與式民主。取自http://taiwan.yam.org.tw/nwc/nwc3/papers/forum727.htm

林芳玫（2008）〈政府與婦女團體的關係及其轉變：以臺灣為例探討婦女運動與性別主流化〉，《國家與社會》，5：159-203。

張瓊玲（2014）〈文官制度中性別平等之研究──性別主流化觀點〉，《中國行政評論》，20(4)：77-103。

黃淑玲（2008）〈性別主流化──臺灣經驗與國際的對話〉，《研考雙月刊》，32(4)：3-12。

彭渰雯（2008）〈當官僚遇上婦運：臺灣推動性別主流化的經驗初探〉，《東吳政治學報》，26(4)：1-58。

游美惠（2012）〈性平政策更上層樓？──民間參與地方政府性平機制的運作及檢討〉焦點座談會發言記錄，《臺灣女科技人電子報》，63。取自http://www2.tku.edu.tw/~tfst/063FST/meeting/063report3.pdf

彭渰雯、黃淑玲、黃長玲、洪綾君（2015）《行政院性別主流化政策執行成效探討》（委託研究報告）。臺北：行政院性別平等處。

傅立葉（1999）《行政院與北、高兩市「婦女權益促進委員會」的比較分析》（國科會專題研究計畫成果報告）。

魏美娟（2010）〈性別已經主流化嗎？從參與式民主觀點初探我國性別

主流化的發展〉，《建國科大學報》，29(4)：17-35。

嚴祥鸞（2011a）〈性別主流化：臺灣女性數學家〉，《全球政治評論》，34：97-126。

嚴祥鸞（2011b）〈性別主流化：女性在地方的政治參與〉，《政治與政策》，1(2)：47-64。

英文部分

DiMaggio, P. J. and Powell, W. W. (1983) The iron cage revisited: Institutional isomorphism and collective rationality in organizational fields. *American Sociological Review*, 48(2): 147-60.

Jones, N. (2003) *Mainstreaming gender: South Korean women's civic alliances and institutional strategies, 1987-2002*. Chapel Hill: University of North Carolina.

Kim, S. and Kim, K. (2011) Gender mainstreaming and the institutionalization of the women's movement in South Korea. *Women's Studies International Forum*, 34: 390-400.

Squires, J. (2007) *The new politics of gender equality*. New York: Palgrave MacMillan.

Won, S. (2007) Institutionalised powerlessness? The reality of women's policy units and their gendered dynamics in Korea. *Journal of Social Policy*, 36(2): 261-78.

韓文部分

김영미 (2001) 여성부에 바란다 kapa 포럼, (93): 6-48.

김재인（金在仁）and 임미영（林美榮）(2004) 한국 여성정책네트워크에 관한 실태 분석 (An Analysis of Current Situation of Korean Women's Policy Network) *한국행정학보*, 38(6): 371-90.

第四章

「身心障礙」與「性別」統計跨國比較
CEDAW暨CRPD檢視觀點

周月清[1]

國立陽明大學衛生福利研究所教授

呂思嫻[2]

臺北市社會局身心障礙者福利科聘用研究員

張家寧[3]

國立臺北大學社會工作學系碩士班研究生

摘要

「聯合國消除對婦女一切形式歧視公約」及「聯合國身心障礙者權利公約」分別強調性別與身心障礙者主流化，兩者交互之女性障礙者在我國是否深度被邊緣化？其健康圖像、高等教育、工作處境、社會照護及人身安全處境爲何？本文蒐集分析國內及

---

[1] 本文之主筆。
[2] 協助校稿及補充資料。
[3] 協助整理相關統計資料。

美、瑞、挪性別與身心障礙相關統計資料。**健康圖像**：女性障礙者人口數在各年齡層皆少於男性障礙者，與全球和挪威資料相左，失智症和慢性精神障礙者女則多於男。瑞典性別健檢服務使用，障礙女性低於非障礙女性；臺灣無此資料。挪威女性障礙者接受**高等教育**多於男性障礙者；臺灣障礙者**高等教育**比例低，缺障礙與性別分析資料。**工作處境**含勞動參與率、失業率、非典型就業或每月平均薪資，身心障礙者，尤其女性障礙者，相較非障礙者處弱勢位置，相較國外女性障礙者落差更大。**社會照護**缺障礙性別資料。**人身安全**：女性障礙者受性侵和家暴比例為非障礙女性2倍至4倍；和美、挪比較，臺灣男性與女性障礙者受性侵及家暴案例被低報性高。有限統計資料分析發現，女性障礙者是多元體系下雙重「性別盲」、「障礙盲」、被邊緣化。建議：推動性別主流化同時，也能推動「障礙與性別」雙重主流化；性別研究放入身心障礙者觀點和變項，身心障礙調查增加性別分析。

一、前言

依據英國女性障礙者自我意識團體（Disability Awareness in Action, DAA），對女性障礙者的定義為：「女性障礙者指有一種以上的損傷及有『社會障礙』經驗者，包括各年齡層、都市或鄉村、無論損傷程度、性傾向及文化背景、住在社區或教養機構（institution）；另以全球而言，十分之一為身心障礙者（UN Women Watch, 2016），其中51%的障礙者是女性」（Disability Awareness in Action 2015）。

我國針對障礙者的定義，是以有申請身心障礙手冊者定義之，其中也包括因老化失能且有申請障礙手冊者。臺灣2,300萬人口，其中身心障礙者為114萬，占總人口近5%；而女性身心障礙者占身障總人口43%（男性障礙者為57%），占總人口2%。而這群女性身心障礙者，卻不幸的被婦女團體、婦女運動及社福團體、社福運動，雙雙邊

緣化，因此也被政府體系制度性的忽略。

（一）女性障礙者被社福團體、性別主流化運動邊緣化

　　臺灣婦女運動及婦女團體的成長與其促使臺灣社會越趨性別平等是有目共睹，然女性身心障礙者在這些臺灣婦女團體、婦運裡面，一直以來是被忽略的，甚至它的忽略大過於原住民女性跟新住民女性。在過去二十年，臺灣很可喜的是性別主流化推動算是成功的，其中包括行政院性別平等委員會（簡稱性平會）的成立；但是很不幸的，在推動性別主流化過程中，截至目前女性障礙者是被遺忘、被邊緣化。

　　另外，自1987年解嚴後，臺灣社運、身心障礙者團體與運動，對臺灣社會弱勢族群發聲及其影響也不容否定，然社福團體與社運卻缺乏對性別的關注。譬如，社福團體在爭取身心障礙者權益時，性別的獨特性是被忽略的。

（二）被政府體系邊緣化

　　性別主流化倡議的最佳案例，除了於2012年中央成立「性別平等委員會」外，也責成其各部會必須執行性別統計、性別預算、性別意識培力、重大政策性別影響評估等。可是很不幸的，這裡面看不到跟（女性）障礙者相關的統計資料，也就是在整個性別統計裡，包括每年出版之臺灣婦女圖像，**女性身心障礙者**是不被看見的，其中包括健康、教育、工作、經濟、照護、人身安全及相關政策與措施之統計資料。無論中央或地方政府都有定期性進行婦女與身心障礙者生活調查，中研院也有定期社會變遷與家庭相關調查，這些報告中，並未呈現性別與障礙，含性別與障礙兩者交互之分析資料。因此可見，回應前述討論政府文件與資料，以及相關官方調查與研究，是有性別盲與障礙盲。因此針對女性障礙者健康與社會照護、經濟、社會福祉、政治參與，國內長年以來缺乏女性障礙者相關資料。以健康照護而言，健康白皮書或是國健署的國人健康促進有性別健康，但障礙者，尤其女性障礙者則是隻字未提。就業而言，勞動部的「婦女勞動政策白皮書」、「婦女勞動權益新思維」，沒有看到中央提出身心障礙者

就業任何措施，相較於原住民女性跟新住民女性的勞動權益，在白皮書裡是可以看得到的。社會服務面向，障礙者自立生活及社區融入都只是剛開始，而多數的障礙者仍然沒有權利選擇住在哪裡（如住在教養院或一般社區）、與誰同住（包括室友、房友）；其中相較男性障礙者，女性障礙者含成年婦女與女孩，是否更處於不利處境，則缺乏「障礙」與「性別」分析相關資料。其他公共政策與規劃，即使開始有障礙者參與，但卻缺乏性別觀點，包括與生活息息相關的交通與資訊，尤其是政治參與，其中出席各種委員會的障礙者代表，女性障礙者的代表性尚未被看到，包括性平會的性平委員，女性障礙者則被排除在外。

（三）CEDAW和CRPD的交互觀點

1979年聯合國大會通過《消除對婦女一切形式歧視公約》（簡稱CEDAW），並在1981年正式生效。其內容闡明男女平等享有一切經濟、社會、文化、公民和政治權利，締約國應採取立法及一切適當措施，消除對婦女之歧視，確保男女在教育、就業、保健、家庭、政治、法律、社會、經濟等各方面享有平等權利。我國於2012年1月1日起施行CEDAW。

2006年聯合國通過《身心障礙者權利公約》（簡稱CRPD），2008年正式上路，以促進、保護和確保實現身心障礙者所有人權和充分與平等基本自由，並促進對身心障礙者固有尊嚴的尊重。其中第6條特別針對「身心障礙婦女」指出，各簽約國必須採取措施防止障礙婦女（women with disabilities）和障礙女孩（girls with disabilities）受到「多重歧視」，確保她們擁有充分、平等人權和基本自由。因此各國需制定適當措施，確保婦女全面發展、地位得到提高、能力得到增強。我國於2014年8月立法院通過《身心障礙者權利公約施行法》。

眾所皆知性別平等或性別正義是國際人權的核心，所有的人權公約（如兩公約）都禁止歧視及促進平等，然而身障者是被忽略的。如CEDAW於2012年在我國執行以來，當述及性別反歧視或平等時，女

性障礙者一直也很少被關注到，而只是放在「其他等（any other status）」。

從國際上而言，1980年代女性障礙者才開始有自己的組織，一直到1981年國際障礙者年（the International Year of Disabled Persons），女性障礙者才開始參與各項人權倡議國際組織與活動。譬如，1990年聯合國相關全球性方案，女性障礙者在其中開始組織相關研討會，包括1993年的障礙者平等標準法案（the Standard Rules on the Equalization of Persons with Disabilities）開始發聲；就世界婦女大會而言，一直到1985年女性障礙者得以非正式身分參與。在1995年北京婦女世界大會，女性障礙者才組織自己的論壇（Committee on the Rights of Persons with Disabilities, 2015）。就國內而言，截至2015年8月底，臺灣才首次由民間發起女性障礙者平等權利一系列座談（社團法人臺灣障礙者權益促進會，2015）。

如同前述，雖然相關人權公約理當含括障礙者，障礙者還是被忽略（Committee on the Rights of Persons with Disabilities, UN 2015），尤其女性障礙者。因此CRPD第6條才第一次針對「性別」及「障礙」反歧視提出要求各簽約國宣示，保障女性障礙者各項權益，目的在培力（empowering）女性障礙者，提升其自我信心、增強其在生活各層面可以自我決定的權利，進而影響其生活。

整體而言，從國內民間NGO觀點，婦女團體、婦運是有「障礙盲」，而身心障礙團體、社運是有「性別盲」；當民間團體有「性別盲」和「障礙盲」時，理所當然一直處於被動的公部門體系，就以「不為」為上策。被民間、公部門體系制度性的邊緣化，「雙盲」和「雙邊緣化」兩者加起來，形成現階段臺灣女性身心障礙者的處境與圖像。

（四）CRPD第6條：身心障礙婦女（women with disability, WWD）

聯合國CRPD委員會（Committee on the Rights of Persons with Disabilities, UN, 2015）指出，女性障礙者面對的是來自性別（sex-based/gender-based）及障礙（disability-based）的暴力與多重歧視。暴力包括人際間的暴力（如經濟、生理、心理、性、情緒、口語等威脅與行動暴力），甚或來自體制上、結構上的暴力（如結構或體系上的歧視，將女性障礙者視為次等公民，包括在家或在社區中；如認為女性障礙者不需受高等教育、不能生育子女等），如被迫結紮、被迫安置到教養院、性暴力等。性暴力包括強暴、性虐待等。性及生育權利，包括是否被迫墮胎、被迫結紮、缺乏接近與性健康及生育相關之健康服務、家庭計畫資訊、服務與方法、愛滋防護相關資訊、性暴力防治及治療處置等。這些受虐、受暴主要源自女性障礙者雙重（性別加障礙）所導致。

　　UNCRPD委員會也指出，女性障礙者的性及生育權是最不受保障，往往無法自主其性及生育權，其監護人往往「以她最佳利益」幫她們做決定，對她進行結紮促使其不能生育，甚或子宮被摘除。成為母親的女性障礙者在兒保當中，較其他非障礙的母親受到質疑，因此其未成年子女也有較高比例在「兒童保護」的理由下被帶走，其親職權也因此被剝奪。性健康（亦含非生育理由之性活動）的權利除了是反歧視外，也是基礎人權，影響尊嚴、生心理的完整、私人生活受尊重、健康與平等，包括性健康權，女性障礙者也是被剝奪的（Committee on the Rights of Persons with Disabilities, UN, 2015）。

　　所謂女性障礙者面對的「多重歧視」（multiple discrimination），指除性別、障礙外，還包括族群（如原住民、新移民）、年齡（女孩、老年）、社經地位（低收入女性障礙者）及區域等。CRPD第6條第1款特別強調，各國政府必須確認女性障礙者基於「性別」與「障礙」而受到的多重歧視；基於此有具體措施以促使女性障礙者和所有公民一樣有平等權利及自由，包括政治面、經濟、社會、文化及公民相關權利等。而多種歧視型態也包括直接或間接拒絕「合理調整」（reasonable accommodation）（相關法案及環境調整，如接受教育、工作、交通、休閒設施、餐飲等場域）、被排除（如被迫住在教養院）、禁止（如不能生育）等。UNCRPD委員會針對第6條第2款，又一再說明何謂「多重歧視」以及「交互歧視」（interactional discrimination），包括直接與間接歧視、結構與系統性的歧視，同時也指出「合理調整」的概念並未被CEDAW認知。

針對障礙者而言，被拒絕「合理調整」則是一種歧視。同時交互而來的歧視往往會形成另一種面貌的歧視，如針對智能較低的女性，其生育被禁止，形成另一種特殊性歧視；如某地方政府因未提供充分的生活支持服務，把障礙者送到教養院；因月經的處理沒有給予相關協助，就將女性障礙者的子宮摘掉；或因女性障礙者的人身安全措施不足，強迫女性障礙者結紮等，都是歧視。

直接歧視意指女性障礙者被不平等對待，如生育權的被剝奪。間接歧視指相關政策法令，含括條文中意涵的意識形態，如臺灣《優生保健法》之條文，因為障礙因素法定得以墮胎或結紮。

系統及結構上的歧視則來自社會組織的相關作為（如行政）、文化傳統，包括相關公共建築、公共生活相關設計與措施等只為一般非障礙者設計。如國健署的健康促進一直忽略障礙者，包括女性障礙者，尤其是中老年障礙婦女在健檢服務使用時被邊緣化、被忽略；其他政治參與、教育、文化、工作亦同，如我們缺乏女性障礙者成為民意代表，包括身障各種委員會也以男性障礙者為主，性別在障礙相關政策或作為的被忽略等，亦為結構性歧視。

針對女性障礙者的多重、交互、直接與間接、結構與系統性等的歧視處境為何，資料蒐集與分析非常重要。英國在1986年簽署CEDAW，在2010年簽署CRPD。英國CEDAW的工作報告（UK 2013）指出，女性障礙者非同質團體，以英國而言，基於性別和障礙雙重觀點，相關資料是缺乏的。英國CEDAW的工作報告（2013）指出，70%男性障礙者以及75%女性障礙者目前在日常生活是受到歧視的，同時女性障礙者是英國社會最為貧窮的，受到雙重歧視，亦即「女性」加「障礙」[4]。

---

4 其CEDAW針對女性障礙者的報告包括以下的面向：健康與社會照護、政治與公共生活、經濟與社會福祉、教育與訓練、工作與就業、歧視障礙的犯罪與暴力、法律之前平等、鄉村婦女等（UK, 2013）。

（五）本文目的

　　本文從CEDAW和CRPD檢視觀點，藉由呈現國內與國外性別及身心障礙統計，探討我國女性障礙者生活處境，並與各國比較以茲瞭解我國女性障礙者在國內及和國外障礙婦女的同異處。限於相關統計的缺乏，本文探討內涵只包括以下面向：健康、教育、工作與就業、經濟、照護及人身安全。

　　本研究期提供「**性別**」與「**障礙**」主流化政策規劃參考，可以逐漸促使臺灣社會各政府、民間組織除「去性別盲」外，也能「去障礙盲」，改善女性身心障礙者在臺灣雙重被邊緣化的圖像與境遇。

二、研究方法

　　本研究以二手資料分析方法進行，資料來源包括相關文獻、文件與網站資料。國內資料來源主要來自官方網站，包括行政院主計總處、內政部統計處、衛生福利部、勞動部、教育部及家庭暴力與性侵害防治相關主責單位；國外資料主要來自聯合國CRPD網站公布之各國CRPD國家報告書，包括透過網站尋找與女性障礙者健康、高等教育、工作處境、社會照護與人身安全相關之網站資料；另外透過作者和挪威中央政府的聯繫，取得該國女性障礙者相關統計文件資料。如同前述，女性障礙者即使在國外相較一般女性相關統計資料缺乏，因此本文針對探討的五個面向，只能視是否取得比較之國外資料，因此每個面向的比較國家，就有所不同。

三、研究發現

（一）健康圖像

以全球而言，51%障礙者是女性（Disability Awareness in Action, DAA)，挪威之女性障礙者多過於男性5%（Norway, 2015）。

依據表4.1國內資料分析，我國可能受到重男輕女觀念影響，女嬰被墮胎率高於男嬰，一般民眾從出生開始男性總人口數即大於女性；然而30歲以後，女性總人口開始大於男性，可能與女性平均餘命較長相關。就身心障礙者而言，女性障礙者在65歲以前皆少於男性障礙者，與前述全球及挪威資料相反；此似乎也回應，即使只從人口統計分析，女性障礙者不只是受重男輕女觀念影響，同時也因「障礙」而加倍受到影響。確切相關原因仍有待未來研究進一步釐清。

依據表4.2及延續前述之表4.1，國內大部分障礙類別都是男性多於女性，只有慢性精神障礙者和失智症是女性比較多。此因為女性平均餘命較長之外（如失智症者），是否有其他原因亦值得探討，包括是否女性在心理健康促進及生活處境相較男性弱勢，因此女性被診斷為精神障礙者多過於男性。

依據OECD瑞典資料〔OECD calculations based on the Living Conditions Survey of Children（ULF-BARN）2010〕，2010年瑞典針對10歲至18歲青少年學生中有心理困難（mental disorder）者之年齡和性別分布，其中女性學生在各年齡層當中，中度和高度心理困難的比例皆較男性高（約2倍）。

從表4.3可以發現，瑞典於2008至2010年16-24歲的人口中，不論在就學、就業或未就業／就學的狀態中，女性較容易出現心理健康問題（mental health problem）（約男性2倍），特別是未就學和就業中的女性出現心理健康問題比例最高。表4.4挪威資料指出，無論男女性障礙者之心理健康問題，比例皆高於一般民眾；而女性障礙者在2008年低於男性2%，但在2012年則高於男性障礙者4%。

[表4.1] 2011年一般民眾與身心障礙者人數按年齡與性別分 (N:%)

	總計	0-2歲	3-5歲	6-11歲	12-14歲	15-17歲	18-29歲	30-44歲	45-59歲	60-64歲	65歲以上
一般民眾											
總數	23,224,912	551,707	612,443	1,464,462	873,178	967,560	4,027,517	5,709,717	5,314,758	1,175,321	2,528,249
男	11,645,674	286,963	320,071	765,065	455,046	502,644	2,068,070	2,841,795	2,635,478	571,994	1,198,548
	(100.0)	(2.46)	(2.75)	(6.57)	(3.91)	(4.32)	(17.76)	(24.40)	(22.63)	(4.91)	(10.29)
	(50.14)	**(1.24)**	**(1.38)**	**(3.29)**	**(1.96)**	**(2.16)**	**(8.90)**	**(12.24)**	**(11.35)**	**(2.46)**	**(5.16)**
女	11,579,238	264,744	292,372	699,397	418,132	464,916	1,959,447	2,867,922	2,679,280	603,327	1,329,701
	(100.0)	(2.29)	(2.52)	(6.04)	(3.61)	(4.02)	(16.92)	(24.77)	(23.14)	(5.21)	(11.48)
	(49.86)	**(1.14)**	**(1.26)**	**(3.01)**	**(1.80)**	**(2.00)**	**(8.44)**	**(12.35)**	**(11.54)**	**(2.60)**	**(5.73)**
身心障礙者											
總數	1,100,436	1,461	6,015	23,636	14,352	16,369	76,199	161,756	299,857	93,601	407,190
男	629,179	824	3,886	15,056	8,981	9,884	46,799	100,072	182,318	54,093	207,266
	(100.0)	(0.13)	(0.62)	(2.39)	(1.43)	(1.57)	(7.44)	(15.91)	(28.98)	(8.60)	(32.94)
	(57.18)	(0.07)	(0.35)	(1.37)	(0.82)	(0.90)	(4.25)	(9.09)	(16.57)	(4.92)	(18.83)
女	471,257	637	2,129	8,580	5,371	6,485	29,400	61,684	117,539	39,508	199,924
	(100.0)	(0.14)	(0.45)	(1.82)	(1.14)	(1.38)	(6.24)	(13.09)	(24.94)	(8.38)	(42.42)
	(42.82)	(0.06)	(0.19)	(0.78)	(0.49)	(0.59)	(2.67)	(5.61)	(10.68)	(3.59)	(18.17)

製表資料來源：衛生福利部性別統計指標──身心障礙者人數按年齡與障礙等級分：內政統計年報，2011。

［表4.2］ 2011年身心障礙者人數按性別、障礙類別

		總計	
	計	男（%）	女（%）
總計	1,100,436	629,179 (100.0) (57.18)	471,257 (100.0) (42.82)
視覺障礙者	56,373	29,748 (4.73) (2.70)	26,625 (5.65) (2.42)
聽覺機能障礙者	120,035	70,133 (11.15) (6.37)	49,902 (10.59) (4.53)
平衡機能障礙者	3,893	2,254 (0.36) (0.20)	1,639 (0.35) (0.15)
聲音機能或語言機能障礙者	13,595	9,592 (1.52) (0.87)	4,003 (0.85) (0.36)
肢體障礙者	386,217	230,677 (36.66) (20.96)	155,540 (33.01) (14.13)
智能障礙者	98,407	56,342 (8.95) (5.12)	42,065 (8.93) (3.82)
重要器官失去功能者	126,917	70,545 (11.21) (6.41)	56,372 (11.96) (5.12)
顏面損傷者	4,535	3,256 (0.52) (0.30)	1,279 (0.27) (0.12)

（續下頁）

	總計		
	計	男（%）	女（%）
植物人	4,777	2,790 (0.44) **(0.25)**	1,987 (0.42) **(0.18)**
失智症者	35,781	14,518 (2.31) **(1.32)**	21,263 (4.51) **(1.93)**
自閉症者	11,212	9,765 (1.55) **(0.89)**	1,447 (0.31) **(0.13)**
慢性精神障礙者	113,992	56,893 (9.04) **(5.17)**	57,099 (12.12) **(5.19)**
多重障礙者	114,213	66,996 (10.65) **(6.09)**	47,217 (10.02) **(4.29)**
頑性（難治型）癲癇症者	4,791	2,629 (0.42) **(0.24)**	2,162 (0.46) **(0.20)**
因罕見疾病而致身心功能障礙者	1,746	920 (0.15) **(0.08)**	826 (0.18) **(0.08)**
其他障礙者	3,952	2,121 (0.34) **(0.19)**	1,831 (0.39) **(0.17)**

製表資料來源：衛生福利部性別統計指標——身心障礙者人數按年齡與障礙等級分，2011。

┌表4.3┐ 瑞典2008-2009年和2009-2010年有心理健康問題（焦慮而影響重要活動）的平均比例

	男性	女性
就學	13.3	26.0
就業（含自營）	11.3	27.7
非就學、就業	26.6	36.0

註：女性資料是依據16-24歲者估計；資料來源：OECD, 2013。

┌表4.4┐ 挪威20-66歲一般民眾及障礙者有心理問題者之人口比例

		2008	2012
一般民眾	總計	11	12
	男性	9	10
	女性	13	14
障礙者	總計	48	49
	男性	49	46
	女性	47	50

資料來源：Statistic Norway, 2015.

　　美國2008年比較女性障礙與非障礙者，發現女性障礙者接受乳房篩檢和子宮頸癌篩檢的比例皆低於非障礙者女性（表4.5），同時報告中也指出在國家層級上，乳房篩檢的差異更為顯著。遺憾的，臺灣目前沒有這方面的統計和分析。

┌表4.5┐ 美國女性障礙者與非障礙者接受乳癌和子宮頸癌篩檢比例

	女性障礙者	女性非障礙者
乳癌篩檢（2006-2008）	72.2%	77.8%
子宮頸癌篩檢（2004-2008）	78.9%	83.4%

資料來源：Armour, Thierry, & Wolf, 2009.

表4.6 挪威20-66歲一般民眾及障礙者中，其健康狀況自評為「差」或「非常差」之人口比例

		2008	2009	2010	2011	2012	2013
一般民眾	總計	7	7	7	7	6	7
	男性	6	6	7	7	5	6
	女性	9	7	7	8	7	8
障礙者	總計	41	34	35	35	37	37
	男性	40	33	38	38	36	36
	女性	42	35	33	33	38	38

資料來源：Statistic Norway, 2015.

　　根據挪威居住與生活情境調查的統計表分析（表4.6），障礙者自評其健康狀況程度遠差於一般民眾。以2013年為例，障礙者當中有37%，而一般民眾則只有7%自評健康「差」或「很差」；男女落差不大，無論障礙與否。

表4.7 挪威20-66歲一般民眾及障礙者健康服務無法滿足需求之人口比例

（單位%）

		2008	2009	2010	2011	2012	2013	平均
一般民眾	總計	2	3	3	3	3	2	3
	男性	2	3	3	3	2	2	3
	女性	2	2	3	3	3	3	3
障礙者	總計	8	7	10	9	11	8	9
	男性	7	7	13	11	10	7	9
	女性	8	7	9	8	12	10	9

資料來源：Statistic Norway, 2015.

　　表4.7指出，2008至2013年五年中挪威將近十分之一（9%）的障礙者表示目前醫療服務無法滿足其需求，而一般民眾當中只有3%表示有此情形。無論障礙與否，男性與女性並未顯現差異。

　　另，根據OECD的資料（OECD Economic Surveys: Sweden 2005），2005年瑞典民眾在職場中因疾病而請假的比例，一般民眾會隨年齡提升，比例亦會上升。特別是在36歲時，女性和男性的差距急遽增大；至56歲時，女性因疾病請假的比例約達6.5%，而男性則為4.5%。因此，職場上，女性較易因疾病而請假的比例較男性高。除職場健康性別議題當受重視外，針對「障礙」與「性別」雙重職場健康則缺乏資料，亦表示女性障礙者職場健康議題，尚未形成被關注議題。

　　然而，一個女性主義立場的瑞典女性組織FQ, Forum – Women and Disability in Sweden（2011）指出，瑞典的女性障礙者在健康照護面臨嚴重的不平等，女性障礙者一般而言健康狀況普遍較男性障礙者差；同時並指出，在瑞典並非所有公立醫療院所都達到無障礙（accessible care units），有許多私人營運的健康照護機構也是如此，特別是一些婦科診所。此外無論女性或男性障礙者尋求性健康相關的諮詢時，也因服務人員設想障礙者是無性需求或興趣而受到阻礙。關於健康照護人員提供給障礙產婦的照護服務，Kallianes和Rubenfeld（1997）指出醫療專業人員缺乏協助女性障礙者避孕及生育的知識與提供協助生育的能力，未能滿足障礙產婦特殊的照護需求。此外，瑞典一項針對助產士的調查也提到，醫療照護人員照護障礙產婦的專業能力不足，因此在Hoglund和Larsson（2013）研究中受訪的助產士指出，看護產婦是障礙者與看護一般產婦是不同的，尤其是針對產婦是智能障礙者更感到吃力，她們未曾獲取如何協助產婦是智能障礙者產程照護與生產的訓練。由此可見，健康專業人員對「性別」與「障礙」雙重意識極待重視，尤其針對女性心智障礙者。然而國內對女性障礙者的健康醫療照護經驗的相關研究，尚未受到重視。

（二）高等教育

　　根據表4.8，我國全人口當中，2006年與2011年國中及國中以上男性皆多於女性，特別是教育程度為研究所以上者，男性幾乎是女性的2倍。就身心障礙者而言，整體障礙者相較於全人口的高等教育程度比例低（3倍以上）。遺憾的是，目前仍沒有針對障礙者教育程度進行性別分析的相關統計資料。

表4.8　2006及2011年身心障礙者之高等教育程度人數比例（單位：％）

		總計（人數）	未上幼稚園之學齡前兒童	上幼稚園之學齡前兒童	不識字（6歲以上）	自修（識字）（6歲以上）	國小	國（初）中	高中、高職（含五專前三年）	大專院校	研究所以上
身心障礙者[5]											
2006	全部	953,214	0.8	0.7	19.8	2.4	30.2	17.1	20.6	8.1	0.6
	男性	—	—	—	—	—	—	—	—	—	—
	女性	—	—	—	—	—	—	—	—	—	—
2011	全部	1,085,001	0.3	0.5	15.5	2.3	29.3	18.7	22.3	10.0	1.1
	男性	—	—	—	—	—	—	—	—	—	—
	女性	—	—	—	—	—	—	—	—	—	—

（續下頁）

5　中華民國100年身心障礙者生活狀況及各項需求評估調查報告中，並未針對身心障礙者的性別進行分析，因此此處僅呈現整體身心障礙者的教育程度百分比。

		總計（人數）	未上幼稚園之學齡前兒童	上幼稚園之學齡前兒童	不識字（6歲以上）	自修（識字）（6歲以上）	國小	國（初）中	高中、高職（含五專前三年）	大專院校	研究所以上
		臺灣全人口									
2006	全部	18,730,896	—	—	2.5	0.5	16.2	14.8	32.9	29.7	3.5
	男性	9,430,527	—	—	0.7	0.3	13.9	15.9	34.5	30.3	4.5
	女性	9,300,369			4.4	0.6	18.5	13.6	31.4	29.2	2.4
2011	全部	19,723,122			1.8	0.3	13.9	13.4	31.8	33.6	5.1
	男性	9,818,529			0.4	0.2	11.3	14.2	33.6	33.8	6.5
	女性	9,904,593			3.2	0.5	16.4	12.7	30.1	33.3	3.8

製表資料來源：中華民國100年身心障礙者生活狀況及各項需求評估調查報告；內政統計年報。

表4.9指出，大專校院特殊教育學生人數全部都是男性多過於女性，原母體即男性多過於女性；總人口部分，男女比57% vs. 43%，但接受教育者男女比例則為64% vs. 36%；可見女性相較男性在接受高等教育權上是受忽略的。

表4.10挪威資料指出，於2013年35%障礙者的最高教育程度為高中及以下者；相較一般民眾的比例為22%，高出13%。而此差異持續許多年（自2008年起之資料）。

不同於我國，挪威男性障礙者在22-44歲者中，接受一年以上高等教育者低於女性障礙者；挪威整體障礙者接受高等教育者低於一般社會大眾16%至18%（表4.11）。

表4.9 103學年度大專校院特殊教育學生人數——按性別和障礙類別分（103年身心障礙者總人口數為1,141,677人）[6]

	男（人數） （各類別內百分比）	女 （人數） （各類別內百分比）
智能障礙	521 (54.0)	444 (46.0)
視覺障礙	473 (62.1)	289 (37.9)
聽覺障礙	685 (54.5)	571 (45.5)
語言障礙	87 (56.5)	67 (43.5)
肢體障礙	1,427 (60.4)	934 (39.6)
腦性麻痺	109 (58.0)	79 (42.0)
身體病弱	737 (55.1)	601 (44.9)
情緒行為障礙	605 (63.1)	354 (36.9)
學習障礙	2,018 (71.6)	799 (28.4)
多重障礙	235 (60.9)	151 (39.1)

（續下頁）

---

[6] 特殊教育學生人數含特教學校學生人數和一般學校特殊班之學生人數。

	男（人數） （各類別內百分比）	女 （人數） （各類別內百分比）
自閉症	1,191 （90.0）	133 （10.0）
其他障礙	303 （57.3）	226 （42.7）
總計	8,391 （64.4）	4,648 （35.6）

製表資料來源：行政院性別平等委員會重要性別資料統計庫——大專校院
特殊教育學生人數（身心障礙類）——按性別分。

表4.10　挪威20-66歲一般民眾及障礙者最高教育程度為高中及以下者
（upper secondary school, 1-10）之人口比例

（單位%）

	2008	2009	2010	2011	2012	2013
一般民眾	23	22	21	21	20	22
障礙者	40	33	34	34	37	35
男性	24	22	22	23	21	23
男性障礙者	37	38	36	31	35	36
女性	23	21	21	20	19	21
女性障礙者	42	29	32	37	39	35

資料來源：Statistic Norway, 2015.

〔表4.11〕　挪威25至44歲一般民眾及障礙者接受一年以上高等教育之人口
比例

（單位%）

	2008	2009	2010	2011	2012	2013
一般民眾	37	38	40	40	47	43
障礙者	21	23	22	22	23	26
男性	33	33	37	35	40	36
男性障礙者	16	17	17	20	17	20
女性	42	43	43	46	53	50
女性障礙者	24	28	25	24	27	29

資料來源：Statistic Norway, 2015.

（三）工作處境

　　臺灣原住民約占我國全體人口2%，其中女性約占1%；東南亞、中國大陸女性新移民約占2%；女性身心障礙者亦約占臺灣全體人口2%，這些女性身心障礙者的就業權益圖像詳見表4.12。

〔表4.12〕　身心障礙者與一般民眾15歲以上者之就業狀況──按性別分

（單位：人；%）

	2006年9月調查		2011年8月調查	
	身心障礙者	全國15歲以上者	身心障礙者	全國15歲以上者
男性(A)	507,822	9,014,000	589,423	9,465,000
勞動力(B)	153,043	6,067,000	138,872	6,339,000
就業者	127,922	5,824,000	121,492	6,042,000
失業者(C)	25,121	243,000	17,380	297,000
非勞動力	354,778	2,947,000	450,551	3,127,000

（續下頁）

	2006年9月調查		2011年8月調查	
	身心障礙者	全國15歲以上者	身心障礙者	全國15歲以上者
勞動力參與力(B/A*100)	30.14	67.31	23.56	66.97
失業率(C/B*100)	16.41	4.01	12.52	4.68
女性(A)	**389,956**	**9,199,000**	**447,020**	**9,811,000**
勞動力(B)	69,947	4,506,000	59,406	4,945,000
就業者	59,680	4,330,000	52,293	4,740,000
失業者(C)	10,267	175,000	7,113	205,000
非勞動力	320,009	4,693,000	387,614	4,865,000
勞動力參與率(B/A*100)	17.94	48.98	13.29	50.41
失業率(C/B*100)	14.68	3.89	11.97	4.15
總計(A)	**897,777**	**18,212,000**	**1,036,442**	**19,276,000**
勞動力(B)	222,990	10,573,000	198,277	11,284,000
就業者	187,602	10,154,000	173,785	10,782,000
失業者(C)	35,388	419,000	24,492	502,000
非勞動力	674,787	7,639,000	838,165	7,992,000
勞動力參與率(B/A*100)	24.84	58.05	19.13	58.54
失業率(C/B*100)	15.87	3.96	12.35	4.45

製表資料來源：中華民國100年身心障礙者生活狀況及各項需求評估調查
　　　　　　報告；勞動部統計資料庫。

　　表4.12，2006年和2011年一般民眾的勞動參與率，男性皆大約為
女性的1.3倍。2006年和2011年身心障礙者的勞動參與率，男性障礙
者大約為女性障礙者的1.7倍。

　　就男性而言，2006年和2011年一般民眾的勞動參與率分別為障
礙者的2.2倍和2.3倍。就女性而言，2006年和2011年一般民眾的勞動
參與率分別為障礙者的2.7倍和3.8倍，差距更為明顯。另，比較2006
年和2011年一般民眾勞動參與率，無論男女都是上升，但身心障礙

者無論男女都是下降的。

　　就整體障礙者或性別而言，身心障礙者失業率皆高於一般民眾3至5倍（表4.12）。

[表4.13]　2011年一般民眾、身心障礙就業者從事非典型勞動工作情形

項目別	總計	是否從事非典型勞動的工作[7]（%）	
		是	否
一般民眾			
男	5,999,000	6.02	93.98
女	4,671,000	7.11	92.89
總計	10,670,000	6.50	93.50
身心障礙者			
男	84,100	32.00	68.00
女	37,414	37.66	62.34
總計	121,513	33.75	66.25

製表資料來源：中華民國100年身心障礙者生活狀況及各項需求評估調查
　　　　　　　報告；行政院主計總處100年人力運用調查報告。

　　依據表4.13從事非典型工作統計分析發現：一般女性從事非典型工作比一般男性高。女性障礙者從事非典型工作比男性障礙者高；而身心障礙者從事非典型工作則比一般民眾高5倍之多。

---

[7]　此處非典型勞動是指工作類型為部分時間、臨時性或人力派遣之工作。

表4.14 一般民眾、身心障礙非勞動力無法參與勞動之原因（103年6月）

（單位：人、%）

項目別	人數	一般民眾與身心障礙者			一般民眾		
		想工作但未去找工作且隨時可以開始工作	幫忙家務	在學或準備升學	高齡、身心障礙		其他
					身心障礙者		
					因身心障礙疾病，無法工作	因傷病（非身心障礙疾病），無法工作，沒有領薪水	已退休且賦閒
一般民眾							
總計	8,170,000	1.8	30.5	25.6		29.8	12.4
男	3,204,000	2.6	1.2	32.4		39.9	23.9
女	4,966,000	1.2	49.3	21.1		23.3	5.0
身心障礙者							
總計	865,078	2.3	5.6	2.6	60.8	7.6	21.0
男	458,684	2.8	2.2	3.2	59.9	8.1	23.8
女	406,394	1.8	9.5	1.9	61.8	7.0	17.9

製表資料來源：勞動部103年身心障礙者勞動狀況調查，2014；行政院主計總處性別統計指標，2014。

　　表4.14針對非參與勞動力原因分析發現：男性和女性的原因不同，一般女性未參與勞動力近五成是因為幫忙家務；而男性則是因為在學（三成以上）。身心障礙者男性和女性，最多原因是因為身心障礙無法工作，其中女性障礙者比男性障礙者高，女性障礙者中也有近一成是因為幫忙家務。

┌表4.15┐　2011年身心障礙就業者平均每月薪資或收入狀況──按性別、
　　　　　　行業別及職業別分

（單位：元）

項目別	受雇者							雇主、自營作業者平均月淨收入	整體平均每月薪資或收入
	平均每月薪資	月薪制 平均每月薪資	日薪制 平均每日薪資	日薪制 平均每月薪資	時薪制 平均每小時薪資	時薪制 平均每月薪資	按件計酬（平均每月收入）		
身心障礙者									
男	24,968	28,952	944	16,905	138	14,660	16,791	27,055	25,536
女	20,306	23,469	678	12,137	118	12,658	12,430	15,465	19,205
臺灣總人口									
男	—	—	—	—	—	—	—	—	50,045
女	—	—	—	—	—	—	—	—	40,160

製表資料來源：中華民國100年身心障礙者生活狀況及各項需求評估調查
　　　　　　報告；勞動部統計資料庫。

　　從表4.15薪資表格分析發現：一般民眾男性和女性平均薪資為5：4；女性障礙者亦低於男性障礙者。男性和女性障礙者平均薪資皆低於一般民眾兩成，女性障礙者雙重弱勢可見一斑。

[表4.16] 各國女性15歲至64歲障礙與性別就業率比較 （單位%）

	瑞典	丹麥	大英帝國	加拿大	挪威	臺灣	
	2006	2006	2006	2006	2008	2006	2011
男性 有障礙者	66	48	48	55.5	48	37.5	30.1
女性 有障礙者	60	52	46	52.1	43	27.2	17.9
女性 無障礙者	75	73	75	70.1	92	52.3 (2010)[8]	54.72 (2011)

製表資料來源：European Community Programme for Employment and Social Solidarity (2007-2013)；中華民國95年身心障礙者生活需求調查資料庫；主計處：中研院人力資源調查資料庫；103年勞動部統計資料庫；行政院性別平等委員會重大性別統計資料庫——臺灣地區就業率按年齡、教育程度與婚姻狀況分。

從表4.16與各國女性障礙者就業率比較分析發現：2006年針對工作年齡層（小於65歲）一般婦女，臺灣女性就業率都比各國（含瑞典）低20%以上，針對工作年齡層女性障礙者臺灣也比各國低，低瑞典33%；2011年落差更大，原因值得探討。

以挪威為例（表4.17），2008年障礙者的就業率低於一般人32%，女性障礙者就業率低於男性障礙者5%。2014年障礙者的就業率和一般人落差改變不大，然而女性障礙者的就業率則高於男性，但一般女性就業率仍然低於一般男性，只是落差變小（5.8%縮小為3.5%）。以挪威從事兼職（部分工時）者而言，2008年和2014年一

---

8 臺灣就業率的資料只有針對15歲以上者，此處針對一般女性15歲至64歲的資料是作者依據中研院人力資源調查資料庫換算（詳見周月清等，2012）。

般男女落差分別為28.7%和24.3%，男女障礙者落差分別為31.2%及33.6%，女性無論一般婦女或障礙者，兼職都逐年下降（Statistics Norway's Labour Force Survey, 2015; Tøssebro, 2009）。

表4.17 挪威2008、2014年障礙者與一般大眾15至66歲就業率（%）

2008	障礙者			一般大眾		
	全部	男性	女性	全部	男性	女性
全職	45.3	47.9	43.2	77.3	80.2	74.4
兼職	46.7	30.3	61.5	25.9	12.3	41.0
2014	全部	男性	女性	全部	男性	女性
全職	43.1	42.8	43.3	74.6	76.5	72.7
兼職	43.5	25.2	58.8	24.1	12.6	36.9

製表資料來源：Statistics Norway's Labour Force Survey, 2015; Tøssebro, 2009.

依據障礙者就業阻礙，包括教育、雇主的態度、工作職場的無障礙設施，為了促進職場的友善環境，挪威政府於2010年立法規定新的建築都必須是通用設計（universal design, UD），包括生活各個層面，含前述就業相關之硬體設施（Tøssebro, 2009）。挪威勞動力統計調查發現，大學以上障礙者就業率和一般人幾乎一樣（74.1% vs. 74.6%）。表4.18挪威資料指出，障礙者就業率和其教育程度成正比關係。因此，促進障礙者的就業，支持障礙者接受高等教育是重要途徑。

表4.18 挪威2014年障礙者教育程度與就業率

教育程度	就業率（%）
大學以上	74.1
大學、大專	62.2
高中	43.9
國中	29.8

資料來源：Statistics Norway's Labour Force Survey, 2015.

（四）社會照護

　　根據2006年和2011年的身心障礙者生活狀況及各項需求評估調查報告，針對身心障礙者對於政府提供的福利服務措施認知及利用情形當中，個人照顧服務（如：居家照顧、社區居住、日間及住宿式照顧、自立生活支持服務等）、家庭支持服務、各項經濟補助及減免（如：身心障礙者生活補助費、日間照顧及住宿式照顧費用補助等）及其他各項福利服務（如：手語翻譯服務、復康巴士、無障礙生活環境設施及設備等），並未呈現以性別分析之資料。

　　針對使用住宿日托服務（表4.19），男性和女性障礙者比例過去近十五年（2002-2014）介於60/61% vs. 40/39%之間，和母體群是57% vs. 43%，約有6%落差；亦即使用這些服務者女性比例較低。同樣依據此調查資料分析2014年身障者使用居家生活補助費（備註：2013年以前無按性別統計之資料），亦即都未使用服務而領取現金者（備註：領取居家生活補助者僅限於障礙者來自中低收入戶者，同時不得使用服務），發現所有女性皆低於男性，落差介於0.8%至14%之間，和母體相比男女數落差為14%；表示女性障礙者未使用服務者比例高，尤其是來自低收與中低收家庭者。

[表4.19] 身心障礙福利服務機構概況——實際安置服務人數（N/%）

	夜間型 住宿人數		全日型 住宿人數		日間 照顧人數		部分時制 照顧人數		合計		
	男	女	男	女	男	女	男	女	計	男	女
2002	94 (47.0)	106 (53.0)	4,845 (59.0)	3,362 (41.0)	2,560 (60.9)	1,644 (39.1)	—	—	12,611	7,499 (59.5)	5,112 (40.5)
2003	62 (62.0)	38 (38.0)	5,564 (59.2)	3,842 (40.8)	2,482 (60.5)	1,618 (39.5)	606 (64.9)	328 (35.1)	14,540	8,714 (59.9)	5,826 (40.1)
2004	58 (50.0)	58 (50.0)	5,875 (58.9)	4,104 (41.1)	2,426 (60.1)	1,609 (39.9)	979 (67.4)	473 (32.6)	15,582	9,338 (59.9)	6,244 (40.1)
2005	46 (48.4)	49 (51.6)	6,143 (59.3)	4,214 (40.7)	2,562 (61.2)	1,625 (38.8)	876 (69.2)	390 (30.8)	15,905	9,627 (60.5)	6,278 (39.5)
2006	52 (47.3)	58 (52.7)	6,500 (59.6)	4,403 (40.4)	2,542 (62.4)	1,531 (37.6)	852 (66.4)	432 (33.6)	16,370	9,946 (60.8)	6,424 (39.2)
2007	71 (54.6)	59 (45.4)	6,793 (59.8)	4,564 (40.2)	2,549 (61.4)	1,602 (38.6)	922 (67.6)	442 (32.4)	17,002	10,335 (60.8)	6,667 (39.2)
2008	55 (53.4)	48 (46.6)	7,042 (59.5)	4,790 (40.5)	2,508 (61.4)	1,579 (38.6)	963 (67.1)	472 (32.9)	17,457	10,568 (60.5)	6,889 (39.5)
2009	63 (57.3)	47 (42.7)	7,261 (59.8)	4,879 (40.2)	2,505 (61.3)	1,580 (38.7)	1,047 (66.1)	536 (33.9)	17,918	10,876 (60.7)	7,042 (39.3)
2010	76 (56.3)	59 (43.7)	7,560 (59.8)	5,088 (40.2)	2,642 (61.7)	1,641 (38.3)	1,053 (68.7)	479 (31.3)	18,598	11,331 (60.9)	7,267 (39.1)
2011	97 (56.7)	74 (43.3)	7,669 (59.8)	5,163 (40.2)	2,686 (62.1)	1,637 (37.9)	1,146 (67.5)	551 (32.5)	19,023	11,598 (61.0)	7,425 (39.0)
2012	98 (58.0)	71 (42.0)	7,762 (59.7)	5,237 (40.3)	2,581 (61.8)	1,593 (38.2)	1,162 (66.4)	588 (33.6)	19,092	11,603 (60.8)	7,489 (39.2)
2013	103 (58.9)	72 (41.1)	8,117 (59.7)	5,481 (40.3)	2,534 (61.8)	1,565 (38.2)	1,033 (64.8)	562 (35.2)	19,467	11,787 (60.5)	7,680 (39.5)
2014	88 (55.3)	71 (44.7)	7,965 (59.7)	5,371 (40.3)	2,458 (61.3)	1,551 (38.7)	1,022 (69.9)	441 (30.1)	18,967	11,533 (60.8)	7,434 (39.2)

製表資料來源：衛生福利部，2015。

[表4.20]　挪威20-66歲一般民眾及障礙者，其生活（living household）是以社會福利給付（social benefit）為主要收入來源家庭之百分比

		2009	2010	2011	2012	2013
一般民眾	總計	7	8	8	8	7
	男性	6	7	8	7	7
	女性	8	8	9	8	8
障礙者	總計	25	27	28	30	26
	男性	29	31	30	36	29
	女性	22	24	26	26	24

資料來源：Statistic Norway, 2015.

依據表4.20分析挪威自2009年至2013年以社會福利給付為主要生活來源者，整體身心障礙者為一般民眾的3倍至4倍之間；而一般民眾女性高出男性1%，然身障者男性卻多過於女性4%（2011年）至10%（2012年）。一般女性高於男性是因為女性單親、在家育嬰或就業率較低，較可理解；然身障者何以相反，有必要進一步探討。

（五）人身安全

表4.21自2008年至2014年，障礙者整體受性侵比例是增加的，受性侵之障礙者占總障礙者人口數約3%至4%，而此性侵害比例則占全國性侵害總人數之8%至近11%，而依據障礙者占總人口數的4%左右，高出4%至7%；亦表示障礙者受性侵高於一般民眾。

表4.22與表4.23針對性侵害及家暴的統計分析發現：兩者一般女性皆高於一般男性（9:1/8:2）；兩者女性障礙者皆高於男性障礙者，尤其是智障及精神障礙者（8:2/7:3）。一般女性遭受性侵為0.4‰，女性障礙者為1.6‰；亦即女性障礙者為非障礙女性的4倍容易受到性侵。一般女性遭受家暴為3‰，女性障礙者為6‰；亦即女性障礙者為非障礙女性的2倍容易受到家暴。然比較一般男性和男性

障礙者，發現男性障礙者比較多比例受性侵。

　　然而這些官方統計資料都限於有被通報者，亦即，事實上我國被性侵或是遭受家暴者，尤其是女性障礙者，這些數字都有可能被低估。

表4.21　2008至2014年全國性侵害案件被害人數及比例（單位N/%）

	2008年	2009年	2010年	2011年	2012年	2013年	2014年
全國性侵害被害人數統計——依性別							
男	432 (5.9)	573 (7.2)	765 (8.2)	1,140 (10.3)	1,335 （11.1）	1,329 (12.2)	1,538 (13.9)
女	6,647 （91.2）	7,218 (90.1)	8,358 (89.7)	9,621 (86.5)	10,308 （85.4）	9,159 (84.0)	9,122 (82.3)
不詳	206 (2.8)	217 (2.7)	197 (2.1)	360 (3.2)	423 (3.5)	413 (3.8)	426 (3.8)
總計	7,285	8,008	9,320	11,121	12,066	10,901	11,086
身心障礙者性侵害被害人							
障礙者占全國性侵受害者人數比例（%）	8.0	8.7	8.7	9.3	9.5	10.6	9.9
總計	581	695	812	1,030	1,149	1,157	1,100
智障	308 (53.0)	377 (54.2)	443 (54.6)	540 (52.4)	593 (51.6)	563 (48.7)	572 (52.0)
精神病患	125 (21.5)	136 (19.6)	157 (19.3)	206 (20.0)	237 (20.6)	260 (22.5)	207 (18.8)
聲（語）障	13 (2.2)	13 (1.9)	23 (2.8)	23 (2.2)	19 (1.7)	30 (2.6)	18 (1.6)
聽障	20 (3.4)	27 (3.9)	25 (3.1)	62 (6.0)	55 (4.8)	32 (2.8)	29 (2.6)
肢障	25 (4.3)	20 (2.9)	41 (5.1)	44 (4.3)	48 (4.2)	45 (3.9)	47 (4.3)
視障	5 (0.9)	9 (1.3)	12 (1.5)	11 (1.1)	23 (2.0)	29 (2.5)	51 (4.6)

（續下頁）

	2008年	2009年	2010年	2011年	2012年	2013年	2014年
多重障礙	26 (4.5)	31 (4.5)	38 (4.7)	46 (4.5)	57 (5.0)	65 (5.6)	44 (4.0)
其他	59 (10.1)	82 (11.8)	73 (9.0)	98 (9.5)	117 (10.2)	133 (11.5)	132 (12.0)

資料來源：衛生福利部性別統計指標——性侵害事件通報被害及加害人概況。

[表4.22] 2011年身心障礙者性侵害被害人數統計（N；%）

	總計		男		女		不詳	
	人數	占（非）身心障礙者被害人百分比	人數	占（非）身心障礙者被害人百分比	人數	占（非）身心障礙者被害人百分比	人數	占（非）身心障礙者被害人百分比
合計	6,049	—	605	—	5,352	—	92	—
非身心障礙	5,019	100.0	453	9.0	4,497	89.6	69	1.4
身心障礙者	1,030	100.0	152	14.8	855	83.0	23	2.2
智障	540	52.4	78	7.6	449	43.6	13	1.3
視障	11	1.1	1	0.1	10	1.0	—	0.0
精神病患	206	20.0	11	1.1	192	18.6	3	0.3
聲（語）障	23	2.2	1	0.1	22	2.1	—	0.0
聽障	62	6.0	19	1.8	41	4.0	2	0.2
肢障	44	4.3	5	0.5	39	3.8	—	0.0
多重障礙	46	4.5	10	1.0	33	3.2	3	0.3
其他障礙	98	9.5	27	2.6	69	6.7	2	0.2

資料來源：衛生福利部性別統計指標——性侵害事件通報被害及加害人概況。

[表4.23]　2011年身心障礙者受家庭暴力人數統計（N；%）

	總計		男		女		不詳	
	人數	占（非）身心障礙者被害人百分比	人數	占（非）身心障礙者被害人百分比	人數	占（非）身心障礙者被害人百分比	人數	占（非）身心障礙者被害人百分比
合計	53,484	－	12,912	－	40,126	－	446	－
非身心障礙	48,362	100.0	11,102	23.0	36,860	76.2	400	0.8
身心障礙者	5,122	100.0	1,810	35.3	3,266	63.8	46	0.9
智障	796	15.5	306	6.0	484	9.4	6	0.1
視障	186	3.6	68	1.3	115	2.2	3	0.1
精神病患	1,657	32.4	342	6.7	1,306	25.5	9	0.2
聲（語）障	136	2.7	59	1.2	77	1.5	－	0.0
聽障	311	6.1	132	2.6	177	3.5	2	0.0
肢障	922	18.0	420	8.2	490	9.6	12	0.2
多重障礙	282	5.5	119	2.3	157	3.1	6	0.1
其他障礙	832	16.2	364	7.1	460	9.0	8	0.2

資料來源：衛生福利部統計處，2015a：衛生福利部性別統計指標——家庭暴力事件通報被害及加害人概況。

　　根據美國司法部調查（Department of Justice），2007年美國有3.2%的障礙者受到非致命暴力侵害（nonfatal violent crimes），是非障礙者的1.5倍。進一步以性別區分，12歲以上女性障礙者有3.5%受到暴力侵犯，幾乎是非障礙者女性的2倍。而男性障礙者則有3.0%受到暴力對待，同樣也比非障礙男性的比例（2.4%）高。16%的女性障礙者是受到親密伴侶的暴力侵害，而男性障礙者則有5%受到親密伴侶的暴力對待。受暴力侵害障礙者之中，超過半數是來自不同障礙類型，特別是智能障礙者相較於其他障礙類型，其受暴力侵害的比例也較高（U.S. Department of Justice, 2009）。

依據表4.24，挪威20至66歲者，相較一般社會大眾，無論性別，障礙者較高比例擔心及曾經驗「被偷竊或受傷害」與「社區暴力或威脅」。其「傷害」資料是否含括家暴與性侵，有待進一步釐清。但是值得一提的是，其男性障礙者經驗「被偷竊或受傷害」及「社區暴力或威脅」都比女性障礙者高。

[表4.24] 挪威20-66歲一般民眾及障礙者擔心及曾經驗「被偷竊或受傷害」與「社區暴力或威脅」之人口比例

		曾擔心被偷竊或受傷害	曾經被偷竊或受傷害	擔心社區暴力或威脅	曾在社區中受暴力或威脅
一般民眾	總計	10	9	8	5
	男性	8	10	3	5
	女性	12	8	13	5
障礙者	總計	16	13	12	9
	男性	13	16	6	9
	女性	19	11	16	8

資料來源：Statistic Norway, 2015.

四、結論

本文從健康、教育、工作處境、社會照護以及人身安全面向，透過「障礙」與「性別」雙重指標分析相關國內外統計資料，探討國內女性障礙者在健康、高等教育、工作、社會照護及人身安全圖像。

首先，健康面向中，本文發現女性障礙者人口數在各年齡層皆少於男性障礙者，除有異於全球及挪威（女性障礙者多於男性），亦有別於國內一般民眾從30歲開始女性多於男性，何以為此，值得後續相關研究探討。而在障礙類別上，失智症和慢性精神障礙者是女性多

於男性，特別在慢性精神障礙者，對應到瑞典及挪威的心理健康與性別分析中，發現不論在教育年齡層、就業職場中，女性皆有較高風險出現心理健康問題。因此，不論是在健康照護、教育體系或職場，都應該把性別及障礙因素納入討論，尤以慢性精神障礙者等心理面向，何以女性居多，皆值得深入分析和研究，也包括相關體系和措施的關注與因應。此外，相較美國及挪威資料，比較一般民眾及障礙者健康服務使用，含性別分析，但臺灣沒有此資料。因此未來在臺灣各項調查中，各項性別相關的健康檢查等統計數字，例如：乳癌篩檢和子宮頸癌篩檢，除性別外，皆應要加入身心障礙者的變項，將障礙納入性別與健康分析當中，以期呈現更完整的障礙者與性別交互之間的健康圖像。另外，針對心智障礙者其性健康權利與生育權（如非自願性及非醫療因素的結紮與子宮摘除）較容易被剝奪（Committee on the Rights of Persons with Disabilities, UN, 2015），亦當受到重視。譬如，截至目前為止，國內僅有周月清等針對女性障礙者處理月經、更年期、結紮以及性態度的主觀經驗有相關研究（詳見Chou et al., 2008; Chou et al., 2008; Chou et al., 2009; Chou & Lu, 2011; Chou & Lu, 2012; Chou et al., 2013; Chou et al., 2015），因缺乏系統性相關統計資料，本文無法予以分析。**政策建議**：(1)衛福部針對國人健康促進白皮書要含括女性障礙者。國健署應將女性障礙者的性及生育權相關健康促進與檢查（婦產檢查、成人老年健檢等）納入工作範圍。(2)相關統計數字的呈現，包括多少女性障礙者被結紮、子宮被摘除（非因健康因素）、多少女嬰和被判斷為生心理不全被墮胎。(3)國健署應將女性障礙者的性及生育權相關健康促進與檢查（婦產檢查、成人老年健檢等）納入工作範圍。(4)衛福部針對國人健康促進白皮書要含括女性障礙者。

　　第二，在**高等教育**層面，相關數據指出高等教育程度的身心障礙者比例偏低，且女性接受大專院校、特殊教育者亦較男性障礙者少。挪威障礙者教育程度性別分析，女性則高於男性和國內很不相同，其經驗值得探討與借鏡。**政策建議**：(1)未來我國在高等教育的調查資料分析中，應比照一般民眾進行性別分析，建立與身心障礙、性別等

相關的資料庫。(2)教育白皮書要納入「障礙」與「性別」觀點，提升女性障礙者高等教育接受率。

　　第三，就**工作處境**上，國內與國外比較發現臺灣身心障礙者勞動參與率偏低，尤其是女性障礙者。身心障礙者不論是勞動參與率、失業率、非典型就業或每月平均薪資上，皆需進一步改善，以降低與一般民眾之落差，尤其是女性障礙工作者的處境。另外，本研究亦發現2011年的身心障礙者就業率較2006年低，有別於一般民眾，包括男女；關於身心障礙者就業處境，何以走下坡，值得進一步探究。相較挪威2008年身心障礙者男女全職就業率差別5%，2014年全職女性障礙者就業率（43.3%）甚或高於男性（42.8%）。臺灣2011年男女障礙者就業率之落差為10%（男高於女，30% vs. 18%），女性有障礙者和女性無障礙者之比例，挪威為43% vs. 73%（2014年）、臺灣為15% vs. 48%（2011年）。**政策建議**：(1)勞動部針對婦女勞動白皮書，須含括女性障礙者。(2)全面檢視及職場「**性別**」與「**障礙**」雙重歧視與障礙（含硬體與社會態度）「合理調整」，促使勞動市場及職場對女性障礙者是無障礙，降低女性障礙者勞動參與、兼職、薪資和一般女性、男性之落差。

　　第四，在**社會照護**面向，多數相關的身心障礙性別資料相對更為缺乏，突顯性別因素在福利服務被忽略；進一步延伸，也令人質疑未來長照服務制度的設定和服務提供可能出現性別盲。2014年調查針對日托及住宿服務與領取居家生活補助性別分析，發現女性障礙者使用服務比例低於男性，而留在家中未使用服務者，女性高於男性，且越是來自低收戶者落差更高。相較挪威資料，其女性障礙者依賴社福為主要收入則低於男性。**政策建議**：(1)全面檢視並建立相關統計資料，探討女性障礙者使用社會服務，如何受「**性別**」與「**障礙**」雙重歧視及其阻礙為何。(2)檢視女性障礙者被福利體系的歧視，包括是否較容易安置到非社區式的服務模式，並建立相關統計。(3)所有與「**障礙**」和「**性別**」相關委員會，女性障礙者必須有保障名額。

　　最後，就**人身安全**從資料中發現，臺灣女性障礙者皆較非障礙女性受性侵和家暴的比例高，此情形與美國針對受非致命暴力與親密

關係暴力之統計資料相似，都是女性障礙者多於男性障礙者及一般非障礙女性。而挪威針對「被偷竊或受傷害」與「社區暴力或威脅」資料，則男性障礙者實際經驗到者多於女性障礙者。此外，臺灣男性障礙者受性侵和家暴的比例，亦相對於非障礙男性高。值得一提的是，臺灣障礙者的受性侵、家暴統計資料，相較美國受暴、受親密關係暴力，及挪威受傷害、社區暴力低，是否也表示我們的統計資料有低報情形，亦即被通報率低。因此，對於身心障礙者性侵和家暴防治，包括預防及可以有什麼樣的介入服務，需要被重視和進一步討論與規畫。**政策建議**：除建立相關「性別」與「障礙」人身安全統計資料外，針對女性障礙者迫切發展有效的人身安全防治措施。

為具體改善臺灣女性身心障礙者被雙重邊緣化的圖像與境遇，本文整體政策建議：(1)性平會須納入障礙者觀點以及整合CRPD，性平會之性平委員須保留至少一名女性障礙者。(2)促使「性別、障礙」主流化，各部會相關性別統計與分析、預算、重大政策性別影響評估、性別意識培力，當納入身心障礙者之性別觀點。(3)身心障礙相關公部門與民間之婦女與社福團體，要有「性別」與「障礙」雙重及交互影響意識（awareness）。(4)相關研究除性別分析外，亦當放入身心障礙者的觀點和變項，身心障礙相關調查亦能增加性別分析。(5)建立「性別」與「障礙」雙重指標之相關系統性資料。(6)女性障礙者的主體經驗要被看到、聽到，並參與各種公共政策的規劃與制定。因此，所有與「障礙」和「性別」相關委員會，女性障礙者必須有保障名額，落實親自參與各種與「她」相關的政策制定〔Nothing About Us Without Us（沒有我的參與就不要替我們做決定）〕。

關鍵概念

1. 女性障礙者處境：「障礙」與「性別」雙重被邊緣化，遭受「多重歧視」。
2. 歧視型態：直接與間接拒絕「合理調整」（reasonable accommodation）、人際間歧視、交互歧視（interaction discrimination）、結構與系統性歧視。
3. 歧視面向：健康／性與生殖、親職與家庭、教育與訓練、工作就業、經濟與社會福祉、健康與社會照護、政治與公共生活、人身安全等。

政策建議

1. 正視「障礙」與「性別」雙重被主流社會與婦運、社運邊緣化，被政府政策忽略、被體制結構性多重歧視。相關身心障礙公部門與民間婦運及社運團體，要有「性別」與「障礙」雙重意識，齊力推動「障礙與性別主流化」。女性障礙者主體經驗被聽到、看到及融入（included）所有與「她」相關的政策與服務，含女性障礙者親自參與各性別與障礙公共政策規劃與決策。
2. 全國性與地方各種與障礙、性別相關委員會之委員，女性障礙者有一定比例保障名額。中央各部會與各地方政府「障礙」與「性別」並存統計指標建立、「性別」與「障礙」預算編列；所有公共政策除進行性別影響評估，也須進行「性別」與「障礙」雙重影響評估。「障礙」與「性別」培力：CEDAW和CRPD應同時納入公務人員學習課程以及大學相關教材。
3. 女性障礙者平等、自由與無障礙「合理調整」權利的被確認：性健康權、健康與社會照護權、教育權、工作權、人身安全、經濟與福祉權、政治與公共事務參與權、文化休閒權等。

參考文獻

中文部分

內政部統計處（2006a）《中華民國95年身心障礙者生活狀況及各項需求評估調查報告》。

內政部統計處（2006b）《中華民國100年身心障礙者生活狀況及各項需求評估調查報告》。

內政部統計處（2011）〈內政統計年報之人口資料〉。取自http://statis.moi.gov.tw/micst/stmain.jsp?sys=100

行政院主計總處（2011）《一百年人力運用調查報告》。取自http://www.dgbas.gov.tw/ct.asp?xItem=30165&ctNode=4987

行政院主計總處（2014）〈性別統計指標——臺灣地區非勞動力按年齡、教育程度與未參與勞動之原因分析〉。取自http://www.stat.gov.tw/ct.asp?xItem=37200&ctNode=517&mp=4

行政院主計總處（2015）〈中研院人力資源調查資料庫〉。取自https://srda.sinica.edu.tw/gov

行政院性別平等委員會（2015）〈重要性別資料統計庫之統計資料〉。取自https://www.gender.ey.gov.tw/gecdb/Stat_Statistics_DetailData.aspx?sn=nLy5O%2ffHw9e5Dv9GxcBKqQ%3d%3d&d=194q2o4%2botzoYO%2b8OAMYew%3d%3d

周月清、潘淑滿、傅立葉、梁莉芳、簡家欣（2012）《臺灣地方社會福利體系對婦女勞動參與及社會凝聚之影響：與11個歐盟國家比較》（國科會專題研究計畫成果報告）。

社團法人臺灣障礙者權益促進（2015）〈姊有障礙，還是女人：女性障礙者認識、探索與實踐工作坊〉。CEDAW+ CRPD公約手冊。

勞動部（2014）《103年身心障礙者勞動狀況調查》。取自http://statdb.mol.gov.tw/html/svy03/0342menu.htm

衛生福利部統計處（2015a）〈性別統計指標——人身安全之統計資料〉。取自http://www.mohw.gov.tw/cht/DOPS/DM1_P.aspx?f_list_

no=806&fod_list_no=4622&doc_no=43625

衛生福利部統計處（2015b）〈性別統計指標——身心障礙福利之統計資料〉。取自http://www.mohw.gov.tw/cht/DOS/Statistic.aspx?f_list_no=312&fod_list_no=2218

英文部分

Armour, B. S., Thierry, J. M., & Wolf, L. A. (2009) State-level differences in breast and cervical cancer screening by disability status: United States, 2008. *Women Health Issues*, 19(6): 406-14.

Chou, Y. C., Lu, Z. Y. J., & Pu, C. Y. (2009) Prevalence and severity of menstrual symptoms among institutionalized women with an intellectual disability. *Journal of Intellectual & Developmental Disability*, 34(1): 36-44.

Chou, Y. C., Lu, Z. Y. J., & Pu, C. Y. (2013) Menopause experiences and attitudes in women with intellectual disabilities and in their family carers. *Journal of Intellectual and Developmental Disability*, 38(2): 114-23.

Chou, Y. C., Lu, Z. Y. J., & Pu, C. Y. (2015) Attitudes toward male and female sexuality among men and women with intellectual disabilities. *Women & Health*, 55(6): 663-78.

Chou, Y. C., & Lu, Z. Y. J. (2011) Deciding about sterilisation: Perspectives from women with an intellectual disability and their families in Taiwan. *Journal of Intellectual Disability Research*, 55(1): 63-74.

Chou, Y. C., & Lu, Z. Y. J. (2012) Caring for a daughter with intellectual disabilities in managing menstruation: a mother's perspective. *Journal of Intellectual and Developmental Disability*, 37(1): 1-10.

Chou, Y. C., Lu, Z. Y. J., & Pu, C. Y., & Lan, C. F. (2008) Predictors of female worker attitudes towards menstruation and the provision of help to institutionalized women with intellectual disabilities in Taiwan. *Social Science & Medicine*, 67: 540-45.

Chou, Y. C., Lu, Z. Y. J., Wang, F. T. Y., Lan, C. F., & Lin, L.C. (2008) Meanings and experiences of menstruation: Perceptions of institutionalized women with an intellectual disability. *Journal of Applied Research in Intellectual Disabilities*, 21: 575-84.

Committee on the Rights of Persons with Disabilities, UN. (2015) General comment on Article 6: Women with disabilities. 17 August-4 September 2015 (GE.15), UN, CRPD.

Disability Awareness in Action. (2015) Disabled women: Resource Kit No.6. London: Disability Awareness in Action.

FQ Forum –Women and Disability in Sweden. (2011) Parallel report to the Swedish government's official report and the disability movement's parallel report to the UN Committee on the Rights of Persons with Disabilities. Retrieved from: http://www.ohchr.org/Documents/HR-Bodies/CRPD/Future/Forum_womenDisabilities_Sweden_CRPDFuture.doc

Hoglund, B., & Larsson, M. (2013) Midwives' knowledge of, attitudes towards and experiences of caring for women with intellectual disability during pregnancy and childbirth: A cross-sectional survey in Sweden. *Midwifery*, 29: 950-55.

Kallianes, V., & Rubenfeld, P. (1997) Disabled women and reproductive rights. *Disability & Society*, 12(2): 203-21.

Norway. (2015) UN Convention on the Rights of Persons with Disabilities: Norway's Initial Report.

OECD. (2010) *Living Condition Survey of Children*.

OECD. (2013) Youth in Sweden, mental ill-health and the transition into the labour market. *Mental Health and Work: Sweden,* 39-65. DOI:10.1787/9789264188730-6-en

OECD. (2015) *Economic Surveys: Sweden 2005*. DOI:10.1787/eco_surveys-swe-2005-en

Statistic Norway (2015) Survey on living condition, health.　Children and

Youth and Family Affairs, Oslo, State Government, Norway.

Statistics Norway's Labour Force Survey (2015) Data from Children and Youth and Family Affairs, Oslo, State Government, Norway.

The European Community Programme for Employment and Social Solidarity, 2007-2013. Retrieved from: www.hrsdc.gc.ca.

Tøssebro, J. (2009) *Report on the employment of disabled people in European countries: Norway*. Academic Network of European Disability experts (ANED)-VT/2007/005.

UK. (2013) *UK CEDAW Working Group submission to CRPD general discussion on women and girls with disabilities*. (17 February 2013).

UN Women Watch. (2016) *Women with disabilities*. Retrieved from: http://www.un.org/womenwatch/enable/

U.S. Department of Justice. (2009) *Study on crime against persons with disabilities*. Retrieved from: http://www.disabled-world.com/disability/statistics/disabilities-crime.php#cite

謝誌

謝謝挪威兒童青少年及家庭司（Norwegian directoriate for Children and Youth and Family Affairs）Dr. Anne Bjorshol提供挪威女性障礙者相關統計資料；也謝謝白爾雅老師、主編黃淑玲老師及助理潘纓花協助最後版本的校稿；感謝所有參與本書撰寫的工作夥伴，從中和大家學習很多。

第五章

性別主流化架構下的性／別少數醫療政策

加拿大給臺灣的啓示[1]

白爾雅

馬偕醫學院全人教育中心、國防醫學院通識教育中心兼任

助理教授

摘要

在性別主流化架構下，性／別少數（LGBTQI）健康醫療政策的缺漏，實爲失落的一角。歸咎問題的原因，除了缺乏性別敏感度的醫療體系，還有對國家政策以及社會整體對於「性別」的狹隘想像。而這「失落的一角」該如何找回來？便取決於政府政策、學術研究、醫事體系以及倡議團體等各方的合作與努力。從多元性別的觀點出發，比較加拿大與臺灣經驗的差異，本文建議：(1)看見性／別少數主體與重視性／別少數的實質公民權

---

1 非常感謝黃淑玲、彭涓雯、蔡雅婷協助閱讀文章，並提出寶貴的建議。

益；(2)性別統計應增加「性／別少數」資料的建立與運用；(3)性／別少數友善醫療環境與多元性別意識培力——包括公務與醫療體系；(4)積極作為消弭社會歧視。

一、前言——性別主流化到底主流了什麼「性別」？

臺灣的性別主流化實施計畫自2005年開始，以性別統計、性別預算、性別影響評估、性別分析、性別意識培力、性別平等專案小組運作為主要推動工具，逐步落實性別主流化政策。然而，當各界將檢討的探照燈指向各部會的推動成效、六大工具的效果等時，有些議題在陰影下不被關注、甚至視而不見。臺灣的性／別少數（LGBTQI，指的是Lesbian女同志、Gay男同志、Bisexual雙性戀、Transgender跨性別、Queer酷兒與Intersex陰陽人）就處於這樣的陰影位置。以本文討論的健康／醫療為例，政府尚未有稱得上是性／別少數醫療政策與相關討論。歸咎起來，是社會整體對於「性別」的狹隘想像與恐懼，以及缺乏性別敏感度的醫療體系；即使有了性別主流化的框架，若不能真正理解並且展現「性別平等」的意義是「多元性別平等」，導致國家政策的缺漏，到頭來「性別平等」終究還是無法達成。

本文指出行政院推動的性別主流化業務，在執行上強調的是針對生理性別上男、女權益的平等，忽略了同志、雙性戀、跨性別等性／別少數權益的概念。性／別少數的健康／醫療議題，恰是性別主流化政策的試金石，一則可以看出社會對於性別的刻板二元想像，另一則可看出性別主流化概念在臺灣醫療體系尚未運作完全；而這皆是達成性別平等目標的阻礙。

本文從性別主流化與「多元性」（diversity）、性別與多元壓迫的「交織性」（intersectionality）兩個關鍵概念作為論證起點，論述在「性別主流化」的架構下討論性／別少數健康醫療政策的重要性。本研究以次級檔案研究方法，分析臺灣的醫療政策在性別主流化架構

下的現況、問題、優缺點，並且比較加拿大案例研究，嘗試提出政策建議。

二、從性／別少數觀點檢討性別主流化政策

（一）性別主流化與「多元性」、「交織性」

瑞典性平模式一直被視為性別主流化的模範，然而在2016年甫出版的 *Challenging the myth of gender equality in Sweden* 一書中，檢討了瑞典模式的性別主流化論述中所隱含的異性戀預設與順性別常規化（cisnormative）的問題。此外，歐洲議會在2016年初發表了一份報告，[2] 強烈呼籲所有的性別主流化活動都應考慮LGBTQI族群的權利、觀點和福祉。這些討論提醒我們重新思考性別主流化概念裡的「性別」定義，我們應該要問的是：性別主流化要主流的「性別」是什麼？

性別不只是二元的男與女，多元性別觀點和性／別少數的議題必須納入性別主流化的框架來討論。再者，討論性別不平等也必須從多元因素去考量，因為其他形式的不平等將會加劇性別的不平等，同時也挑戰了只著重在「二元性別」的性別主流化。現今各學科對「性別」的討論不只有「sex」或「gender」，個體對自我的「性別認同」和出生時的生理性別若有差異，便是我們所說的跨性別，而跨性別者亦有已進行性別變更手術或是不希望透過手術來進行性別變更等區別。「性別氣質」由陽剛和陰柔兩端展開出光譜，和生理性別交錯展開各種可能性，而看見不同「性傾向」的存在，尊重情慾流動的自由，則是泯除偏見和歧視的基本要件。在這個脈絡下，性別主流化應該看見性別的「多元性」。

我們的社會充滿差異，每個人的生命經驗都不相同，任何一個

---

2 https://goo.gl/0is2Ls

族群都不能視作一個同質性的整體，不同的年紀、性傾向、教育、身心能力、職業、種族、信仰等社會認同都可能造成差異。這些生命經驗和社會期待的性別角色緊密地綁在一起，成為多重歧視的原因，因此我們必須要看見其中的交織性。性別仍然是我們的起點，而認識到性別與其他社會因素的「交織性」使得我們看見群體中各有差異。直至1991年Crenshaw確定了「交織性」這個用詞，便逐漸成為女性主義與性別研究領域中重要的概念，用以強調性別與其他壓迫的相互作用。制定公共政策或是設計社會福利機制若忽略某些身分認同的族群，就有可能將某些人排除於公共政策之外，甚至可能因此造就了該族群的弱勢處境。因此，交織性的概念和性別主流化是密不可分的。

（二）為什麼要在「性別主流化」架構下討論性／別少數的健康醫療政策？

如果我們檢討性別主流化目前的缺漏和困境，補足「多元性」和「交織性」便是答案。雖然近年來有些醫療院所已經注意到性／別少數的特殊健康需求，以及就診時的友善環境設計，許多非異性戀者仍然經驗過與醫療「相撞」的痛苦[3]。原因來自於整個社會文化的異性戀霸權和恐同情結，使得同志受到「被汙名（stigmatized）」、「被邊緣（marginalized）」以及「被漠視（ignored）」的結構性歧視（鍾道詮，2012：278）。醫護人員對性行為的窄化想像，例如：將男同志與肛交做唯一連結；對「性經驗」定義的醫病雙方認知落差，例如：對月經延遲的女同志直接預設懷孕的可能性，或是忽視女同志可能也有生育的經驗或想望；對性／別少數的流行病學刻板印象，例如：男同志等於愛滋等；甚至將反同、恐同情結帶入醫療場域，而不願醫治或企圖「治療」性傾向，都是阻礙友善就診的因素。

---

3 推薦閱讀：2007年由臺北市女性權益促進會所編輯出版的《女同志健康手冊》是臺灣首見較有規模重視多元性別健康醫療議題的調查，蒐集了許多女同志就醫經驗。2013年由臺北市社區衛生中心所出版的《同志友善醫護手冊（LGBT）》也有豐富的案例討論與建議。

　　結構性歧視使得醫學界以病理化的眼光來看待性／別少數的身體。以陰陽人為例，醫學上以性發展障礙（Disorder of Sex Development）來稱呼該族群，並主張「性別不明」或具有兩種性器官的嬰兒，出生時應儘早施行性別指／決定手術以達「正常化」。國際陰陽人倡議組織[4]主張陰陽人是自然的存在，不論是家長或醫生都不應替陰陽兒決定性別。美國精神醫學學會（APA）所編的《精神疾病診斷暨統計手冊（DSM）》在修訂第三版（1973）時，已經將同性戀自社會病態人格疾患中刪除；第五版DSM-V（2013）即以「性別不安（gender dysphoria）」來取代「性別認同障礙（gender identity disorder）」診斷名稱（王秀雲，2013；黃璨瑜，2013）。繼世界醫師會人類多元性傾向聲明（2013年發表）[5]之後，世界精神醫學會（2016年發表）[6]、臺灣精神醫學會（2016年發表）[7]亦接連發表對於性別認同與同性性傾向、性吸引和性行為之立場聲明。

　　對醫療體系的不信任或受到阻礙，使得許多性／別少數不願意或無法使用現有的醫療資源；對性傾向的歧視與漠視，是影響健康不平等的因素；社會歧視、不友善的醫療體系、忽略性／別少數需求或是疾病導向的健康政策，是使得健康醫療領域難以達成性別平等的原因。因此，一個值得期待的健康醫療政策要考量的是：

　　是否能看見性／別少數的主體性？是否考慮性別與其他社會壓迫的交織性？是否能以整體公民權益來考量？是否照顧性／別少數的健康需求並且提供友善的服務？是否能消弭社會（包含醫療體系）歧視？

2015年加拿大自由黨勝選，一掃近十年哈波內閣的保守執政。

4　http://www.oii.tw/國際陰陽人組織國際中文版。
5　http://www.tma.tw/ltk/103570407.pdf
6　http://www.sop.org.tw/Official/official_26.asp
7　http://www.sop.org.tw/Official/official_27.asp

新總理杜魯道（Justin Trudeau）以「平權內閣」（parity cabinet）讓大家眼睛一亮，對多元性別的友善新作為，可望帶動更多友善的社會態度。然而，加拿大的性別平權之路已經走了很長一段，並非今時今日才意外出現。比如自1998年起推出鼓勵生育政策[8]（包括免費或補助人工生育項目、「牛奶金」、托嬰等），有效地使得生育率穩定成長，這些政策不論婚姻狀態、性傾向都一視同仁，性／別少數擁有小孩的比例亦有顯著的增加。加拿大的性別主流化政策，能夠給臺灣什麼樣的啟示？

三、加拿大的性別主流化與醫療政策

（一）加拿大性別主流化之重要創制：從「性別分析（Gender-Based Analysis, GBA）」到「GBA+」

　　1985年的「權利與自由憲章」（The Canadian Charter of Rights and Freedoms，以下簡稱憲章），以及「人權法案」（Human Rights Act）皆提供了加拿大聯邦政府在性別平等工作上的重要依據。「人權法案」禁止對生理性別、性傾向、婚姻狀況、家庭狀況等的歧視；而「憲章」生效之後，成立於1978年，原先為保障少數語言權利而成立的「法庭申訴計畫」（the Court Challenges Program），擴大受理所有憲章內平等權利的申訴案件。由政府出資[9]補助由個人或非政府組織向法院提出申訴的法律費用，使得憲章內的平等概念經由訴訟

---

[8] 延伸閱讀：黃寶玉（2015/12/08）「重賞之下必有勇婦」——提高生育率，加拿大「男神」新總理這樣做（https://crossing.cw.com.tw/blogTopic.action?id=505&nid=5868）。

[9] 可惜的是，2006年保守黨執政後，法庭申訴計畫的經費被大幅刪減，從此不再補助新的申訴案件。受到該次預算刪減的影響，許多政府內部的平等政策都被取消，影響所及包括婦女地位部和「法庭申訴計畫」，實為政治力影響國家平等政策的負面例子之一。

過程被確認，處理的議題包括對女性的暴力、工作機會和報酬、性傾向等（SWC, 2002: 2-3）。

「法庭申訴計畫」的確幫助了許多弱勢人權議題被看見，然而訴訟過程冗長並且花費很高。從聯邦政府內部導入政策的「性別分析」（Gender-Based Analysis, GBA）機制，是一個更有效率、更全面的方法，能夠落實「憲章」的平等條款。GBA進入國家的法律系統，檢討並且改變法律制度中造成女性不平等或受到歧視的內容，更積極地，可以催生符合性別平等的公共政策，是國家機制內的性別平等推手，在時序上更早於聯合國1995年的「性別主流化」。

GBA的前身是從1976年開始，加拿大聯邦政府對政策所進行的「女性影響分析」，1995年為呼應北京行動綱領，在第四次聯合國婦女會議中提出「設定下一個世紀的新里程：性別平等聯邦計畫」（Setting the Stage for the Next Century: The Federal Plan for Gender Equality），作為推動性別主流化的承諾與未來的實施架構。GBA的主責單位是加拿大婦女地位部（Status of Women Canada, SWC），定位為聯邦的政策協調機構。1996年出版了一份《性別分析：政策制定指導手冊》（*Gender-Based Analysis: A Guide for Policy-Making*），鼓勵並且幫助各部門建立自己的性別分析機制、發展具有部會特殊性的性別分析工具，並促成跨部會的合作機制。

注意到性別與多元壓迫交織性的重要，GBA在2009年升級為GBA+，SWC也為公務人員設計線上訓練課程。[10]GBA加上「+」，強調著除了性別視角之外，也應該考慮其他的社會認同，例如：性傾向、年紀、教育、語言等。看見性別也有多元性的複雜因素（例如：成年原住民女性和低收入戶家庭的男孩），如此才能從政策面照顧到不同族群的人。性別仍舊是GBA+的重要分析因素，透過GBA+的分析，可以檢視與性別交織的其他多元因素，聚焦公共政策所要關注的族群和內涵。

---

[10] http://www.swc-cfc.gc.ca/gba-acs/approach-approche-en.html

　　雖然GBA/GBA+亦討論性傾向以及多元性別，但是直到加拿大衛生部正式將生理性別和社會性別都納入健康研究的性別分析政策當中，方使得健康醫療政策更有機會看見多元性別。此發展過程於下節討論。

（二）健康醫療政策與多元性別分析

　　加拿大的婦女健康運動大約興起於1960至1990年代，期間推動了政府簽署CEDAW以及國內的「憲章」，並且促成（衛生部）婦女健康局（Health Canada's Women's Health Bureau）在1993年的成立。又在前奧運選手、女性主義者Abby Hoffman的號召下，婦女健康局資助成立5個研究單位「卓越婦女健康中心[11]」（與醫院、健康中心及大學合作），負責以政策建議為基礎的研究。婦女健康局挹注（1993-1999年間）200萬加幣給每個中心，投入許多婦女健康與醫療相關的研究，在促進女性健康及提供以證據為基礎的數據上扮演主要的角色（Armstrong, 2012: 409）。

　　女同志與雙性戀女性在這一波婦女健康的浪潮中並沒有缺席，衛生部在1999年提出「婦女健康策略」（Women's Health Strategy），肯認女性間的多元性與差異，而性傾向是其中一項多元的因素，影響女性在健康照護系統裡有不同的經驗（Mathieson, 2008）。以地區性的計畫來看，由衛生部和SWC贊助，BC中心所執行的研究計畫「女同志和雙性戀女性健康計畫」（Lesbian and Bisexual Women's Health Project），出版了《照顧女同志健康》（*Caring for Lesbian Health*, 1999/2001）資源手冊，呼籲醫療照顧者重視不同性傾向的女性。溫哥華沿岸衛生局（Vancouver Coastal Health）在

---

[11] 包括：Atlantic Centre of Excellence for Women's Health（2013年關閉）、Consortium Université de Montréal (Université de Montréal)、the National Network on Environments and Women's Health (York University)、Prairie Centre of Excellence for Women's Health（2013年關閉）、British Columbia Centre of Excellence for Women's Health。

2003年開始「跨性別健康計畫」（Transgender Health Program），以照顧跨性別族群的健康醫療需求。直至現在仍為多元性別族群（LGBT2Q+）[12]提供友善醫療服務，包括「跨性別特別照護」計畫（Trans Specialty Care）以及「稜鏡服務」（Prism Services）提供教育、資訊和轉介服務。[13]

加拿大衛生研究院（Canadian Institutes of Health Research, CIHR）成立於2000年，是針對健康研究的聯邦級贊助單位，共有13個研究機構涵蓋多項主題。2006年，為了促進健康研究領域運用生理性別及社會文化的性別分析，CIHR在審查的條件上強調社會性別與生理性別並重的性別分析（Gender and Sex-Based Analysis, GSBA）。[14]2009年，衛生部正式將生理性別和社會性別都納入健康研究的性別分析政策當中，啟用「生理性別與社會性別分析」（Health Portfolio Sex and Gender Based Analysis Policy, SGBA）。

雖然GBA演進到SGBA仍然受到批評（請參考：Rankin and Wilcox, 2004及Paterson, 2010），不過SGBA強調性別（gender）為社會文化建構的概念，並且與生理性別（sex）有所不同，是使得性別多元性、交織性被看見的一個樂觀起點。從GBA延伸到SGBA，使得健康醫療政策更有機會看見多元性別（Mulé and Smith, 2014: 236-237）。CIHR之一的性別與健康研究單位（Institute of Gender and Health），便支持了許多與性別相關的健康醫療研究，其中當然也包括了性／別少數的健康。比如，聚焦於跨性別者健康的「Trans PULSE Project」，[15]以及與學者和民間組織合作研究性／別少數青少年（LGBTQ2 youth）[16]受到歧視和校園霸凌對整體健康的威脅。

---

[12] 意指lesbian, gay, bisexual, trans, two spirit and queer (LGBT2Q+)。
[13] 關於這些醫療服務，請參考https://goo.gl/LiJaLB。
[14] http://www.cihr-irsc.gc.ca/e/32019.html
[15] http://transpulseproject.ca/
[16] http://www.cihr-irsc.gc.ca/e/50097.html

（三）健康與性／別少數統計

將性／別少數納入國家型的統計資料是有可能的；在2005年通過同性婚姻合法化之前，2003年加拿大社群健康調查（Canadian Community Health Survey, CCHS Cycle 2.1）已經包含性傾向的題目。更早自2001年在調查與雙親同住的孩童中，區分同性雙親和異性雙親，並且首次有普通法伴侶[17]（Common-law relationship）的調查。合法化之後，2006年的人口普查首次納入同性已婚伴侶的統計，接續著2011年及2016年也都同時呈現婚姻與普通法伴侶的資訊（Statistics Canada, 2015）。然而，有學者提出方法學上的疑慮，比如：對性傾向的定義不一，是根據認同、行為或是性吸引？又，缺乏測量性傾向和性別認同的量表，要用「是」與「否」來填答或是用金賽量表等。此外，除了CCHS Cycle 2.1之外，其他重要的國家調查並沒有包含性傾向和性別認同（Jackson et al., 2006: 18-19，並請參考Dean et al., 2000: 134-138）。而我們期待看見的是，在每一項統計調查中都能有更多次變項、且包含性傾向與性別認同的資料，可以作為臺灣未來在性／別少數統計上的借鏡。

對性別統計進行性別分析與運用亦是相當重要的；Tjepkema（2008）從2003年與2005年的CCHS Cycle 2.1和3.1，分析性少數族群（資料限制在男女同志與雙性戀者，以下簡稱GLB）與健康照護可近性，發現GLB比異性戀者更常諮詢心理健康議題，而女同志比異性戀女性更不願意上醫院、接受子宮頸抹片檢查，較無固定就診的醫生，未滿足的醫療需求則是共同面臨的困境。值得一提的是，2005年同性婚姻合法化之後，性少數族群在問卷調查中出櫃的比例增加。自我認同為男同志、女同志和雙性戀的填答從13%增加到

---

[17] 除了Civil Marriage Act架構下的婚姻（marriage）之外，不論同性或異性伴侶也可選擇其他的伴侶結合（2000年起），共有以下四種類型：民事結合（Civil Union, Quebec only）、民事伴侶（Domestic Partnership, Nova Scotia only）、普通法伴侶（Common-law relationship）、成人互賴關係（Adult Interdependent Relationship, Alberta only）。

20%，顯示出2005年的填答人比兩年前的填答人更願意揭露自己的性傾向，而從2007年的資料來看，這個趨勢是逐年繼續增加的。這份報告印證了醫療系統的不友善，影響性／別少數的就醫態度，更會進一步延誤病情、有礙整體健康。而制度性的反歧視和公民權益確認（同性婚姻合法），則使得自我認同更加順利，減少內化社會汙名的心理壓力。

（四）小結

　　加拿大雖然已有S/GBA的架構，二元的性別概念還是不免影響了健康政策的導向，使得性／別少數只以「疾病」（尤其是HIV/AIDS/STI方面）的觀點被「看見」（Mulé and Smith, 2014）。多元性別族群的健康議題應該被廣泛地包含在國家健康政策當中，而非僅以疾病導向（illness-based focus）來看待性／別少數的主體（Mulé et al., 2009），性／別少數主體需要被看見、被包含進政策的考量。Jackson等人（2006: 27）即從LGBTTTIQ的觀點檢討加拿大的公共衛生政策，提出下列建議：(1)性／別少數的健康必須融入接下來施行的發展計畫；(2)國家機關的資料蒐集必須要包含性傾向和性別認同，並且必須從性傾向、性別認同、種族、社經地位、年齡、身心障礙與地理區域等面向來分析；(3)嚴格實施多元性的性別分析；(4)聯邦政府應該要建立性／別少數的健康總處（Health Directorate，設在衛生部或公衛部之下），負責性／別少數健康策略的發展與實行；(5)協調增加性／別少數的研究經費。

　　臺灣與加拿大在性別主流化架構上有所不同，性／別少數健康權益（包括相關公民權益）的比較，請參考表5.1。

表5.1　臺灣與加拿大性／別少數健康政策與健康權益相關比較

國家＼項目	加拿大	臺灣
性別主流化原則	「設定下一個世紀的新里程：性別平等聯邦計畫」（1995）	性別平等政策綱領性別主流化實施計畫
性別主流化工具	SGBA（衛生部） GBA+（婦女地位部）	性別統計、性別預算、性別影響評估、性別分析、性別意識培力、性別平等專案小組
性別主流化指導手冊或教材	1.《性別分析：政策制定指導手冊》 2.「迎接挑戰」（Rising to the challenge: sex- and gender-based analysis for health planning, policy and research in Canada, 2009） 3.GBA+ On-line Course	2016衛福部GM訓練教材——消除性別歧視，從政策促進平等
性別統計	Finding Data on Women: A Guide to Major Sources at Statistics Canada（婦女統計資訊庫）	重要性別統計資料庫
是否包含性／別少數	是	否
多元性別統計（最早資料）	2001年：雙親性別調查、普通法伴侶 2003年：CCHS Cycle 2.1（性傾向） 2006年：人口普查（婚姻）	2012年《臺灣社會變遷基本調查計畫第六期第三次調查計畫執行報告》性別組

（續下頁）

項目 ＼ 國家	加拿大	臺灣
健康／人身安全	1.仇恨犯罪：General Social Survey (2004); Hate Crime Supplemental Survey (2006) 2.Health care use among gay, lesbian and bisexual Canadians (2008)	無
國家醫療研究單位	加拿大衛生研究院（CIHR）	國家衛生研究院
是否包含性別項目	是	否
是否包含多元性別	是	否
案例研究	有	性別化創新網站（科技部計畫，翻譯）
法律支持公民權益——婚姻權	2000年：伴侶結合（Bill C-23） 2005年：婚姻（Civil Marriage Act） （同性、異性伴侶皆可申請）	2016年提出：《民法》第972條修正案（待通過） 2017年5月24日：大法官解釋，《民法》未保障同婚違憲，限兩年內修正
法律支持公民權益——反歧視與保障人身安全	1995年：Egan v. Canada案，聯邦最高法院指權利與自由憲章應包含禁止對性傾向的歧視。 1996年：修正人權法，禁止對性傾向的歧視。 2016年提出：Bill C-16修正人權法和刑法，禁止對性別認同、性別表達的歧視。（待通過）	2004年：《性別平等教育法》 2007年：《就業服務法》、《家庭暴力防治法》 2008年：《性別工作平等法》

四、臺灣的性別醫療政策背景與重點觀察

在性別主流化的架構下,臺灣的醫療政策主要可以從「性別平等政策綱領(健康、醫療與照顧篇)」以及衛福部的性別主流化執行計畫來檢視。雖然健康政策的主責單位是衛福部,我們認為人的健康狀態應該從整體社會處境來看,其他的部會也不能免責,其政策都須符合CEDAW、經社文公約的多元性別平等原則。依此標準,目前有哪些性/別少數的健康/醫療/照護議題是可以做、政府卻還沒有做到的?[18]

(一)性/別少數與公民權益

首先,性/別少數主體的健康與其社會處境息息相關,不完整的公民權益使得性/別少數主體被放在次等的公民地位,等於否認性/別少數主體的存在。畢恆達、潘柏翰、洪文龍(2014)分析LGBT在臺灣的社會處境,發現不論從媒體再現的形象、在公共空間展演性別(服裝權、如廁權)、以家庭為單位的住宅政策(居住權)、跨性別者或性別氣質與生理性別不一致找工作的困境(工作權),以及結婚權各方面,都是不利生存的社會環境。社會歧視和邊緣化的社會處境,為性/別少數主體帶來的是人身安全的危機、巨大的心理壓力、被疾病化的身體,成為影響健康的頭號殺手。因此,看見性/別少數的存在,重視公民權益、親密關係和生活方式選擇,是政府政策促進性/別少數健康的首要關鍵。

婚姻平權近來引發臺灣社會關切,而同性婚姻合法化正是討論性/別少數健康的好機會。醫學界認為法律支持和社會認可同性婚姻,對增進性/別少數健康有正面的影響(例如:Buffie, 2011; Gon-

---

18 至於為什麼性別平等政策綱領、CEDAW等上位原則無法達到激發願景目標認知的功能,反而造成部會執行人員的困擾與反彈?請參考彭渰雯、黃淑玲、黃長玲、洪綾君(2015:114-5)。

zales, 2014; Campion et al., 2015）。汙名化非異性戀者的性傾向會造成心理壓力、焦慮、憂鬱以及較高比例的自殺企圖（Herek and Garnets, 2007; Almeida et al., 2009; Hatzenbuehler, 2011）。最新研究證實同性婚姻政策與青少年（尤其是性少數族群）的心理健康是息息相關的（Raifman et al., 2017）；美國同性婚姻合法州的青少年比該州未合法前，總體企圖自殺率降低7%，性少數則降低14%。作者們建議，政策制定應該考慮同性婚姻合法化為心理健康帶來的良好後果，亦是增進整體人口健康的方法。

（二）多元性別統計與性別分析

　　行政院「重要性別統計資料庫」[19]於2015年3月正式啟用，依性別平等政策綱領七大領域，在性別平等會的網站上可供查詢。可惜的是，各部會所提供的統計變項除性別變數與時間序列之外並沒有更多的複分類，且「性別」變項也僅做到生理性別區隔，若想要在統計資料中窺得性／別少數的身影，就算放大鏡也無計可施。政府統計資料的匱乏，阻礙了對性／別少數處境的理解，延伸而來的問題是沒有根據、難以提出能夠改善處境的政策（畢恆達等，2014：406-407）。CEDAW第二次臺灣國家報告總結意見與建議[20]，亦指出性別統計的問題。

　　有些性／別少數的相關數據可能比較容易著手，比如性別變更外科手術、或是出生時性別決定手術的人數等；當然，涉及人口調查極具挑戰性，目前最具規模也最有品質的一次調查，要屬中研院計畫

---

[19] http://www.gender.ey.gov.tw/gecdb/Stat_Statistics_Field.aspx

[20] 第33點建議：「審查委員會關切政府缺乏對多元家庭的法律承認，僅承認異性婚姻，但不承認同性結合或同居關係。審查委員會也關切缺乏未經登記的結合之統計數據。」第34點建議：「審查委員會關切2008年行政命令規範之變性程序和要求，尤其是其中符合變更性別登記資格前需由外科手術切除生殖器官。進一步並關切到缺乏對跨性別者的統計數據，以及推動立法改革的速度。」

主持的2012年《臺灣社會變遷基本調查計畫第六期第三次調查計畫執行報告》（2013年4月公布），性別組的調查新增同性戀相關的題目，涵蓋性傾向的人口比例以及國人對同性戀的態度。但在性／別少數的健康需求調查依然看不見希望的曙光，我們期待的不僅是性別統計的項目擴充（包括健康醫療部分），建立大規模的多元性別統計機制，而且還要統計之後的性別分析。更需要提醒的是，在進行對性／別少數的量化研究之時，要避免病理化（pathologization）研究對象，不得使用有問題的測量法、欺瞞研究事實（以免費檢驗HIV病毒的名義取得血液樣本或甚至不盡告知義務）、基於歧視的態度和研究假設來進行性／別少數的人口研究（高穎超，2013）。

（三）性／別少數友善醫療環境

根據性別平等政策綱領（健康、醫療與照顧篇）所示，積極推動性別友善的醫療與照顧環境是政策願景之一。然而提到「性別友善醫療」，首先被執行的項目通常是「婦女友善醫療」，比如「女性整合性門診醫院」以及「母嬰親善醫院」。

具有性別意識並非僅注意到生理性別的「男女」差異，性／別少數的身體在異性戀醫療體制中，徘徊於「男」或「女」的框架之外，卻是處處找不到安身立命的位置。現今的醫學教育與醫療體系都受異性戀思維所主導，同志健康照顧的議題很容易被漠視或忽略，甚至歧視與排斥（鍾道詮，2011、2012；王紫菡、成令方，2012）。鍾道詮（2011）分析，現有健康照顧系統裡對同志不友善，一是結構性的障礙所導致的現有資源的不友善和缺乏，使得同志族群在醫療體系裡常常得面對「同志身分不被承認、是否得要現身、以及難以呈現真實生活情境的尷尬和兩難」；二是醫護人員不友善和缺乏對同志的性別敏感度，所造成的緊張關係。

衛福部疾管署自2010年起，推動設置同志健康社區服務中心，由衛生機關自行營運或與NGO合作，針對同志族群提供支持及醫療照護，以減少愛滋病毒在該族群間的傳播（衛福部，2016）。然而，把同志和防治愛滋綁在一起，突顯出性／別少數醫療議題在臺灣

的陰影位置，以及缺乏通盤考量的性別預算編列（防治愛滋在疾管署）。性／別少數的醫療需求只有疾病防治嗎？雖有性別主流化的框架，卻因為缺乏性別敏感度的醫療體系、政策以及社會整體對於「性別」的狹隘想像，限縮了「同志友善門診」、「同志社區健康中心」可能的美意。

（四）社會歧視與性／別少數健康

歧視對於個體的身心健康具有非常嚴重的後果，包含UN Women和WHO在內的12個聯合國機構發表「終止針對LGBT的暴力和歧視」聯合聲明，「歧視和暴力會助長LGBTI人士的邊緣化，使他們容易患病，包括感染愛滋病病毒，並且在醫療或其他場合他們還會被拒絕護理，遭遇歧視態度和被視為病態」（12 UN agencies, 2015），這便突顯了社會不利處境對於性／別少數全面性健康的影響。

2017年兩公約第二次臺灣國家報告審查結論性意見與建議第21、22條（有關平等與零歧視），關切性／別少數的生活處境，尤其是因邊緣化、歧視與侵犯而造成高自殺率以及生理與心理的健康問題，審查專家督促政府努力宣揚、保護與實踐其人權，並且建議政府應該考慮實施全面性的反歧視法規。而政府將會如何回應，是未來繼續觀察的重點。

近來稍有進展的是，2017年初疾管署接連發出兩次釋疑新聞稿[21]，駁斥反同團體對愛滋防治的不實質疑，強調「不僅是愛滋病，任何疾病的傳染並不會區分性別、性向。以尊重、接納的態度，營造健康、友善的性別環境，讓高風險族群能獲得相關健康資訊與正確防

---

[21]「疾管署嚴正駁斥臉書『滿天星素人連線』專頁對防疫醫師演講內容之不實質疑」（2017/3/19）；「有關網路流傳外國人染愛滋病來臺二年後，所有外國人的愛滋病治療費用是由健保署負擔，疾管署特此說明」（2017/2/6）。http://www.cdc.gov.tw/news.aspx?&treeid=45da8e73a81d495d&nowtreeid=1bd193ed6dabaee6&page=1&

治觀念,並早期接受篩檢及早治療,才能有效控制疫情」。衛福部也預告[22]「醫師執行性傾向扭轉(迴轉)治療之行為,為《醫師法》第28條之4第1款規定不得執行之醫療行為」,正式禁止任何試圖「治療」同志或性傾向的醫療行為。同性傾向和性行為是與生俱來、並非病態,且沒有科學證據能證明性傾向可以被改變;若宣稱可以治療(迴轉、扭轉)不但滋長偏見和歧視、影響當事人身心健康,更是具有潛在的危害性,違反醫學倫理。

五、結論

作為推動性別平等政策基本藍圖的「性別平等政策綱領」於2011年通過,諸多篇章對多元性別的處境皆有著墨,但是在臺灣性別主流化的十年浪潮裡,到底有沒有性/別少數的位置?朱偉誠(2009:424)以來自同志經驗的警告提醒,在多年後看來依然鮮明適用,或許是反應出性別主流化進步的腳步匆匆,卻把隊友落在後面了。經過以上兩節的討論,我們可以做些什麼?

(一)看見性/別少數主體與重視性/別少數的實質公民權益

健康權是一個全面、全人的概念,討論性/別少數的健康不能侷限於愛滋防治,更應該看見整體的健康需求,以及社會處境造成的健康不平等。基於性別主流化的全面性,不僅健康權,其他與性/別少數生存的權利也應該一致地被考慮,建立友善社會。全面保障性/別少數的公民權益,是眼下必須立即討論的議題。2016年10月各黨

---

[22] 預告訂定「醫師執行性傾向扭轉(迴轉)治療之行為,為《醫師法》第28條之4第1款規定不得執行之醫療行為」(105/12/28)。http://gazette.nat.gov.tw/EG_FileManager/eguploadpub/eg022247/ch08/type3/gov70/num34/Eg.htm

團提出《民法》修正案討論同性婚姻的可能性，12月初審通過，然而何時可完成修法猶未可知。2017年5月24日大法官解釋，認定《民法》未保障同性二人婚姻權違憲（釋字第748號），限二年內修正，以具體的立法行動來回應《憲法》的要求，消弭法律上對性／別少數親密關係的歧視。可視為臺灣人權與性別平等之路的一大前進，未來更期待以此為起點，制定真正重視性／別少數的健康醫療政策。

（二）性別統計應增加「性／別少數」資料的建立與運用

　　性別平等必須包含對性／別少數的權益，而性別統計和分析是瞭解對象與困境之所在的第一步驟，社會福利、相應的法制等配套措施於是有所依據。要能夠建立性／別少數友善醫療環境，族群的健康醫療經驗研究便是至關重要，雖然已看到少數的努力成果（女權會，2007；臺灣同志諮詢熱線，2011；臺北市社區心理衛生中心，2013；鍾道詮，2016），但範圍畢竟有限、也缺乏質與量並重的調查。由於社會汙名使得非異性戀者現身不易、對於國家型的調查可能有所顧忌，更何況性別認同與性傾向有流動的可能性，要進行性／別少數統計的困難度很高，然而這並非不可能的任務。許多國家已有前例，臺灣的學界與民間團體也有小規模的調查成果，政府若要以滯礙難行為由再研議、延宕期程，便是推諉責任。

（三）性／別少數友善醫療環境與性／別少數意識培力——包括公務與醫療體系

　　從加拿大的經驗來看，主政者的意志與預算編列是影響性別主流化是否能夠澈底執行的關鍵之一，這使得我們必須從頭檢討起性別意識培力的影響範圍與真正的成效。除了政策制定的全部流程都要納入性平觀點，決策者、執行者、評估者整個體系中的每個人也都需要具有性平意識的職能。制度上的規範固然如根基般重要，主政者若是虛應故事，執行者便容易揣摩上意；然而，公務體系裡的「個人」不論位置並沒有失去發聲的機會，每個「個人」的能動性不容小覷，每個

人都是種子，而種子是有發芽的可能性的。

　　另一個需要檢討的是，性別主流化架構的「性別」觀念，為什麼已經有性別平等綱領作為政策原則、性別主流化作為架構，醫療政策仍然看不見性／別少數的議題？原因有可能是性別主流化所定義的「性別」或社會（亦包含公務與醫療體系）對於「性別」的理解過於二元簡化，鼓勵臺灣政府比照歐盟走在世界的領先群（請參考本書其他章節）。要能有性／別少數友善的醫療環境，我們必須在所有政策中納入多元性別的觀點，尤其必須明確掌握性／別少數的健康需求何在，鼓勵國內醫界對性／別少數健康與醫療的研究，增加醫療工作者的多元性別教育養成，與NGO合作的程度更緊密，且不應只限制在愛滋防治方面。將《醫師倫理規範》第9條積極化，平等尊重每個「個人」，在醫院評鑑當中加上性／別少數友善的必須條件等，都是可以努力的目標。

（四）積極作為消除社會歧視

　　健康問題是因為諸多社會、經濟與環境因素交互影響所導致，有時並非單一衛生部門可以解決，必須與其他政府部門合作，否則只能在業務範圍內提出治標不治本的政策方案。而性別主流化所強調的政策「全面性」，更讓我們確認了性／別少數、健康／醫療與性別主流化議題密不可分的關係。

　　臺灣社會是否已經意識到歧視是影響性／別少數福祉的重大因素？從《性別平等教育法》、《就業服務法》、《性別工作平等法》以及《家庭暴力防治法》來看，的確在各個層面挪動了一些對性／別少數的保障。然而，與加拿大的反歧視法位階相比，我們缺少的是全面性積極消弭對性傾向、性別認同的歧視和偏見。更重要的是要修正現存法律制度下的不平等，致力於使社會適合所有的人健康的生存。兩公約專家審查所建議的全面性反歧視法規，的確是值得深思考慮的；然而，只要翻開性別平等政策綱領就會發現，其實都有對性／別少數的尊重和指導方向，卻被架空、被選擇性的使用，各部會的性別

主流化實施計畫也不見性／別少數的蹤跡，顯示出我們所需要的是確實的執行力以及對「性別」平等概念的真正透澈理解。

關鍵概念

性／別少數健康權與性別主流化的關係

　　性／別少數（LGBTQI），指的是Lesbian女同志、Gay男同志、Bisexual雙性戀、Transgender跨性別、Queer酷兒與Intersex陰陽人。在異性戀、順性別中心思維下，非異性戀者或是不符合異性戀常規性的性、性傾向、性別認同，被迫處於社會邊緣的位置，公民權益也不受重視，尤其在健康醫療議題上常被病理化看待。

　　臺灣於2014年時進行CEDAW第二次國家報告審查，[23]國際專家在結論性建議中指出，「現行法律均未提及對於女性的多重與交叉歧視，包括原住民族婦女、農村婦女、移民婦女、身心障礙婦女和女同性戀者、雙性戀者、變性者和陰陽人（LBTI）。」並且建議政府制定涵蓋性別平等各個領域的全面立法，方法包括解決多重和交叉形式的歧視，以及要求執行性別主流化和性別預算等。在CEDAW的條文中或許沒有文字言明，將女性的性傾向與性別認同納入其保護範圍，但CEDAW委員會的一般性建議中已將其納入（張文貞，2015：99）。

　　UN Women（2015: 12-13, 15-16）指出性別平等就是人權，鼓勵將人權的原則應用到性別平等的討論上。例如：CEDAW和ICESCR（International Covenant on Economic, Social and Cultural

---

23　消除對婦女一切形式歧視公約（CEDAW）中華民國（臺灣）第二次國家報告審查委員會公布總結意見與建議（Concluding Observations）（2014年6月26日記者會），中文版：http://www.gec.ey.gov.tw/Up-load/RelFile/1419/714976/329fb057-a24e-4738-acf0-23bfcbd0087c.pdf

Rights，經濟社會文化權利國際公約，後簡稱經社文公約）。經社文公約提出健康權是人人皆享有的權利，而所謂的「人人」，第14號一般意見書（第18段）闡釋不歧視與平等待遇，「不得有任何種族、膚色、性別、語言、宗教、政見或其他主張、民族本源或社會階級、財產、出生、身心障礙、健康狀況（包括愛滋病毒／愛滋病）、性傾向，以及公民、政治、社會和其他身分上的任何歧視」，阻礙一個人平等獲得健康。而健康權早已被許多國際公約所確認（可以參考經社文公約第14號一般意見書）。

不論是性別主流化、CEDAW或是經社文公約，都提醒了性／別少數健康這個不可迴避的議題。唯有將權益落實，才不會使得簽署這些公約並且國內法化的努力流於形式。

政策建議

1. 增加研究機會與預算，分析性／別少數的健康需求，致力排除社會處境造成的健康不平等；除了健康權，其他公民權益也應該同時被考慮。
2. 性別統計應增加「性／別少數」資料的建立與運用。
3. 建立性／別少數友善醫療環境與強化性／別少數意識培力，包括公務與醫療體系。
4. 全面性積極消弭對性傾向、性別認同的歧視和偏見，修正現存法律制度下的不平等。

問題與討論

1. 2017年大法官解釋，《民法》未保障同婚違憲，限兩年內修正。希望婚姻權保障能夠帶動社會對性／別少數健康權的重視，你認為加拿大的作法能夠給我們什麼樣的啟示？現行醫療健康政策可以怎麼修改，以更體現多元性別平等之觀點？

2. 在眾所矚目之下，加拿大的「跨性別法案」（Bill C-16）於2016年5月提出，同年10月通過二讀，11月進入參議院等待通過。這項修正案要將性別認同（gender identity）和性別表達（gender expression）兩個詞彙納入「人權法」（Canadian Human Rights Act）和「刑法」（the Criminal Code）的保護之中，減少歧視和仇恨犯罪。請說明反歧視法立法與性／別少數健康權的關係。

參考文獻

中文部分

王秀雲（2014年10月10日）〈裡應外合——同志與精神醫療史〉，《臺灣女科技人電子報》082期－科技人論壇。取自http://www2.tku.edu.tw/~tfst/082FST/forum/082forum1.pdf

王紫函、成令方（2012）〈同志友善醫療〉，《臺灣醫學》，16(3)：295-301。

臺北市女性權益促進會（2007）《女同志健康手冊》。臺北：臺北市女性權益促進會。

臺北市心理衛生中心（2013）《同志友善醫療手冊》。臺北：臺北市心理衛生中心。取自http://www.oge.gov.taipei/public/Data/58131644971.pdf

臺灣同志諮詢熱線（2011年10月14日）〈「百」無禁忌，拉子性愛100問〉問卷成果發表新聞稿。取自https://hotline.org.tw/news/205

朱偉誠（2009）〈性別主流化之後的臺灣性／別與同志運動〉，《臺灣社會研究季刊》，74：419-24。

林津如（2011）〈女性主義縱橫政治及其實踐：以臺灣邊緣同志為例〉，游素玲編，《跨國女性研究導讀（第二章）》，17-48。臺北：五南。

高穎超（2013年5月24日）〈同性戀與學術調查：一次公允的代表性研究——2012臺灣社會變遷調查第六期第三次〉。取自http://socio-equity.blogspot.tw/2013/05/2012.html

張文貞（2015）〈反歧視與國家義務〉，張文貞、官曉薇編《消除對婦女一切形式歧視公約（第四章）》，97-140。臺北：臺灣新世紀文教基金會。

畢恆達、潘柏翰、洪文龍（2014）〈LGBT〉，陳瑤華編《臺灣婦女處境白皮書：2014年》，381-413。臺北：女書。

章英華、杜素豪、廖培珊（2013）《臺灣社會變遷基本調查計畫第六期

第三次調查計畫執行報告》。臺北：中央研究院社會學研究所。取自 http://www.ios.sinica.edu.tw/sc/cht/datafile/tscs12.pdf

彭渰雯、黃淑玲、黃長玲、洪綾君（2015）《行政院性別主流化政策執行成效探討》（委託研究報告）。行政院性別平等處。

游美惠（2014）《性別教育小詞庫》。臺北：巨流。

黃璨瑜（2013）〈從「性別認同障礙」到「性別不安」〉，《臺灣精神醫學會DSM-5通訊》，3(2)：9-11。

衛福部（2016）《同志健康服務中心經營模式及服務利用評估》（全程研究報告）。取自http://www.cdc.gov.tw/uploads/files/5f6bcabb-4f19-4004-a055-a18919ffa26b.pdf

鍾道詮（2011）〈女男同志健康需求概述〉，《社區發展季刊》，136：357-71。

鍾道詮（2012）〈同志的健康需求與就醫環境〉，楊幸真編《性別與護理》，269-92。臺北：華杏。

鍾道詮（2016）〈以社會心理模式初探男同志生理健康之風險及保健因子〉，高雄醫學大學性別研究所主辦「第14屆性別與健康」國際研討會，高雄醫學大學，10月14日。

英文部分

12 United Nations agencies joint statement (2015/09/29) Ending violence and discrimination against lesbian, gay, bisexual, transgender and intersex people. Retrieved from http://www.ohchr.org/EN/NewsEvents/Pages/DisplayNews.aspx?NewsID=16511&LangID=E

Almeida J., Johnson R. M., Corliss H. L., Molnar B. E., and D. Azrael (2009) Emotional distress among LGBT youth: The influence of perceived discrimination based on sexual orientation. *Journal of Youth and Adolescence*, 38(7): 1001-14.

Armstrong, P. (2012) Women's health centres: Creating spaces and institutional support. In E. Kuhlmann and E. Annandale (Eds.), *Palgrave handbook of gender and healthcare* (pp. 405-20). Hampshire, New

York: Palgrave Macmillan.

Buffie, W. C. (2011) Public health implications of same-sex marriage. *American Journal of Public Health*, 101(6): 986-90.

Campion, E. W., Morrissey, S. and Drazen, J. M. (2015) In support of same-sex marriage. *The New England Journal of Medicine*, 372(19): 1852-3.

Dean, L., Meyer, I. H., Robinson, K., Sell, R. L., Sember, R., Silenzio, V. M. B., Tierney, R. (2000) Lesbian, gay, bisexual, and transgender health: Findings and concerns. *Journal of the Gay and Lesbian Medical Association*, 4(3): 101-51.

Eveline, J., Bacchi, C., and Binns, J. (2010) Gender mainstreaming versus diversity mainstreaming: Methodology as emancipatory politics. In Carol Bacchi and Joan Eveline (Eds.), *Mainstreaming politics: Gendering practices and feminist theory* (E-edition) (pp. 237-62). South Australia: University of Adelaide Press.

Gonzales, G. (2014) Same-sex marriage — A prescription for better health. *The New England Journal of Medicine*, 307(15): 1373-6.

Hatzenbuehler, M. L. (2011) The social environment and suicide attempts in lesbian, gay, and bisexual youth. *Pediatrics*, 127(5): 896-903.

Herek, G. M. and Garnets, L. D. (2007) Sexual orientation and mental health. *Annual Review of Clinical Psychology*, 3: 353-75.

Jackson, B., Daley, A., Moore, D., Mulé, N., Ross, L., and Travers, A. (2006) *Whose public Health? An intersectional approach to sexual orientation, gender identity and the development of public health goals for Canada. A Discussion Paper of the Ontario Rainbow Health Partnership Project*. Toronto: Ontario Rainbow Health Partnership Project. Retrieved from http://www.rainbowhealth.ca/documents/english/whose_public_health.pdf

Mathieson, C. (2008) Negotiating sexualities in women's health care. In M. Morrow, O. Hankivsky and C. Varcoe (Eds.), *Women's health in Can-*

ada: Critical perspectives on theory and policy (pp. 272-96). Toronto: University of Toronto Press.

Mulé, N. J., Ross, L. E., Deeprose, B., Jackson, B. E., Daley, A., Travers, A., and Moore D. (2009) Promoting LGBT health and wellbeing through inclusive policy development. *International Journal for Equity in Health*, 8(18). Retrieved from https://www.ncbi.nlm.nih.gov/pmc/articles/PMC2698868/

Mulé, N. J. and Smith, M. (2014) Invisible populations: LGBTQ people and federal health policy in Canada. *Canadian Public Administration*, 57(2): 234-55.

Raifman, J., Moscoe, E., Austin, S. B., and McConnell, M. (2017) Difference-in-differences analysis of the association between state same-sex marriage policies and adolescent suicide attempts. *JAMA Pediatrics*, 171(4): 350-56.

Status of Women Canada (2002) *Canadian experience in gender mainstreaming*. Retrieved from http://publications.gc.ca/collections/Collection/SW21-97-2002E.pdf

Tjepkema, M. (2008) Health care use among gay, lesbian and bisexual Canadians. *Health Reports*, 19(1): 53-64.

UN Women (2015) *Gender mainstreaming in development programming*. New York: UN Women.

第六章

性別預算
概念與實踐策略建議[1]

盧孟宗

國立臺灣大學社會學研究所博士候選人

摘要

　　性別預算（gender budgeting）的核心在於希望能藉由改變現有預算過程與分析框架，來創造能有效回應社會不同性別群體需求的政策系統；並藉由成果訊息的公開，促進資源彙整與分配管理的公平與民主治理的效能，在改善性別不平等結構的同時，維繫社會發展的永續性。

[1] 本文為科技部整合型專題計畫「臺灣性別主流化十年檢視與國際比較：全球脈絡與在地發展的問題與展望」子計畫「性別主流化在臺灣與瑞典：國家機制與落實問題的比較分析」（NSC 101-2420-H-016-001-MY3）與「制度創新與政策改革：北歐經驗與臺灣行動」的子計畫「女性主義培力與制度創新：比較臺灣與瑞典性別平等政策機制」（MOST 104-2420-H-016-001-MY2）之部分成果。特別感謝彭渰雯、黃淑玲、潘縕花協助提供修正意見及審閱內容，惟本文如有疏漏不足處，文責仍由作者自負。

　　本文整理澳洲與瑞典兩國的實踐經驗，指出性別預算不只是就特定政策和計畫項目的數額分類累計，而是應思考如何透過預算編列，發現既有的性別落差現象，評估政策資源及分配方式影響社會成員的過程，並以確保公平、消除落差、改變價值等不同層次的性別平等意涵，規劃政策預算的編列主軸。

　　除了從性別平等觀點來改變政策預算的規劃視角，本文亦嘗試指出，由於性別預算與國家財政制度、行政法規密切相關，且個別國家與社會部門鑲嵌互動的狀況相去甚多，因此各國實踐經驗與推展進程並無一致與特定模式。然而在操作面向上加強性別分析與統計的概念、增進考量不同層次性別平等目標，並設定具性別敏感度且能反應政策內涵之指標，是落實性別預算的重要步驟；另外，適當的改變政府部門的分工邏輯，建立能協調社會意見、預算程序與政策性別觀點的諮詢資源管道，促進社會群體、性別專業與行政部門彼此的意見交換，更能讓性別預算的推動，成為整合行政專業與社會參與的新觸媒。

一、前言：臺灣的推動歷程與階段經驗檢視

　　性別預算（gender budgeting）作為推展性別主流化的一項重要工具，呼應性別主流化將性別概念與觀點融入於政策制定、分析過程的主軸，但它更著重於透過重新改造預算的歲入與歲出程序及內涵，在各種公共政策與服務輸送原有的形成、執行程序中融入性別觀點，來達成提升性別平等的最終目的。其核心是以性別為基礎的分析來創造不同性別在生活各面向上有同等的機會，在預算過程中看見各種需求，以維繫社會發展的永續性，並藉由成果訊息的公開，促進資源彙整與分配的決策管理效能（Quinn, 2009: 5; UNWomen, 2016: 5-6）。而從各國推動經驗整體來看，則可主要歸結為四個重要的關鍵面向（UNWomen, 2014）：

1. 透過性別預算分析來研究公共支出的影響以及財政落差與需求；
2. 發展公部門的性別預算能力，以及公民社會在預算決策、實施和監督的參與；
3. 促進政策制定者與性別平等倡議者的對話；
4. 支持具有性別回應的宏觀經濟發展政策。

例如：積極推動性別主流化的瑞典在地方Botkyrka市市政府的性別預算經驗，是體育休閒部透過所轄的各類運動場地租借使用狀況，以及運動社團補助概況，推算出在個人層次上，資源流向女性對男性之比為41%比59%；相對的，文化部門調查的圖書借閱狀況，借閱者的女男性別比例卻是70%比30%。[2]表面看來很符合傳統性別偏好的餘暇休閒行為，市政府則由統計結果反思市民所呈現的偏好與公共資源服務的關聯。在編列預算時，分別從不同的層次思考後續策略。例如：如何更公平的讓女性有同等機會和資源，以選擇從事傳統上被認為屬於男性優勢的運動或休閒活動；而即使參與符合既有性別形象的活動，各類公共資源的支持亦應平衡而不能偏重於特定性別的活動。在更廣的目標層次，政策更需考慮如何破除特定刻板印象，讓不同性別的群體與個人能更自主、自在的參與和選擇餘暇活動（Klerby & Osika, 2012）。這樣透過客觀資料、從預算與生活的具體關係來分析現況問題，並提出對應策略的政策過程，就體現了性別預算的內涵。

臺灣自2000年起，也開始注意預算分配和婦女權益的關係。在初期主要透過行政院婦女權益促進委員會倡議試行檢視婦女預算編列。2004年進一步擴大為每年一月底由政府部會、婦女政策機制（原行政院婦權會和婦權會祕書處）及民間婦女團體代表共同參與的婦女預算溝通座談會。2005年再由主計處（現行政院主計總處）規

---

2 不過在圖書館使用會議空間、網路、閱讀書報的部分，是男性多於女性使用者。

劃性別預算作業，並自2009年起就年度概算編列的工作中，將性別影響評估檢視的結果納入各主管機關概算編列。在這段嘗試辦理的經驗中，可以看出臺灣在初步性別預算推動的幾個重要趨向：

1. 計畫引導預算分配：藉由在政策形成端的性別影響評估，篩選、審視政策與性別平權的相關程度，使不同性別更為平等受益的計畫列入優先推動項目。

2. 融入預算作業流程：各部會在籌編年度概算時，透過填寫行政院主計總處（預算主管機關）所訂定的「性別影響評估計畫預算編列情形表」，並提報各機關性別平等專案小組核備。

3. 納入外部審查機制：性別平等專案小組透過引入外聘委員方式，協助以外部觀點檢視性別預算的編列狀況。

　　不過這樣的實作方式同時衍生了幾個問題，諸如實施範圍仍相對有限、項目概念不清造成高估額度，以及不重成果評估與追蹤檢討機制等幾個面向的疑慮。也因此，行政院性別平等處於2013年再提出「修正性別預算操作定義」，一方面擴大範圍，除了原有經性別影響評估的中長程計畫外，同時涵蓋「性別平等政策綱領」、「性別主流化實施計畫」、「促進性別平等相關法令」及「其他」類。在擴大範圍之餘，也建議各機關應以計畫、措施或業務項目具促進性別平等目的或符合性別平等為標準，再計列入性別預算額度（行政院性別平等處，2013）。

　　簡要而言，臺灣目前的實踐方向是透過對指定範圍內的政策計畫檢視，將相關數額彙整為整體性別預算總量，在實做上把性別預算視為政策後端的成果。不過對照性別預算的概念和多國的經驗來看，其執行方式不應僅止於事後進行預算額度加總，而應是在前一年度各機關編列概算與預算時，即分析預算可能受益者的性別比例、檢視各項性別相關計畫有無相對的經費，以及整體預算配置的性別影響，但這些操作方式似乎並非臺灣現有性別預算的認知與推動方式（彭渰雯、黃淑玲、黃長玲、洪綾君，2015）。為協助釐清性別預算的意義與樣貌，以下本文經由概念目標、推動模式和澳洲、瑞典經驗的考察，

來進一步澄清並提供策略建議。

二、性別預算的基本概念與目標

　　預算本身是政府最重要的政策工具，它架接資源分配和政策目標，但由於預算與整體經濟財政架構的密切關係，使得預算在行政規劃過程經常僅被視為政治經濟制度的一環，而少與性別平等的議題和政策相關。相對於此，性別預算的倡議者指出，應從以下幾個面向反思隱藏於其中的性別議題，並突顯性別預算值得實踐的正當性（Elson, 2002a; Quinn, 2009; Sharp, 2007; Stotsky, 2006）：

（一）再生產活動應置於政策視野

　　國家宏觀的財政政策支出與歲入，表面上看來沒有提及任何人群及其性別，並維持中立態度。但是預算事實上將因資源分配方式而對不同性別因其各自的社會處境產生差別影響；同時，國家在衡量財政收益時，也經常忽略並低估了社會再生產的必要性。在目前社會再生產的主要勞動者仍由女性擔負的情況下，使得強調無關性別的財政政策漠視女性對整體經濟的貢獻，並在整體規劃中對非市場性的經濟活動失去關照和支持。

（二）改變既有的預算想像

　　性別觀點融入預算過程並非完全改變原有的預算方式和概念，而是重新界定一般的預算工具、流程、概念的基本圖像。例如：預算線（budget lines）概念、[3]預算方案規劃構想方式，在預算對象分類

---

3 消費者預算線也稱消費可能線、家庭預算線，或者等支出線，是表示在消費者收入和商品價格既定的條件下，消費者的全部收入所能夠買到的兩種商品的不同數量之各種組合。

上做更細緻的考慮，或在預算過程中的起步階段便分析及評估可能會對不同性別產生的影響，並從執行後的實質結果來檢視預算效果。此外，政府進行重分配的方式除了支出，同時也包括歲入，所以各種稅收政策也應從性別觀點重新檢視、革新。性別預算雖然原初的目的是為了改善女性整體不利的處境結構，最終目標乃是達成一個更能以個體的實在需求為考量的預算分配方式。

（三）看見預算的外部性（externalities）效果

改善女性不利地位的方針，已在經驗上證實與更高的經濟成長率和穩定性有密切關聯，而這是在傳統政策概念上放任市場自行運作時無法顯現的（Stotsky, 2006）。如果預算的目標在於以人為導向，那麼為了讓人的需求進入預算考量的過程，此過程要讓更多的社會群體及利益相關者參與其中。因此落實性別預算的一項外溢效果，就是民主政治運作更為深化在日常行動中（Sharp, 2007）。

歸結而言，性別預算聚焦在使不同性別的人群更平等地獲得資源的機會，倡議者Diane Elson（2002a）認為，一個性別不平等的社會並非只損害女性群體或女性個人的發展，同時也使經濟產能與效率無法提升；相對的，透過改善性別不平等的狀態確實可以帶來經濟產出的增長及整體社會生活的適足。在它開展的同時，會一併產生許多對既有行政決策過程的調整與變革。為了達成性別平等目標，政府的政策會被具體要求轉化為預算實績，這使得政府提升平權的承諾有課責（accountability）的可能。再者，性別預算重視不同性別以及相對應處境的個人或群體，以具體目標希望改善資源輸送的效果與效率，對公共財政拮据的各國政府，都不啻為一個提升效能的方法。這些效應讓性別預算不僅是提升平等的重要工具，更有逐步邁向良善治理的重要意涵（Council of Europe, 2005: 11-2）。

三、性別預算的支出分析：澳洲模式與瑞典經驗

性別預算的核心目標環繞於政府資源重分配過程的反省，在概念與操作可略以「公共支出」與「政府歲入」兩大面向區分。[4]以下本文藉由介紹早先澳洲推動婦女預算的經驗歷程，以及晚近瑞典政府的地方案例，來對比說明。

（一）澳洲婦女預算——結合政策資源與平等議題的先聲

性別主流化在1995年第四次世界婦女大會中被正式倡議並廣泛受到重視，不過作為重要工具之一的性別預算，在更早之前已有許多不同的試行策略與名稱。[5]最早出現的雛形，就是1980年代澳洲政府推動的婦女預算（women's budgets）。不過澳洲政府在不同政黨執政時期，婦女預算的政策意識和能見度上有不少差異和轉變，及至晚

4　性別預算的「預算」（budget）一詞，包含政府每年度對稅制、津貼的各種規定調整（Himmelweit, 2002）。在概念上它同時關注因各種賦稅制度隱含資源重分配效果所可能造成的性別差異影響。由於目前各國主要著重於支出分配，且本文亦旨在說明預算支出分配的性別差異作用，是以省略對於稅制與性別的詳細介紹。相關討論包括賦稅制度的原則與性別觀點（Barnett & Grown, 2004）、各類稅制與性別影響的差異（Stotsky, 1997）、可能的操作步驟與分析面向（Grown, 2005; Budlender & Hewitt, 2003: 103; Barnett & Grown, 2004: 50-53）等。在實作經驗上，英國的性別預算推動經驗主要關注稅制面向，它的檢視重點集中於政府歲入和津貼補助的分析，詳細過程案例可參見Hill（2002）。

5　這些經驗與名稱包括婦女預算（women's budgets）、性別敏感預算（gender-sensitive budgets）、性別預算（gender budgets），以及應用的性別預算分析（applied gender budget analysis）等（Budlender & Hewitt, 2003: 7），它們或反映不同時期和不同概念側重的面向而有名稱上細微的差異，然其整體概念都可歸於性別預算中。

近2014年由右派政府再次執政後則被擱置。[6]雖然當前澳洲婦女預算並未如以往運作，但就其經驗仍可以看出在實踐推動可能面對的重要問題：

1. 經驗回顧：90年代發展的經驗與分類概念

在90年代中期，澳洲政府曾發展出一組三項分類預算的概念，最早是由澳洲性別預算倡議者Rhonda Sharp所提出。這個架構將預算分類為明確的性別相關支出（Gender-specific expenditure allocations）、公共部門僱用機會平等（Equal employment opportunities in the public sector），以及整體支出配額（General expenditure allocations）等三個主要面向（Budlender & Hewitt, 2003: 87-89）：

(1)明確的性別相關支出

簡要而言，具有明確性別目標群體與平等意義的預算可歸於此類。我們可以透過幾項方式或步驟進行籌劃：

- 方案和計畫的目的，包括其所提出的政策問題等；
- 方案和計畫中預備將執行的行動；
- 以數量化方式呈現各種資源；
- 確認政策結果的指標；
- 確認各種可測量的，不同性別群體狀況變化的指標；
- 評估計畫在下年度的變化及其性別回應的程度。

(2)公共部門僱用機會平等

執行這個項目的分析調查與政策改善，一方面是就政府內部可直接掌握的相關人事聘任及實質的工作機會、薪資的分布進行平等化的措施；另方面亦有透過平衡個別部門內性別比例的思維，來改善決策

---

6 澳洲主要政黨為工黨、自由黨及國家黨。如果以政治意識略分，工黨較為左派、自由黨與國家黨則長期合作較為右派。在近三十多年的中央政府執政更迭中，分別由工黨政府（1983-1996; 2007-2013）以及自由黨與國家黨聯盟（1996-2007; 2013-迄今）交替執政。

與政策服務輸送的性別敏感度。

- 清楚呈現該特定部門或整體公共部門僱用狀況；
- 資料包含性別、職級、受僱身分（全職或兼職、永久或暫時性等）、薪資狀態和津貼等，如輔以不同族群、地區等資料更完整；
- 確認是否有倡議平等受僱機會的措施，例如：相關的預算或員額配置；
- 辨明在各個部門中性別聯絡人和專責者的性別人數狀態，同時掌握政府各主要部門的功能中，擔任和執行各該職務的性別人數。
- 建立各部門內各種層級委員會性別組成的狀態，以及有酬、無酬等的區別。
- 就下年度的改變提出計畫。

(3) **整體支出**

在以上兩者之外的各項一般性預算，**其實都可運用第一類明確的性別相關支出概念來就部會的預算方案進行檢視分析**。但由於各部門方案計畫眾多，仍需看政策意欲聚焦的性別議題和面向而定。

我們以當時南澳省農業部（地方層級）及聯邦政府的計畫為例，該省農業局即在預算規劃上分成三類目標（Budlender et al., 1998）：

案例1：澳洲南澳省農業局的婦女預算分類案例	
類別一：以女性為主要目標群體的預算分配（明確的性別相關支出）	
方案名稱	婦女的農業局
目標	鼓勵對鄉村生活的發展有興趣，特別在農業項目。 增加各層級的教育與文化機會。 能使女性在各層級有決策影響力。

（續下頁）

議題	在家庭農業中，女性通常是從業工作伙伴，並肩負家庭收支財務紀錄責任，但她們大多未有正式的事業管理訓練。
行動方案之一	為婦女籌辦的財務規劃研討班
工作指標	每研習班至少達成25%參與，並在兩年內執行辦理14場。
預期成果	有更佳的技能與自信處理財務管理。
行動方案之二	農村婦女的電腦工作坊
工作指標	兩年內籌辦八種課程。
預期成果	婦女在農場管理上能受益於科技資訊技術。
類別二：公共部門僱用機會平等	
員工統計內容改進	• 各層級女性員工比例（跨年度）。 • 各類職務工作（如基本行政、技術、專業、週間臨時工）的女性員工比例。 • 僱用資格（兼任、專職與臨時性工作，並再各依性別比例分）。 • 各部門委員會女性成員性別比例。 • 原住民族雇員比例。
預算	提撥僱用機會平等方案預算
類別三：一般整體支出：對女性的活動有關鍵影響	
方案一	動物產業相關
議題	幼童因犬類動物造成的疾病傳染，造成主要擔任照顧提供者的婦女相當程度問題。
行動	針對感染率高的社區進行犬類傳染疾患研究，特別是幼童部分的防治。
指標	感染率。
預期效果	減少人類與犬類感染狀況。

（續下頁）

方案二	農場管理及農村社區支持
議題	在農村、農場工作的女性所面臨的職業災害與健康問題。
行動	由農業部內各單位共同籌辦農場安全研習班。
指標	研習活動中婦女參與者的比例。
預期效果	對農場潛在意外傷害更高的警覺認識。
方案三	全體方案
議題	近用各項資訊與通知是農業生產與管理的基礎條件。
行動	針對農業工作者與農場經營者的資訊服務。
指標	被指定為訊息接受端的農業工作者與管理者，有高比例為男性，使得不同性別的資訊接受機會不同。
預期效果	透過計畫改善婦女在農業生產與貢獻所具有的正面價值肯定和自我認知。

資料來源：Budlender et al., 1998，經本文作者整理製表。

　　上述案例展示了預算可能的分類方式，以及將政策**目標群體**和政府資源連結的思考。然而如倡議者自身所提示，**許多分類並非全無疑義**，也沒有完美的定義方式。但是預算方案需要考慮政策議題、研擬行動並提出對應的成果評估標準，透過對成果的績效追蹤以確認性別平等的進展，也就是注重每一筆預算是否有性別觀點，而不只是在原有的政策項目中累加數額。

2.澳洲推動經驗的反思

　　政策預算往往受執政政黨的政策價值偏好、既有政府組織與制度和政治社會脈絡等各種因素影響。澳洲婦女預算的經驗，即反映這樣的情況：

(1)性別預算仍可能鞏固既有性別分工與刻板印象

政策目標是將女性視為具有特殊利益需求的群體，或是企圖改變

既有的經濟社會政策價值框架；而政府應介入資源分配以達成性別平等，或仍由經濟市場與個人選擇來決定，這些基本的政策價值脈絡與轉變反映在如何實踐性別預算的方針上（Sharp, 2007）。例如：同樣標舉婦女預算，右派政府以嬰兒紅利（baby bonus）作為重要的婦女政策，[7]這個概念將婦女定位在家庭主要育兒照顧者，並以預算支出肯定（穩固）特定的家庭分工模式；相對於此，左派執政政府則將公共支出用於增加育兒補助、改善勞動平等、提高低收入者補貼以及改進有薪照顧假等面向，期望改善女性在育兒和勞動參與之間的兩難困境。這兩種不同的政策價值思維即被分別定位為「家庭化」和「去家庭化」的對比（Sharp & Broomhill, 2013）。

(2)性別預算未實質改變政府組織的協調與資源配置

　　分析者評論澳洲婦女預算始終未與預算的決策過程充分整合，各部會或基於要求就自身職掌內容進行性別分析檢討，或以施政綱領的模式作為整體預算說明的一環，但並無法實質改變既有的預算流程和預算目標的先後順位（Sharp & Broomhill, 2013）。在推動婦女預算的初期，澳洲政府以國家婦女政策機制整合、協調整體政府的婦女預算聲明（Women's Budgets Statement）。藉由在總理辦公室的重要地位並在婦女相關部會的支援下運作，透過對各類文件格式的落實與檢視，要求各部會詳細評估並報告施政對不同性別的影響，特別著重於以預算數額和性別落差之間的分析。然而，這個有力的位置在右派聯盟執政期間（1996-2007）被移置於家庭與社區服務部並大量縮編人力。各部會不再被要求需對施政進行性別分析評估，財政部門也無需就相關內容做資料編整。而後雖然工黨再次執政，恢復婦女預算的工作，不過此時已由婦女地位部專責，而財政部門則未居於核心角色。

---

[7] 嬰兒紅利概念主要是指婦女生育後離開職場，政策提供退稅方式的津貼補助，也採取針對家庭育兒補助，其補助方式對單一全職收入的雙親家庭較高，相較於單親家庭或雙薪家庭。

(3)性別預算只由政府主導缺乏社會連結

　　澳洲經驗的另一個特點是公民社會參與較為缺乏（Budlender & Hewitt, 2003: 58）。1980年代初工黨政府上臺帶來政治機會結構的轉變，許多70年代女性平權運動者進入政府體系並主導婦女政策機制的運作。這些女性主義官員（femocrats）透過婦女預算的倡議實踐，很快的帶動政府初步的性別意識。然而婦女預算在運作一段時間後，越趨近於政府的內部作業的官方報告，在國會審議過程中往往不受重視，預算的專業化也使婦女運動團體只能在理念上支持，缺乏在預算制定的過程中實質影響的能力（Sharp & Broomhill, 2013）。這些狀況顯示，由於預算本身高度的政策專業性，即使政府體系將性別預算視為重要工作，但外部力量如果意欲變革既有的預算運作模式，在專業知識障礙或權力關係的不對稱影響之下，仍會有相當程度的困難。

（二）瑞典——性別觀點融入預算程序計畫

　　瑞典的性別預算工作同樣由政府主導，將性別主流化策略與預算流程更全面的整合。瑞典政府認為性別預算工作包括了政府部門的經濟管理調控，以及經濟政策必須整合性別平等觀點，並善用性別統計為重要工具。

1.地方層級個案經驗：Botkyrka市政府的分析案例

　　瑞典Botkyrka市政府的性別預算經驗，將焦點置於公共資源分配與個人時間資源配置的密切關聯。因為公共預算深刻的影響個人每日生活中的工作（包含有酬與無酬）、休養（社會再生產的活動如休閒）和睡眠等三種主要活動的時間分配。是以分析不能只看預算支出的項目，還要從市民生活的概況研究來理解。在這樣的基本構想中，性別預算以三個層次的分析方式來進行檢討：包括「政府資源配置檢視」、「替代和補充資源的分析」及「就現況調整的策略」。而研究者也以這樣的架構就Botkyrka市健康與社會服務局的居

家服務（home-help）對象，進行深入的調查研究（Klerby & Osika, 2012）。

案例2：瑞典Botkyrka市政府居家服務性別預算案例	
(1)呈現資源配置：對預算的分析起步於瞭解現有預算分配與不同群體使用概況，同時分析差異化的需求。	• 深入調查28位該市受居家服務的市民（性別比例各為半數），發現不同性別在使用居家服務的項目比例上有明顯的差異。女性較男性更高比例的使用了個人照顧（personal care，例如：協助個人衛生、穿衣等）和全項的居家服務（total home-help）；而男性則使用較多的一般服務（service，例如：傳統的家務工作整理）。 • 研究對照瑞典國家統計指出，女性需要的居家服務較男性所需的更深、更廣，直接呈現了年長女性處在更不佳的個人健康條件狀態。反映出年長群體中，女性因平均餘命較長而可能處於更高的失能風險，也進一步提醒居家服務需要就年齡差異的服務需求同時考量。 • 此外，調查也顯示沒有同住伴侶的男性較有伴侶同住的男性更需要一般服務，以及女性使用者的整體量雖較多，但個別使用者的使用期間卻相對男性更短。 • 上述使用服務預算內性別差異的圖像，正顯示了社會群體在性別、年齡、婚姻同居狀況中交織的差異特徵，也佐證了各種政府統計需要性別以及更細緻的變項之必要性。

（續下頁）

(2)補充與替代資源：對政府預算不足的社會狀況分析。	• 本案例中，研究者評估出在服務需求無法滿足時，男性的服務需求大量的轉移由他們的子女（特別是女兒）以非正式的無酬照顧來支持。 • 在這些非正式的照顧工作若就負擔的性別比例而言，女性占70%，而男性則為30%；如果再以時薪給付換算，單就研究中28位市民的日常需求提供服務的經濟價值，女性較男性多出28萬瑞典克朗（約新臺幣110萬元）。 • 根據瑞典國家調查，女性所能領取的年金給付約為男性的63%，相對較少。而Botkyrka市的居家服務之自負費率主要依使用者給付能力而定，因此女性市民有較高比例無需再負擔額外支出，即能使用居家服務。 • 性別預算不只是類別項目化的支出合計，它應該更深的探問：當政府預算不足支應公共與社會需求時，各種替代與補充資源的需求轉嫁在民間所造成的政策後果。
(3)調整策略：消除差異、議題重設和價值轉型。	性別觀點主流化至政策與預算過程，考慮平等概念的內涵和達成方式。而**消除差異、議題重設**和**框架轉化**等三種途徑是主要的構想對策。[8]在此居家服務的案例中，政府支出造成許多非正式照顧仍由女性擔負的可能對應策略有：

（續下頁）

---

[8] 原文係integrationist, agenda-setting, and transformative.此處為求行文流暢並以較能為讀者理解的意義表達，故為此翻譯。

	a. **消除差異**：在本例中的目標，是盡可能使不同性別達到同等水準的滿足。這需要瞭解差別狀況的成因，例如：分析不同項目的照顧服務，在服務資源的近用上發生性別落差的原因，並以此規劃促成近用機會公平的支援方式。 b. **議題重設**：克服以男性經驗和視野爲主所構成的規範及政策規劃，並重新思考日常活動的多重意義。本例中除了在政策制定的過程中肯定無酬照顧工作的價值，並發展更充分的公共健康服務來減少無酬照顧的負擔以外；從有酬照顧工作本身出發，提供更適足的勞動條件與工資，來實質肯定照顧經濟在整體經濟生產中的重要貢獻，正是重新設定議題的一種方式。 c. **價值轉型**：社會普遍仍認爲，照顧工作是適合由女性來擔任，將此內涵與特定性別角色以本質化的方式連結時，以公共資源來投入促進社會價值的轉型是更深刻的對應策略。在本案例中，可以考慮設計更多引導制度和訓練機制，讓男性和女性同樣地參與到照顧工作，改變這項工作原有的社會性別意象和邏輯。

資料來源：Klerby & Osika, 2012，表格由本文作者整理製作。

　　在此案例中可以看出，第一階段資訊整理後，第二階段回到對政策和預算分配後果的反思檢討，並在第三階段連結到對更多價值與規範的思考與判斷。即使我們看到一個因預算分配而導致的性別不平等狀態，但要進行何種方式的調整才符合社會所認可的性別平等，**仍需**

要先辨明該政策議題涉及的平等概念。而對比三種可能的對策方案，其實不難看出它們並非相互排斥的作法。在大部分的情況下，同時整合不同的平等概念，擬定不同期程的策略，以期在各種層次上逐一改變既有的性別不平等結構，是性別預算方案規劃的核心理念。

2. 中央層級的預算過程與性別整合

瑞典政府內閣每年度送交國會審查預算時，預算聲明書會在附錄中提供關於兩性在經濟資源上的分配概況。在2003年後，財政部門和性別平等部門合作，在附加說明中更全面的突顯兩性經濟處境概況和福利政策規劃，並提出該年度的平等政策主軸，以縮小此間落差。再者，個別政策領域也必須分析其政策權責範圍內對性別差異和平等的影響來設定政策目標，將這些目標與政策管理連結，而政府將追蹤這些目標完成的狀況。此外，瑞典政府特別重視性別統計的發展，其官方統計資料的目標強調，只要與個人有關聯的資料，除非有特殊情況條件，否則都必須具有性別欄目。

瑞典政府同時就其經驗提出幾項反省思考（Nordic Council of Ministers, 2006）。其一，性別概念要深入政府日常作業，更需要各種完整的訓練和諮商相關概念機制，亦即應有系統的規劃變革工作。其二，國家內部性平單位與行政文官需要相互學習，性平單位的成員需有行政體系經驗及廣泛概念知識。而預算的行政工作之文官在其專業領域上，亦需學習要重新以性別觀點檢視日常工作。其三，複雜的多元群體面向是性別預算的重要挑戰，因為性別與社會群體的其他特質面向如種族（族群）、階級和宗教文化等皆彼此交錯呈現交織性（intersectionality）特質，複雜性更甚於僅關注女性群體或兩性對比的落差。[9]這些不同主軸需要更謹慎的交互參照以避免矛盾衝突，也更突顯在實際運作上，性別概念進入預算過程中的挑戰。

---

[9] 瑞典官方政策融入的面向在性別以外，亦同時要求考慮融入兒童、身心障礙、移民等十三種重要的平等面向。

　　性別預算在個別國家或有先後不一的進度與經驗，並沒有一個國家已達成理想的狀態，也沒有所謂的「最佳策略」。因為性別議題和政策預算的國家制度，在個別國家、文化與社會的背景差異下，使得它的實踐無法以特定單一且普遍適用的方式來展開（Budlender, 2004; Elson, 2006: 39; Stosky, 2006; Budlender & Hewitt, 2002: 7）。透過瞭解澳洲與瑞典的性別預算運作模式可知，以政策目的來歸納預算是初步的作法，而欲落實性別預算在政策透明、資源與成果管理的目標，本文認為可嘗試進一步仿效瑞典案例的操作精神，以動態導向發掘問題，讓政策的性別目標更明確。

四、從實踐經驗到策略建議

　　Sharp（2007）認為，推動性別預算應該從實質技術與政治運作兩個面向來考慮。就前者言，性別預算要系統性的分析和檢視預算方案與政策對不同性別所帶來的影響；就後者言，在分析與檢視後進一步的政策決定，應在一個資訊更為明朗的決策環境中，改變原有的政治過程並逐漸達成性別平等的後果。

（一）實施經驗與策略建議

　　由本文所介紹的澳洲與瑞典經驗的特徵可以發現，前者著重在將政策主題和分類與促進性別平等的目的連結；後者則重視由一般政策的統計與分析中，發掘現象並思考應對策略。我國目前規劃的性別預算實行方式：以政策計畫為基礎審視分類，並在適用範圍上擴大至五類，同時在估算額度時更精細的要求思考與性別意涵的關聯，並尋求目標與績效評估（行政院性別平等處，2013）——這樣的安排在外觀上接近澳洲模式，不過在內涵上仍與性別預算所重視的分析、回應等動態要素有所落差。就實際操作流程中，偏重在政策計畫形成過程

的後端來估算和檢視性別預算的數額與成效，而欲更深刻的落實性別預算，應該朝向計畫前端與進行階段中，彈性整合運用各種性別主流化工具（彭渰雯等，2015：65-66）。

　　在類似觀點下，本文建議可由目前臺灣已較有經驗且制度化的主流化工具——性別統計及性別影響評估入手，透過性別預算的基礎觀點，更完整的延伸與落實。以下我們以性別影響評估示範中之「促進原住民就業方案（102年至105年）」及「衛生福利部所屬老人福利機構多機能綜合服務計畫」兩項案例，[10]嘗試說明整合性別影響評估與性別預算的可能方式：

1. 強化性別分析與統計視野

　　從前述瑞典案例可知，性別預算的循環起點在於透過具性別觀點的統計和分析釐清現況。雖然現行性別影響評估檢視表4-2欄位即有此設計，[11]不過統計在陳述現象之餘，需要對原因探究與剖析層面有更深入的資訊。更應聚焦在分析現況是否已有相關的政策預算投入，並陳述資源不足或輸送不均所造成的後果。

　　例如：當提及原住民族女性就業在不同職業的分布比例時，應當關注不同性別群體的選擇，是受哪些外在環境所具有的特定條件和限制所影響形成。因此，評估除了需更充分的透過調查、訪談來掌握不同性別的就業狀態，還能透過這個過程瞭解需求的差異化，思考在單一政策方案內，有哪些更細緻的作法可以回應。

　　而評估公立機構安置老人的案例，已經比較出衛生福利部所屬機構安置人數的性別比例與整體機構有落差，[12]且計畫本身預期透過機

---

[10] 案例選自行政院性別平等會網頁：http://www.gender.ey.gov.tw/GecDB-GIA/Impact_GIA_PlanDB.aspx

[11] 性別影響評估表請參見：http:// http://www.gec.ey.gov.tw/Content_List.aspx?n=FC0CD59A5BF00232

[12] 其分析指出「我國長期照顧、安養機構收容安置之老人，男性約占48%、女性約占52%。然本部所屬6家老人福利機構所收容安置之老人，男性約占66%、女性約占34%」。

構設備空間改善來擴大服務對象，則可能需要更完整的性別統計與調查，瞭解不同性別選擇照顧方式的根本因素（例如：經濟能力、需求滿足等），以及其各自的照顧需求。

　　這個環節聚焦目標群體的日常生活，如何受既有的政府預算分配而有所偏限。例如：原住民族性別差異的就業概況，應該在同時思考現有的各項政策預算分配的影響，而使得在分配狀況有性別不平衡的後果；同樣的，即使機構照顧的對象主要以較重度失能或低收入戶為主，因而有較高的男性受照顧者。然而女性群體的機構照顧需求，是否因公共資源有限而易於轉嫁到民間機構或家庭內部，這些資訊或許並不直接關聯至政策計畫本體（在本案例主要是改善軟硬體設施來擴大服務對象），然而透過計畫初期深入的調查，不只有助於其他相關計畫資源的投入改善，也有助政策計畫本身釐清對象範圍並提出具體目標。

2. 層次化的性別目標設定及預算編列

　　政策和預算應該平均分配給所有政策對象，又或應配合不同群體狀態，這個困境經常在規劃過程中難以分辨。參酌前述瑞典的經驗案例，本文認為可歸結出三個有助澄清性別目標的主軸：「不因選擇而有資源分配落差（確保公平）」、「回應性別差異的需求與機會（關注差異）」以及「以預算資源帶動框架轉換（價值轉變）」。同樣以上述兩個計畫案例，我們可分別由三個層面來思考：

(1)確保公平：規劃各種職業訓練的項目，確保不同性別的原住民不會因選擇社會既有的性別偏好而有資源落差。例如：投入照顧服務訓練或文化創意培訓，都應受到同等的資源，衡平每類訓練項目投入的預算數額；改善公立照顧機構的設備與服務，同樣也應確認未來完成後，不同性別的被照顧者選用不同的服務內容，都盡可能有平等資源的投入，並可進一步與其他公共照顧政策計畫連結、參照，以確保不同服務群體能受同等對待。

(2)關注差異：在第二個層次上，回應差異的需求和機會平等。

例如：不同性別在近用職訓或機構照顧服務資源時，是否有同等的機會，特別是因性別相關因素（如照顧責任的社會價值偏好、交通條件、原有經濟狀況等）所影響的個人近用預算資源的機會不平等。在這樣的概念下，除了我們已熟知的針對不同性別差異的資源與服務需求，應更多樣化的考量之外，透過第一階段所探知各項可能不利因素，安排加以克服的各種公共支持資源，同樣應該納入預算規劃。

(3)轉變價值：在關注性別的差異需求之後，瑞典的案例進一步顯示政策預算可以改變既定性別框架，包括消除個人挑戰既有性別印象而尋求職業訓練時的阻力。在原住民職業訓練計畫案或公立照顧機構的計畫目標中，就可考慮設計更多引導制度和訓練機制，讓不同性別同樣地參與到照顧工作，又或改善職訓和照顧工作現場的性別友善設施，甚至鼓勵產業人力應用上突破既有既存性別印象。類似的政策措施都是性別預算的一環，具有轉變既定社會性別價值框架的作用。

當性別目標能較明確的確立，後續的經費編列即能在相關目標下逐一羅列預算支出。在性別影響評估檢視表的8-1項的經費配置，就能更具體的將計畫中預期將進行與促進平權有關的預算明白表示，也較符合性別預算應從政策發端期即開始考慮的基本概念。

3. 設立具性別敏感度之指標並妥善運用

性別目標能否因預算投入而有效果，需要更明確設定各種有意義且可測量的指標，並評估不同性別群體狀況。在影響評估表的8-9項亦要求計畫填列。例如：在本兩案例中，即可針對參與訓練的人次、性別與投入各類訓練的預算數分析，或以目標群體的人數估算參加職訓的人口比率，以至更進一步追蹤參訓者後續就業率狀況；公立照顧機構則應著重於評估現有資源照顧的人口占整體需求的比例，設定具體估算改善後的數值與性別落差，其他如照顧人力、空間配製、設施的性別友善程度，同樣都應思考相對應的評估指標。而在更大的面向上，政策若具有轉變社會價值的性別目標，同樣可進一步發展新的統

計調查項目。例如就前者言，持續調查原住民在各職業類別就業的性別比例，對比各職業整體性別概況；就後者言，持續追蹤不同性別各項照顧資源與需求的使用與滿意狀況等。這樣透過年度執行與檢視，才能更有效的落實原本計畫欲達成的性別目標。

　　上述案例與內容並非針砭這些示範案例與現有性別影響評估檢視，而是要說明性別預算的內涵其實已經略見於現有的影響評估內容，它可以透過進一步整合於現有性別影響評估方式來落實。具體的概要方向可從幾個層面著手：

- 問題分析、評估資源與過程的內容，嘗試以更具體的預算數額表達。將不同性別面臨的狀況處境，從相關預算分配與執行方式來理解其可能原因。並說明計畫預期的各種性別差異需求、友善平等措施會以何種經費方式因應。
- 計畫目標與預期效益應採取更能顯示整體狀態的各項性別分類指標，並設計能具體反映預算投入效果的測量方式。在每年度檢討時，得以與統計單位持續協力修正指標內容。
- 將影響評估的整體概念提早於計畫研擬的初期進行。在精進性別影響評估內容後，如能於計畫發想初期即鼓勵制定與規劃單位，透過預算分析和明確化方案的性別目標，才能更準確規劃資源配置與指標設計，進而在整體概念上更符合性別預算的基本概念。[13]

---

[13] 事實上，性別預算倡議者皆重視資源、目標、指標等一系列評估政策成果的概念。Sharp（2003: 55）列舉不同的分析框架加以說明，性別預算應該從性別統計等指標資料來評估預算資源配置的合理性以及方案的實際執行成果，進而提出更充分的訊息以監督促進性別平等的進展。Elson（2002b）亦認為，從單一政府部門的整體預算或個別方案中，都應該緊扣四個面向思考：投入（inputs）——預算投入的適宜金額、活動——它意欲提供哪些政策服務、產出——透過哪些具體的工作方式、規劃來達成政策服務目標及影響——政策標的對象的影響。

（二）實質技術與政治運作的條件

倡議者指出，要推展性別預算工作的初步作業，除了思考政策方案，也需釐清國家的制度安排和程序（Budlender & Hewitt, 2003: 51-52; Elson, 2006）。經驗顯示，政府內的財政部會、預算權責單位和性別平等部會，在推動性別預算時負有重要任務，具決策權者或資深行政官員如果能對性別預算有更深的認識和理解支持，中層與基層行政人員才有更多的空間逐漸學習累積更多經驗（Council of Europe, 2005: 14）。因此本文建議，行政院性別平等處應可進一步發揮協調、諮詢、彙整等職能。例如在籌備階段，協調業務單位部門、主計預算部門與性別平等會，釐清性別預算概念及目前運作的實況，以性別平等政策綱領或影響評估之中長程計畫選擇試行，蒐集試行案在預算行政過程的主要困難經驗，包括法規、部會與部門職權、性別觀點如何建立等面向，以逐步累積參考資訊。當次階段更大規模試作開始後，建立常態性的諮詢窗口，提供業務部會部門經驗意見，或協助連結政府內部個別單位。而上述工作的累積，則可仿照澳洲、瑞典模式，在年度向國會提預算案時，彙整為性別預算報告書或聲明書，整體性的說明現有的性別落差概況與政策預算規劃的因應對策。

另方面，提升預算方案的性別面向及議題的敏感度，需思考既有預算流程中，國會的法定職權、功能和能力等各層面的檢視，包括主責性別議題的委員會分工，或在預算審查時如何融入不同性別觀點；又或以較非正式的方式，使重視性別平權議題的議員彼此連結，在審查預算時能發揮監督作用（Wehner & Byanima, 2004: 73-82）。國會也可被視為一種進入點（entry points），公民社會團體與有意相互合作的國會議員，藉由提供社會團體各種預算資訊、在國會中聚焦重要議題，成為倡議性別預算重要的推進力量（Budlender & Hewitt, 2003: 70-71）。

在公民社會部分，以政策研究為主的民間組織，具備較多政策論述資源，對於政府決策通常較具影響力；倡議性別平權為主旨的組織，在實務經驗或概念論述上具優勢；而**學術專業社群**的知識能力經

常能在發展各種分析評估概念工具、指標、檢視預算成果等提供具體的協助（Council of Europe, 2005: 15）。性別預算同時需要政府體系與公民社會之間的緊密合作，透過各方人力、知識與經驗的充分交流，如何使三方能有更好的協作方式，就是決定推動工作能否順利的重點（Budlender & Hewitt, 2003: 59; Quinn, 2009: 55-57）。

五、結論：朝向專門知識與民主治理的整合

臺灣曾經在政府體系內推動婦女預算，主要是在預算籌劃階段以溝通座談等機制諮詢婦女團體，性別預算的部分則尚未有更明確實踐策略。在概念與內容上則因概念誤解以致名實不符，同時亦偏重社會福利面向，而非全面性的性別觀點檢視（魏美娟，2010）。在參照前述的概念和經驗後，本文建議分別就性別預算的執行面向和政治過程來思考後續可行的推動策略。

（一）整合運用概念工具

1.強化連結性別平等政策綱領

在計畫引導預算的概念下，讓性別預算回應國家計畫──性別平等政策綱領，使政策目標能具體透過預算績效來表達。搭配政策綱領的議題設定與部會分工，就七大議題及所列目標彙整現有性別統計資訊及政策制度與資源盤點。而個別議題目標的狀況進展相異，可依現況分別從確保公平、關注差異及轉變價值等層面規劃計畫目標。

2.整合性運用性別主流化工具

因應政策綱領目標所產生的執行計畫，可經現有性別影響評估的導引，將預算工作與性別統計指標作更強的連結，同時深化性別分析的能力。藉由業務單位在計畫發想、研議與考評的需求，與統計主責

部門結合，共同發展適用的性別統計項目；同樣的，性別影響評估如能整合性別預算的分析步驟，就預算分配與使用者狀況、公共預算影響的生活機會面向等整體評估，在計畫初期即考量性別統計概況，更適切的分析計畫本身的性別關聯，就能將性別預算發展為具動態性、問題目標導向的管理方式。

（二）逐步建立機制過程

推動性別預算需要強化不同部門之間的溝通諮詢，讓專業知識得以交互理解，才能讓專業知識和民主治理更妥善的結合，在政策過程中創造適合的協作平臺。

1. 建立行政體系的分工制度

性別預算實踐的成果取決於性別平等機制在整體行政體系內的安排、政府財政和預算主責部會的參與協調。再者，性別預算需長期的實踐累積，如果要避免受到外在政治條件轉變影響存廢，就應考慮更明確的制度化規範。

2. 增進專業知識的交互理解

增進性別分析專業、政府財稅主計專業和政策業務專業三個面向的整合，包括使熟悉政策的資深文官和政策相關的性別議題專家或社會團體持續交換經驗知識；並檢視財稅法規的制度環境條件，特別是政府主計體系架構的一體性，與政策業務推動單位需要就性別觀點融入預算的方式進行規劃，不能僅由單向的概念指導，更需要整體過程中不同部門體系的協作。

3. 安排公共參與的政策機制

在「專業—官僚主義」（expert-bureaucratic）和「參與—民主主義」（participatory-democratic）兩種看似矛盾的途徑中，前者以專業知識化的資料和決策流程將性別平等理念與傳統行政體系結合；

後者則以開放參與讓弱勢群體的生活經驗被關注。預算決策需要參考明確的證據與資訊，加上公民社會團體的督促或提供諮詢觀點，或許就能藉由性別預算的過程使這兩種概念更緊密的結合（Walby, 2011: 91-94）。

　　臺灣推動性別主流化已有十數年的經驗，如能運用既有的發展基礎，嘗試擬定適於臺灣政治制度與社會經濟條件的性別預算策略，應是可期待的努力目標，亦可以此作為性別主流化進入下一個階段挑戰的引導動力。

政策建議

1. 整合運用概念工具：結合性別平等政策綱領，從中擇定與民眾最為切身且顯著不平等的政策議題試辦，經由發展與實驗過程累積經驗，再逐步擴展運用範圍。建議透過整合運用各種性別主流化工具，將預算工作與性別統計指標更強的連結，深化性別分析的能力，將性別預算發展為具動態性、問題目標導向的行政管理方式。

2. 逐步建立過程機制：在政府體系內部增進性別分析專業、政府財稅主計專業和政策業務專業三個面向的整合。檢視財稅法規的制度環境條件，特別是政府主計體系與政策業務推動單位需要就性別觀點融入預算的方式進行規劃，整體過程需不同部門體系的協作。

3. 結合社會公共參與：性別預算需兼顧官僚專業與社會參與需求，應可在預算過程中適度引入公共諮詢意見。

關鍵概念

1.性別預算是動態管理非靜態分類

　　性別預算將性別主流化概念應用到預算過程，以性別為基礎評估（gender-based assessment），讓性別觀點整合到預算過程的所有層面。所以並不是用分類累加的方式，計算多少預算用在婦女相關或推動性別平等的事務上；而是一個動態的全面過程，目標適用於所有政策領域，並強調公共預算的收入與支出所造成的影響與結果，應導致性別平等（Council of Europe, 2005）。

2.性別預算包含公共支出與稅收制度

　　性別預算重視支出的資源分配與歲入來源影響的分析。在支出面向上，包括分析性別與次群體狀況、評估政策或方案是否能緩解不平等，並以性別分類的數據監督預算支用和服務輸送（Budlender & Hewitt, 2003: 87; Elson, 2002b）。

　　而稅收制度亦有性別偏見的可能。顯性偏見可直接由文字判讀，較常出現於以個人為課稅對象的所得稅類型中；隱性偏見則是由於不同的性別群體在社會中的經濟生產與角色安排，在稅收制度作用下所產生的不平等後果，需要調查與分析各類稅制（Stotsky, 1997）。例如：個人所得稅對不同型態家庭的影響；加值營業稅、消費稅，在不同性別的消費項目中會有差別化的效果。而稅收制度亦需肯認無酬照顧勞務——例如：以扣除額形式肯定家庭內照顧或無酬勞動的工作（Barnett & Grown, 2004: 50-53）。

3.重視照顧經濟（care economy）和家庭內無酬勞動（unpaid work）

　　照顧經濟指生產以家庭與社區為導向的商品及服務，而沒有經濟報酬的照顧工作。它雖未列入聯合國定義的國民會計系統（System of National Accounts），但對接受照顧的個人，以及商品經濟、公共經濟服務的人力資源提供支持與維護，且有相當

高的比例是女性擔負（Sharp, 2003: 12）。性別預算主張，提高性別認知的關鍵，就是啟發大眾體認照顧經濟在整體經濟所扮演的重要角色，在規劃公共資源分配的時候，重視無酬勞動者潛在的實際需求。

問題與討論

1. 澳洲經驗發現，有時預算會增強原有的性別分工或性別刻板印象，臺灣有沒有類似例子或情況？你認為要如何避免這種情形？

2. 假設臺北市政府要推動照顧工作人力性別平衡計畫，由本文介紹的性別預算操作方式來嘗試構想，你認為如何能將性別觀點融入到政策的預算規劃過程，包括需要哪些完整的資訊、是否需與其他業務單位合作、在執行方式上可否更細緻的安排，以及其他應同時考量的具體事項？

3. 透過前一題的構想過程或本文介紹的瑞典案例，並對比臺灣現有政策計畫的規劃、執行流程，你認為如果要在臺灣實踐性別預算，會有哪些需要因地制宜的作法，又或現有的政策預算過程應如何調整？

參考文獻

中文部分

行政院性別平等處（2013）《修正性別預算制度規劃報告》。未出版。

彭渰雯、黃淑玲、黃長玲、洪綾君（2015）《行政院性別主流化政策執行成效探討》（委託研究報告）。臺北：行政院性別平等處。

魏美娟（2010）〈性別已經主流化嗎？從參與式民主觀點初探我國性別主流化的發展〉，《建國科大學報》，29(4)：17-36。

英文部分

Barnett, K. and Grown, C. (2004) *Gender impacts of government revenue collection: the case of taxation.* London: The Commonwealth Secretariat.

Budlender, D. (2005/3) Expectation versus realities in gender-responsive budget initiatives. Retrieved from: http://www.unrisd. org/80256B3C005BCCF9/(httpAuxPages)/0D98E65D9D993D4AC125 7013005440D1/$file/dbudlende.pdf

Budlender, D. and Hewitt, G. (2003) *Engendering budgets: A practitioners' guide to understanding and implementing gender-responsive budgets.* London: The Commonwealth Secretariat.

Budlender, D., Sharp R., and Allen, K. (1998) *How to do a gender-sensitive budget analysis: Contemporary research and practice.* London: The Commonwealth Secretariat.

Council of Europe (2005) *Gender budgeting.* Strasbourg: Council of Europe.

Elson, D. (2002a) Integrating gender into government budgets within a context of economic reform. In D. Budlender, D. Elson, G. Hewitt, and T. Murkhopadhay (Ed.), *Gender budgets make cents* (pp.23-48). London: The Commonwealth Secretariat.

Elson, D. (2002b) Gender responsive budget initiatives: Key dimensions and practical examples. In J. Karen (Ed.), *Gender budget initiatives: Strategies, concepts and experiences* (pp.15-29). New York: UNIFEM.

Elson, D. (2006) *Budgeting for women's rights: Monitoring government budgets for compliance with CEDAW.* New York: UNIFEM.

Grown, C. (2005) *What gender equality advocates should know about taxation.* Unpublished manuscript, Levy Economics Institute, Bard College. New York.

Himmelweit, S. (2002) Tools for budget impact analysis: Taxes and benefits. In K. Judd (Ed.), *Gender budget initiatives: Strategies, concepts and experiences* (pp.62-69). New York: UNIFEM.

Nordic Council of Ministers (2006) *Gender budgeting: integration of a gender perspective in the budgetary process.* Copenhagen, Denmark.

Klerby, A. and Osika, I. (2012) The gender mainstreaming of public budgets. In K. Lindholm (Ed.), *Gender mainstreaming in public sector organisations: Policy implications and practical applications* (pp.117-36). Lund: Studentlitteratur.

Quinn, S. (2009) *Gender budgeting: Practical implementation handbook.* Strasbourg: Council of Europe.

Sharp, R. (2003) *Budgeting for equity: gender budget initiatives within a framework of performance oriented budgeting.* New York: UNIFEM.

Sharp, R. (2007) *Gender responsive budgets have a place in financing gender equality and women's empowerment.* Presented at United Nations Division for the Advancement of Women Expert Group Meeting on Financing for Gender Equality and the Empowerment of Women, Oslo, Norway, September 4-7.

Sharp, R. and Broomhill, R. (2013) *A case study of gender responsive budgeting in Australia.* London: The Commonwealth Secretariat.

St. Hill, D. (2002) United Kingdom: A focus on taxes and benefits. In D. Budlender and G. Hewitt (Eds.), *Gender budgets make more cents:*

Country studies and good practice (pp.171-90). London: The Commonwealth Secretariat.

Stotsky, J. G. (1997) Gender bias in tax systems. *Tax Notes International*, 9: 1913-23.

Stotsky, J. G. (2006/10) *Gender budgeting*. Retrieved from https://www. imf.org/External/pubs/ft/wp/2006/wp06232.pdf

UN Women (2014) *Guidance note: Gender mainstreaming in development programming*. New York: UN Women.

UN Women (2016) *Gender responsive budgeting: Analysis of budget programmes from gender perspective*. New York: UN Women.

Wehner, J. and Byanyima, W. (2004) *Parliament, the budget and gender.* France: International Parliament Union

Walby, S. (2011) *The future feminism*. Cambridge. UK: Polity Press.

第七章

高等教育中的性別主流化與女性學術勞動處境及決策參與

陳佩英

國立臺灣師範大學教育學系副教授

謝小芩

國立清華大學通識教育中心暨學習科學研究所教授

陳珮瑩

美國印第安納大學布魯明頓校區資訊科學博士生

摘要

性別平權議題在教育領域已進展。《性別平等教育法》中有關校內委員會委員性別比例規定，更廣泛為其他部會採用。然而，性別主流化在高教領域未見具體目標。一方面，儘管提高女性決策參與被列為行政院性別平等政策綱領的重點之一，大學女性教師人數與比例也逐年增加，但女性進入學術領導仍受限制。另一方面，臺灣高教在解嚴後展開數波法規變革與組織改造，大幅改變高教教師的學術勞動處境；其中，限期升等與定期評鑑的

實施，更使新進女性教師因生物時鐘與長聘時鐘的衝突，面臨學術生涯發展的困境。

　　本章檢視性別主流化和新管理主義政策對大學女性教師學術勞動處境及決策參與的促能與限制，佐以訪談記錄。研究發現：資深女性教師因委員會性別比例規定，往往身兼數個委員會委員而疲於奔命；年輕女性教師雖可因生育延長升等與評鑑年限，但工作上對學術生產的要求，與社會上對女性作為家庭照顧者的傳統性別角色期待常顯衝突，使得他們必須遠比男性同儕付出更多心力來維持工作與家庭的平衡。最後以美國國家科學基金會AD-VANCE方案及史丹佛大學醫學院的家庭與工作平衡計畫為例，建議教育部和科技部以系統性政策與方案計畫，介入改善大學女性教師的學術勞動處境，以提高其生涯發展與決策參與的機會。

一、前言

　　我希望我的任命能成為一個機會均等的象徵，這是上一代人還難以想像的事情。我不是哈佛女校長，我是哈佛校長（哈佛大學校長福斯特在2007年2月11日獲得哈佛理事會任命為第28任校長的新聞發布之發言，引自魏金國編譯，2007）。

　　女性領導在社會各個領域仍存在玻璃天花板效應（Bornstein, 2008; Glazer-Raymo, 2008），學術領域也不例外。在臺灣，女性正教授的比例長期擺盪於15%-18%之間。女性學術生涯發展和晉升教授的困難，不僅僅是學術表現的問題。社會文化對於傳統女性角色的限制，仍是影響女性在公領域一展長才的主要因素（Davidson & Burke, 2011）。性別正義影響著女性發展的機會，因此一直是世界人權的重要課題。

　　性別正義在國際基本人權論述的支持下，已經發展了四十年。前二十年的國際婦女政策，主要將婦女視為受壓迫者，關心婦女基本的生存與發展問題。1995年的聯合國第四次世界婦女大會，提出性別主流化（gender mainstreaming）主張，將女性的決策參與列為重要策略，如何增加女性在決策與領導的參與機會及參與程度乃成為重要議題（Leo-Rhynie, 1999）。

　　在高等教育領域，女性躋身學術殿堂領導位置的比例一直偏低，也影響著高等教育之健全發展。到底哪些因素影響女性的高教決策參與？性別主流化政策能否有效介入，協助女性在高教場域上更有所成就？本文探討臺灣性別主流化政策對於女性高教決策參與的助益情形，檢視高等教育的新管理主義對高教決策參與造成之學術門檻及對女性教師的不利影響，最後借鏡美國大學對女性教師學術生涯發展的促能政策，針對臺灣高等教育生涯發展及決策參與性別平等政策提出建言。

二、臺灣教育領域的性別主流化發展

　　在臺灣，臺北市於1996年成立婦權會可說是最早的政府性平行政機制，而2004年通過的《性別平等教育法》則是教育部最重要的性平政策依據。另一方面，行政院婦女權益促進委員於2005年通過第一期行政院各部會推動性別主流化實施計畫（95-98年度），迄今已進入第三期。教育部亦配合行政院政策，推動其性別主流化的執行計畫，以103-106年度為例，包括兩大計畫目標，一是加強性別觀點融入機關業務及重要性平等政策或措施之規劃、執行與評估；二是持續推動性別主流化各項工具，並提升推動品質及擴大成效。然而，仔細檢視教育部的實施計畫內容，不難發現推動範圍僅限於中小學和家庭教育，高教方面僅零星觸及情感教育和性別意識融入少部分的課程與教學，既未見性別主流化的具體目標，也未關注女性的決策參

與。

　　然廣義而言，臺灣的兩性平權之修法、性別平等相關之立法都可視為性別主流化的進程。在教育領域，1996年行政院教育改革審議委員會的總報告書中提出「落實兩性平等教育」建議，可說是兩性平等教育首度成為政策議題。而2004年《性別平等教育法》（以下簡稱《性平法》）通過實施後，教育之性別平等政策有了具體的法源依據。《性平法》要求中央、地方和學校三級教育單位建制性別平等教育委員會[1]，且在第16條明定與教師考績、申訴評議、評審相關等委員會之組成，任一性別比例不得少於三分之一。同時，法律要求厚植校園之性別平等環境與資源，以及課程、教材與教學之全盤落實。《性平法》可說已具性別主流化的政策內涵（蘇芊玲，2012）。

　　其中，《性平法》第16條的規定，主要是為矯正學術決策中長期以來的性別盲問題，希望藉由不同性別委員多元的生命經驗與觀點，使得教評會的議事更豐富周延，從而提升其決策品質，而女性教師之間的經驗傳承也會更為豐富而有建設性。但《性平法》通過後，第16條便遭遇大學校長的質疑與挑戰，經女性主義學者努力與教育部依法行政，而得以順利推行（謝小芩，2005）。事實上，女性決策參與是聯合國特別關注的十二個領域之一，亦是臺灣性別平等政策綱領的七大領域之一，顯示性別權力在形塑和落實國家性別主流化政策上的重要性。隨著教育領域實施決策參與的性別比例之後，行政院亦於2005年的性別主流化計畫中，將性別參與比例推行至所屬各部會五百多個委員會，擴大了女性在公部門的參與比率。

　　此外，高雄醫學大學和國立彰化師範大學分別於2010年試辦性別主流化計畫，成為正式引入性別主流化機制的高教機構（陳金燕，2012；楊幸真，2015）。但整體而言，高等教育的學科選擇、大學的學術生涯發展和權力參與上仍然存在性別失衡的現象（游美

---

[1]　相關資訊可參照教育部性別平等教育資訊網https://www.gender.edu.tw/committee/index_intro.asp。

惠，2014；謝小芩、陳佩英、林大森，2009）。女性在大學的學習表現、工作機會、學術成就和決策參與仍然受到社會與文化因素之影響。雖然《性平法》和性別主流化政策對於女性提供一些保障，但婚姻與育兒的生物時鐘和學術生涯須力求表現的長聘時鐘之衝突（biological clock vs. tenure clock），在學術生產與決策參與上尤其明顯，造成女性在學術生涯發展上的困境。加上臺灣高教自2000年以來引進新公共管理政策，強調績效表現的數據管理，對年輕學者造成極大壓力。性別主流化政策與新管理主義這兩股政策力的促能與限制，如何形塑女性在高等教育的經驗和學術領導之發展？本文接下來將進一步探究。

三、高等教育：當性別主流化遇上新公共管理政策改革

西方自1980年起興起新公共管理運動，最早由英國首相柴契爾夫人將私部門企業的管理原則引進公部門之治理，以回應公部門效率不彰、全球資本主義挑戰、科技變遷，以及民眾不滿政府財政緊縮等各方壓力。隨後多個國家跟進，1990年代已大幅改變國家公共治理模式。學者Keating和Shand（1998）指出，新管理主義的核心概念包括：（一）將市場機制引進公部門，將服務對象視為顧客，創造競爭環境；（二）講求效率、效能、服務品質與預期受益；（三）去集中化的管理環境，讓資源分配與服務提供貼近實際需求；（四）探索更具成本效益的其他途徑；（五）重視績效責任（accountability），建立正當程序（due process）。與此同時，歐美高等教育也出現市場化趨勢，並引進新公共管理政策，一方面因國家財政緊縮，故放鬆對高校管制，導入市場競爭邏輯，透過各項評鑑機制，作為經費補助依據與顧客（學生與家長）選擇參考，同時保證大學之服務品質及績效責任（戴曉霞，2002）。而2000年以來，國際大學評比系統的興起，更激化了國際間及國內各大學間的競爭趨勢。

　　臺灣的高等教育也自上個世紀末，展開一連串的法規修訂和組織改造（詹盛如，2010；Lo, 2010）。為回應解嚴初期社會對校園民主化的期待，先於1994年修正《大學法》全文；2000年後，則在新管理主義的邏輯下導入市場機制，大幅鬆綁法規，包括修正《大學法》、建立大學分類、重視研究與教學卓越、全面實施大學評鑑、推動國立大學法人化、提高國立大學自籌經費比例、建構國際期刊引用索引為學術研究能力與成果的指標、鼓勵各校自訂教師評鑑辦法（林昱瑄，2012：5）。兩波改革皆對在大學擔任教職的個人帶來重大衝擊。

　　1994年修正的《大學法》第18條規定，大學教師分為教授、副教授、助理教授、講師，首度明確規範大學教師的職級。為因應《大學法》第18條，1997年修正的《教育人員任用條例》新增第16-1條，參酌原副教授資格規定，改列助理教授資格。換言之，擁有博士學位且想在大學教書的個人，過去是以副教授資格聘任，在條文修正後則要從助理教授做起，必須更著力於研究和發表，經兩次升等才能成為教授，以此提高大學的學術競爭力。由於大學行政主管至少須具備副教授資格，此修正案也影響了校內行政主管的選拔標準。過去擁有博士學位即取得擔任主管的資格，並未要求其學術表現，如今研究能力則成為基本門檻。

　　2005年《大學法》再次修正，開放各校自訂教師評鑑法規，作為教師評鑑的依據（林昱瑄，2012：5）。此後，各校紛紛推出限期升等條款，要求助理教授須在一定期限內升等為副教授，否則不予續聘。自教育部以降，以研究成果作為評鑑依據，造成大學重研究輕教學、研究重量輕質等影響，不僅對大學新進教師職涯發展造成重大衝擊，也提高了擔任主管的門檻。

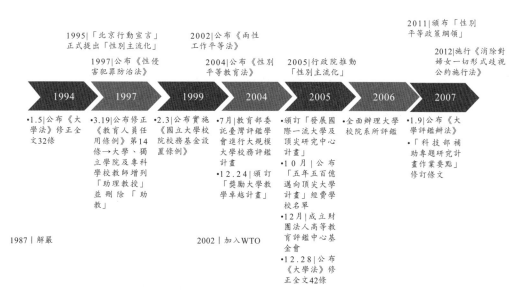

［圖7.1］　臺灣高等教育改革與性別主流化之進程

資料來源：本研究整理繪製。

　　圖7.1顯示，二十年來，臺灣高等教育性別主流化政策與新管理主義化政策之進程。這兩大政策趨勢對女性教師有何影響？性別主流化是否有助於女性晉升高教的領導與決策階層？接下來本文將討論過去二十年間，臺灣高等教育政策變革及教授與學術主管性別比例變遷，並以兩所大學為例，透過對資深及擔任過主管的教授之訪談資料分析，深入探討這個議題。

四、高等教育中的女性教師趨勢統計

　　由教育部統計（圖7.2）得知，女性教師以講師最多，隨著職級越高、人數比例越低。雖然比例逐年有所提升，助理教授和副教授分別於2006年和2011年突破三成，女性正教授比例仍長期偏低，1998年為12%、2006年為16%，直到2014年才首度超過兩成（教育部教育

統計，2016）。

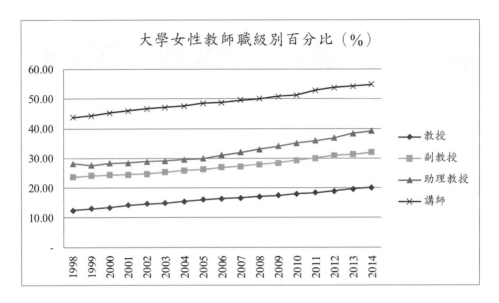

┌圖7.2┐　歷年大學女性教師職級別百分比

資料來源：教育部統計處（2016），本研究整理繪製。

┌表7.1┐　大學女性教授百分比

年代	1998	2002	2006	2010	2012	2014
女性教授百分比	12.4	14.60	16.34	17.95	18.89	20.13

　　隨著高教擴張，女性進入大學任教的人數逐漸增多，擔任主管的人數也增加。根據教育部統計，大學女性一級主管從95學年度的951人（占總數17.98%）成長到102學年度的1,498人（占總數23.05%），七年間增加547人，同時期的一級主管則增加1,209人。換言之，新增一級主管中，女性占45.24%。雖已有超過五分之一的大學一級主管由女性擔任，擔任大學校長的女性仍是絕對少數。臺灣的大學校數雖從94學年度的89所增加到102學年度的122所，女性校長人數卻僅從4人（占總數4.49%）增加到8人（占總數6.56%）。換

言之，儘管新增了33所大學，女性校長卻僅增加4位（占12%）。女性晉升學術領導的比例遠低於男性。

　　基本上，女性學術生涯發展和晉升直接或間接受到性別友善政策和環境的影響。以大學校長之遴選政策為例，雖然女性候選人具有參與遴選之機會，但仍可能比男性候選人遭受更多的質疑與不友善提問。2008年，前臺科大副校長陳金蓮參加宜蘭大學校長甄選面試時，遭受到性別不友善的提問，顯示性別刻板印象的差異對待仍隱微存在於政策和組織運作邏輯中，構成女性學術領導晉升的障礙（游美惠、姜貞吟，2011）。

五、政策變化與女性職涯發展

　　為了進一步探究女性教師晉升學術領導的經驗，我們選擇了一所公立研究型X大學與一所私立教學型Y大學，訪談兩校曾經擔任校內一級與二級主管的資深教授，[2]以深入瞭解高教機構內部的管理與晉升機制對女性教師的影響。為瞭解當今年輕教師處境，也另外訪談兩位現職助理教授。研究型X大學要求助理教授須在六年內完成升等副教授、教學型的Y大學也有所謂的八年條款，加上兩年一次的教師評鑑。我們於2013-2014年間共訪談了22位大學教師，其中3位為男性、19位為女性；按職級分，則有16位教授、4位副教授和2位助理教授。平均每位教授訪談1-2小時。

2　按教育部統計處定義，一級行政主管包括副校長、教務長、學務長、總務長、研發長、主任祕書、圖書館館長、進修部主任、資訊中心主任、人事主任、會計主任及其他經學校歸為一級行政單位之主管人員。學術主管包括學院院長、科系所主任、所長（不因學校認定標準不同而異），並依學校員額編製表規定辦理；另學校視為教學單位且非為對外招生之院、系、所、學位學程之教學單位主管亦計入。

[表7.2]　受訪者一覽表

	私立Y大學		公立X大學	
	男	女	男	女
教授	0	4	1*	11
副教授	0	2	2*	0
助理教授	0	2*	0	0
小計	0	8	3	11

註：標示星號者（*）表示1997年後取得博士學位者。

　　本研究的受訪者多於1997年以前取得博士學位，且多擔任過校內一級與二級主管，因此未如大學新進教師受到大學評鑑制度的衝擊。不過，1997年以後獲博士學位者中，三名X大學的男性教師皆已升等為副教授或教授，而兩名Y大學的女性教師仍為助理教授，多少顯示了大學評鑑制度對男性與女性的差別作用。從資深教授的角度來看，對於學校為追求績效而制定升等年限，普遍認為有激勵效果，卻也不否認會對已婚或有小孩的教師造成影響。不過，兩位女助理教授對於升等年限之要求，表示長聘時鐘和生物時鐘的衝突讓她們陷於兩頭燒的窘境，難以在家庭和工作中取得平衡。儘管各校也針對結婚懷孕的女性教師制定相關措施，如延長升等年限、給予育嬰假等，但並不能減低學術競爭壓力，因為學術生產表現仍是最終的評鑑依據。

　　的確，如同西方研究，長聘時鐘與生物時鐘之間的衝突帶給已婚女性教授學術生涯極大的困境，臺灣也不例外。除了升等壓力，女性在僅占正教授五分之一的現實下，也面臨決策參與及工作負荷的難題。擔任學術與行政主管的女教授表示，由於政策與法律鬆綁，升等後必須承受工作量大增的後果。在例行主持、參與院系所內外的行政會議外，大學學術與行政主管或要幫忙校務評鑑，或和其他國內外學校簽雙邊合作協議；為申請教學卓越與研究卓越撰寫計畫書，填寫各式表格；在大學自籌款逐年上升的情況下，不少學術單位主管甚至必須對外募款。相較於過去校內一、二級主管都由校長指派，握有

許多資源和權力，現今院系所主管多由內部成員推選。在行政工作日趨繁重且轉為服務性質後，許多受訪者戲稱接主管職是大家輪流「服役」，是升等後的義務，而非權力與榮譽；升等甚至變成一種懲罰，「當兵」的比喻也道出接任系所主管者的無奈心態。

（一）領導與性別議題

　　女性擔任領導是否受到能力和傳統性別角色之影響，是本研究關懷的主題之一。多數女性受訪者對於領導角色多半是「勉強」接下責任，但也認為一個人是否能勝任主管職位，重點不在於她的性別，而是個人特質、興趣與能力，尤其強調人際間的溝通能力。現任Y校校長說：

> 有些人就真的是那個團隊的那個威望沒有辦法建立，很多系主任什麼事都他自己一個人在做，也不敢找老師做，連助理他都不敢命令。也有喔，男生也有這樣子，就是很沒有領導能力，樣樣事情都自己做然後累的半死，那樣的人……不可能走到一級主管。（DYPF-a，現任行政主管／女性／教授）

　　對於檯面上的女性主管之所以遠較男性少，X大學一位男性系所主管提出了他的觀察和看法，認為主要原因是一開始可供選擇的候選人性別比例就不平均。他說：

> 如果我們以這個整個pool或整個分母來講的話呢，就是如果在一個女性比較少的系，然後在這麼少的比例裡面呢，那這個女性她又必須是做到學術上outstanding的就是極優的狀態才能夠成為院長候選人的話，那個比例呢就會更低了。（HYPM-d，現任學術暨行政主管／男性／教授）

　　另一方面，從非當事人的角度來看，女性主管既已是萬中選一，表現往往也較男性同儕出色。「萬中選一」反映出女性在升遷過程中須通過層層篩選機制，不管是學術成就、領導能力，乃至家庭與事業的抉擇，才能成為少數中的少數女性領導者。由於進入領導群中的門檻極高，通過的女性在能力上變異不大，在各項指標上都出類拔萃：

> 能做的就會留下來，能做的，能留下來的我真的覺得女生比男生好很多，無論是口語表達、做事認真和細膩、對事情的安排，對女性主管我真的非常滿意。（DYPF-a）

　　身為一校之長的女教授也不諱言：「假設兩個人是一樣的，我真的會試著用女生。我會真的很注意到，多一點女性參與其實是蠻好的。」這番話一方面透露出校園內女性領導屈居少數的事實，另一方面也突顯出具性別意識的高階主管對改變組織內部性別配置的影響力。許多學者指出組織內的父權意識形態和實踐如何造就並鞏固職場上的性別差異——尤其體現在兩性升遷機會上的結構性不平等。這也是為何Rosabeth Kanter在《公司男女》一書中強調，組織脈絡與人事制度運作是造成性別區隔的關鍵因素（張晉芬，2012）。特別是在大學校園這樣一個特別崇尚理性及競爭等陽剛氣質的場所，除非握有一定人事裁量權的高階主管願意改變內部性別區隔，否則被拔擢的女性少數案例依然無法改變性別不平等的現實。

　　然而，儘管女性的領導能力與男性不分軒輊，女性主管仍面臨女性特有的難題，即擔任公領域「領導者」與社會期待對其作為私領域「照顧者」之間的性別角色的期待落差。X大學的一位女教授就表示自己接行政會考慮到先生，怕自己表現太好會給先生壓力。另一位私立大學女教授也表示「跟家庭相處真的蠻難的。那時候我結婚已經是副校長了嘛，我媽媽都會提醒我你在家講話要溫柔，絕對不能講話像副校長。」

　　女性擔任學術與行政主管，除了能力，重要他人與家庭的支持是

重要條件。然而，由於女性學術領導人數相對較少，而組織改造後的大學，因為《性平法》第16條的規定，意外的帶來行政或決策參與的負擔。

> 我相信在學校都一樣，女老師人數少，常常也被賦予了很多委員會，就一定要找這些女老師去，不然人數不夠。所以那個時候我也是說，怎麼參加了五六個、六七個委員會。（DNPF-c，曾任學術主管／女性／教授）

委員會的運作很多是服務性質，和學術表現關係不大。多參與委員會對於女性學者一方面造成負擔，另一方面也會影響學術研究的表現。如同Blackmore和Sachs（2007）的研究發現，在更多的新增管理任務中，女性似乎仍不脫離擔任「女人工作」，繼續被派任照顧、民主決策參與和諮詢工作，這樣的領導角色並未真正協助女性突破角色和獲取相同的晉升機會。

從以上女性領導的工作經驗來看，儘管受訪者幾乎一致降低性別在研究、教學，乃至服務（擔任主管）的影響，強調個人特質和能力，性別因素仍在制度面或政策無法規範的層面上作用：女性不僅要付出更多的努力才會被賞識或看見，且仍是家庭和育兒責任的主要承擔者，因而影響學術表現和擔任學術或行政主管的機會。家庭與工作的平衡若沒有在性別主流化政策上獲得實質的支持，或女性仍受傳統性別角色之束縛，那麼女性決策參與的機會仍是障礙重重。由此，在缺乏更細緻的性別主流化機制介入的前提下，「性別」的權力邏輯藉由新的管理遊戲規則，在所安排的教學和輔導責任、研究資源和機會、委員會參與和管理等大學角色與任務之中，繼續影響著大學女性教師的學術生涯發展和整體表現（Acker, 2010; Morley, 2013）。

六、他山之石：歐美高等教育女性領導的努力

　　歐美推動教育領域的性別平等為期已久，在大學則是透過兩性／性別平權法案來推動。美國自1970年代起，由於民權法案的通過和婦女研究在大學校園建制化歷程，促使大學正視性別歧視問題，對女性的入學機會和任用上給予一定的保障（Chen, 2004）。然而，即使過了一個世紀，歐美高等教育在理工和科技領域，以及大學的決策參與或學術領導上，女性參與仍然偏低。

　　美國最有名的例子，就是在1995-1999年期間，麻省理工學院（MIT）的理學院15位資深女性教授提出一份調查報告，指出大學決策有意無意地將女性教授邊緣化。當這些資深教授突破重重關卡成為正教授之後，回頭檢視自己的學術生涯發展歷程，才發現自己長期處於邊緣化與被歧視的處境。這份調查結果顯示，女性教授在學術資源、實驗室空間、研究計畫經費、大學重要資訊取得、升遷機會等，都不如男性教授。之後，她們聯合申訴校方性別歧視，MIT校方於是積極回應，提高女性教授薪資、提供研究經費與實驗空間，讓女性教授的工作條件與男同事相近。

　　國外相關女性學術領導研究發現，90年代新管理主義和學術資本主義的高漲讓男權再度抬頭（Metcalfe & Slaughter, 2008），高等教育女性在專業性、學術性及管理位置上的人數仍遠不及男性。根據研究，在2009年的英國，81%的教授是男性，且擔任高階主管者高達72%（Blanford et al., 2011）；同時期的澳洲，女性要到65-70歲才能爬到學術主管位置，男性比女性早十年，在55-65歲就可擔任學術主管（Blackmore, 2014）。在英國，2003-2004年只有15%的教授是女性；十年後，女性教授比例提高到22%，但仍不到全體的四分之一（Higher Education Statistics Agency, 2013-2014）。在歐盟國家，只有18%的教授是女性。在美國，只有37.5%的長聘教授是女性；而長聘教授中，已婚且有子女者的女性只有44%，而男性則高達70%（Catalyst, July 9, 2015）。在科學與工程領域，性別比例更為

懸殊。根據美國國家科學基金會（National Science Foundation，簡稱NSF）的調查，科學領域中，女性正教授只有21%，而工程領域更只有5%；且女性教授平均薪資只有男性教授的82%（Shen, 2013）。

　　追究女性在科技和領導位階失衡原因，主要源自女性教授的長聘時鐘與生物時鐘重疊，造成女性相對的不利處境。2004年12月分的*Science*刊登一篇文章，指陳延後升等年限對女性的幫助有限。許多優秀女性擔心因生產而延後升等，會被貼上「學術能力不足」的標籤，因此寧可再累、再辛苦也不申請延後升等。這篇文章討論到「延長年限」只是消極保障，大學的整個環境是否能形成更友善、更支持「平衡家庭與學術」的政策與校園氣氛，才能改善性別失衡問題（Bhattacharjee, 2004）。2013年3月分的*Nature*雜誌再次提醒：科技工程領域的性別差距，家庭責任與職場歧視仍是主因（Shen, 2013）。此外，女性在學術升遷上較男性教授來得慢，且擔任主管的比例遠低於男性。原因之一便是女性通常花更多時間於教學、指導學生和服務，研究工作因而受到影響，導致多數大學有較高比例的女性擔任講師或助理教授，或者只能擔任兼職工作（Goedegebuure, & van der Lee, 2008）。

　　有鑑於此，歐洲技術評鑑組織（European Technology Assessment, Network，簡稱ETAN）建議歐盟國家的學術組織，應更有意識地積極聘任女性學者，美國數間大學和國家科學基金會也推出提升女性教授職場處境的方案，歐美國家相繼發展出有效的協助政策（彭渰雯、呂依婷、江郁欣，2015；謝小芩，2005）。

案例1：美國ADVANCE方案

　　美國自2001年起持續提升科技研究領域的女性參與，可作為性別主流化在高教與研究機構推動策略的參考實例（彭渰雯等，2015）。美國國家科學基金會提出ADVANCE計畫，補助各學校及研究機構改進科技研究領域的學術表現，迄今已超過十四年。ADVANCE計畫正式名稱為「提升女性在科學與工程學術職場的參與和發展」（Increasing the Participation and Advancement of Women in Academic Science and Engineering Careers）。從2001年到2014年爲止，分前後兩期，共199個機構獲得補助。每個機構須在五至六年內執行完畢，贊助經費超過1億3,000萬美元。前期以組織改造爲主、建立新的機制，也包括舉辦全國性工作坊或研討會、倡議性別平等觀念；而後期以檢視前期政策的執行成效爲主，或持續、拓展前期成果。

彭渰雯研究團隊（2015）將ADVANCE的行動方案分爲五大類：（1）系所結構和政策的改變，如：招募／升遷制度；（2）專業支援：如建立薪傳制度、網絡支持、補助／協助個人發展等；（3）工作與家庭計畫：如生涯規劃政策、訂定職涯與家庭生活支持計畫等；（4）賦權：如推廣性別平等觀念、提升性別意識、領導階層再教育計畫、出版等；（5）跨機構學習：如學習其他領域或計畫學校的執行策略與作法等。

不過，對女性教授較有影響力的「工作家庭平衡」的改善方案卻較少，而在系所結構制度的變革、女性科技人的專業支援、以及主管階層的教育賦權與增能等，則相對常用。研究也發現，各學院女性晉升領導階層或終身職的比例有三種情形：一是女性可進入終身職或領導階層；二爲年輕女性教授比例雖有所提升，然而進入領導階層甚少；三是僅極少數女性可以進入終身職，由此可見結構性障礙仍然難以移除。

案例2：史丹福大學醫學院推動家庭與工作平衡的新政策

史丹佛大學也致力於改善女性教授的比例。相關研究指出，在科學、技術、工程與數學（STEM）領域，男性與女性教授花在專業研究方面的時間分別是42%和27%，其餘時間男性教授則用於與晉升教授直接關聯的學術活動上，而女性教授則集中在服務與輔導活動，且鮮少獲得相應的酬勞（Rikleen, 2013）。

雖然史丹佛大學過去有致力於女性教授福利保障，諸如生產或領養小孩後有一年無薪休假、生產前後二個月的工作減量、每年5,000美

元的孩童照顧津貼至10歲、提供校園內或社區的孩童照顧等，然而多數女性教授不敢使用，擔心影響學術生涯發展。為了解決家庭與工作平衡所影響的男女不平等問題，史丹佛大學另開發出類銀行系統，凡是從事有益大學的服務活動，例如：學生輔導、參加委員會等都可進行時間儲蓄，並在日後轉換其他支援性服務，如協助研究計畫撰寫、送餐或家務清潔服務等。目前醫學院有六個部門50位教授進行試作，待評估成效後，進一步推廣於整個醫學院，甚至提供其他大學作為家庭與工作平衡的政策參考（吳嘉麗，2012）。

七、結論

綜而言之，2000年以後臺灣高教政策的變革對於性別平等呈現了促能與限制的雙重性：一方面，雖然性別主流化相關政策和措施，以延長升等年限的方式略為舒緩女性教師的職場壓力與社會角色限制，但仍缺乏積極性與系統性的支持，或相應於女性生涯發展需求的增能資源配置。另一方面，高等教育轉向新管理主義，以數據治理的問責機制強化個人與大學機構的學術成果表現，同時以競爭型計畫重新配置個人與機構的學術資源，造成教師極大壓力。年輕女性學者更面臨生育時鐘和學術時鐘相互衝突，致使其學術表現與學術領導晉升之路仍然受到制度層面的限制。

臺灣和世界其他各國相似，女性晉升之路並不比前個世紀來得容易。大學機構設立新的管理職位以因應知識管理和評鑑工作，女性於是往往被擠到學術象牙塔的地下室（Morley, 2013）。或者，當組織面臨危機時，女性常被選出來擔任解決難題的管理者，而使她們的生涯發展陷入「天花板懸崖」（glass cliffs）之困境（Ryan & Haslam, 2005）。雖然性別平權的法律與政策保障女性的工作、晉升和決策參與機會，但這些機會卻很少被充分運用與落實。此外，不僅在高教領域，類似的困境也存在於各個行業中，深深限制著女性的勞動處

境、生涯發展與決策參與。如何透過增能協助、資源運用與促能配套措施的建制，落實提升女性學術領導的決策參與和深化性別主流化在教育的影響力，將是臺灣性別平等邁開大步的重要進步指標。

政策建議

1. 性別主流化的推動策略，可以參考美國國家科學基金會AD-VANCE方案，與美國史丹佛大學醫學院的家庭與工作平衡計畫，以系統性政策與方案計畫介入方式，改善女性學者的學術生涯發展與決策參與機會。在大學層級，建議建立女性教師的學術輔導制度，提供必要的專業支援，協助年輕女性學者有計畫的平衡發展教學、研究與服務。對參與委員會數量達一定比例的教師，提供時數減授或額外津貼等補助。同時建立女性專家人才庫，日後可主動推薦合適人選進入各團體理監事或國際組織委員名單。

2. 在科技部，為提高女性申請人數和申請意願，建議科技部專題計畫經費應增列托育與照護相關類別。為培養未來學校主管的領導能力與性平意識，應舉辦領導培訓跟性別意識培訓，同時建制學術輔導支持系統，協助女性學者學術生涯規劃與發展。

3. 在教育部，建議檢視新管理主義的績效責任和競爭機制所帶給大學教育和學術生產的扭曲，削弱性別主流化和《性別平等教育法》對於女性學術生涯發展上的促能作用。此外，性別統計的項目應再細緻化，建議更認真看待性別統計數字背後所呈顯的結構與制度問題，以瞭解女性在教育過程中的優勢與劣勢。教育部亦可新增培力女性領導之例行培訓活動，積極鼓勵女性參與決策，並將提高女性學術領導比例列為性別主流化之重點策略。

關鍵概念

高等教育的新管理主義（New Managerialism in higher education）

西方自1980年起興起新公共管理運動，最早由英國首相柴契爾夫人將私部門企業的管理原則引進公部門之治理，以回應公部門效率不彰、全球資本主義挑戰、科技變遷，以及民眾不滿政府財政緊縮等各方壓力。隨後多個國家跟進，1990年代已大幅改變國家公共治理及大學治理模式。新管理主義的核心概念包括：將市場機制引進公部門、將服務對象視為顧客、創造競爭環境；講求效率、效能、服務品質與預期受益；重視績效責任（accountability）等。我國自1994年《大學法》修訂後，教育部亦開始引進新公共管理原則，一方面放鬆財政、人事、課程方面的管制，另一方面引進市場機制，如提高國立大學自籌經費比例、實施各種競爭與內外部評鑑機制，評鑑結果則作為核定招生名額、核撥經費，乃至大學進退場的依據，從而導引大學的經營方向。

學術工作與家庭職責的平衡（balance of academic work and family life）

大學中，女性教授常因「長聘時鐘」與「生物時鐘」重疊，使其學術進階上較男性教授來得慢，且擔任主管的比例遠低於男性，形成在高教職場上的不利處境。臺灣教育部與科技部在性別主流化觀點下，皆提供女性因生育和育嬰等因素得以延長升等與評量年限。這些方案雖多少舒緩女性教授平衡學術與家庭工作兩頭燒之壓力，卻因學術環境日益強調績效表現，對女性教授學術生涯發展之積極助益仍然有限。建議可參考美國國家科學基金會ADVANCE行動方案，提供女性教授專業支援與支持網絡、協助發展生涯規劃、提高領導階層性別平等意識；以及史丹佛大學的類銀行系統，將教師所從事有益大學的服務活動，例如：學生輔導、參加委員會等進行時間儲蓄，並在日後轉換其他支援性服務，如協助研究計畫撰寫、送餐或家務清潔服務等。

問題與討論

1. 《性別平等教育法》可促進形式條件之公平，然而相對於男性，家庭與工作職責的平衡對女性仍然造成較大的影響，請問原因為何？

2. 大學的決策參與性別比例是否有助於性別平等之落實，請檢視公務機關各種委員會的性別比例，並討論公共議題和決策是否因為委員會性別比例而產生政策內涵與實施品質的影響？

3. 女性在大學工作處境與困境，和在政府機關或其他行業裡是否有所差異，請比較異同並探討理由。

參考文獻

中文部分

吳嘉麗（2012）〈科技領域的性別主流化——他山之石〉，《性別平等教育季刊》，59：96-103。

林昱誼（2012）〈「現在幾點了？」——臺灣千禧年後的學術這一行〉，「女性主義學者的生命歷程與研究路徑：與建制民族誌大師相遇工作坊」，論文發表於國立臺灣大學社會科學院國際會議廳，11月22日。

張晉芬（2012）〈性別與勞動〉，黃淑玲、游美惠編《性別向度與臺灣社會（第二版）》，233-55。臺北：巨流。

陳金燕（2012）〈校園性別主流化：從政策到試辦〉，《性別平等教育季刊》，58：13-24。

教育部統計處（2017）。性別統計指標彙總性資料－教職員。取自：http://depart.moe.edu.tw/ED4500/cp.aspx?n=C1EE66D2D9BD36A5

游美惠、姜貞吟（2011）〈校長遴選提問之性別友善原則〉，《性別平等教育季刊》，53：12-17。

游美惠（2014）〈性別教育向前行？〉，陳瑤華編《臺灣婦女處境白皮書：2014年》，209-39。臺北：女書文化。

彭渰雯、呂依婷、江郁欣（2015）〈學術界如何促進女性科技研究人力之發展？美國ADVANCE計畫介紹〉，《婦研縱橫》，103：52-63。

詹盛如（2010）〈臺灣高等教育治理政策之改革：新管理主義的觀點〉，《教育資料與研究雙月刊》，94：1-20。

楊幸真（2015）〈校園性別主流化——以高醫大推動職員性別意識培力為例〉，《性別平等教育季刊》，72：72-78。

謝小芩（2005）〈為何規範教評會成員的性別比例？〉，《性別平等教育季刊》，32：97-103。

謝小芩、陳佩英、林大森（2009）〈科系性別區隔——綜合大學與技職校院學生的比較〉，張雪梅、彭森明編《臺灣大學生的學習歷程與表

現》，27-48。臺北：國立臺灣師範大學教育評鑑與發展研究中心。

戴曉霞（2002）〈全球化及國家／市場關係之轉變：高等教育市場化之脈絡分析〉，戴曉霞、莫家豪與謝安邦編《高等教育市場化：臺、港、中趨勢之比較》，4-39。臺北：高等教育。

魏國金編譯（2007年2月13日）〈佛斯特：我是哈佛校長不是「女」校長〉，《自由時報》。取自http://news.ltn.com.tw/news/world/paper/116171

蘇芊玲（2012）〈高等教育與性別主流化：檢視與反思〉，《性別平等教育季刊》，58：9-12。

英文部分

Acker, J. (2010) Gendered games in academic leadership. *International Studies in Sociology of Education*, 20(2): 129-52.

Blackmore, J. (2014) 'Wasting Talent'? Gender and the problematics of academic disenchantment and disengagement with leadership. *Higher Education Research and Development*, 33(1): 86-99.

Blackmore, Jill and Sachs, J. (2007) *Performing and reforming leaders: Gender, educational restructuring, and organizational change*. Albany, NY: State University of New York Press.

Blandford, E., Chris B., Neave, S., Allison, A. R. (2011) *Equality in higher education: Statistical report 2011*. London: Equality Challenge Unit.

Bornstein, R. (2008) Women and the college presidency. In J. Glazer-Raymo (Ed.), *Unfinished agendas: New and continuing gender challenges in higher education* (pp. 162-84). Baltimore, MD: Johns Hopkins University Press.

Catalyst. (2015, July 9) Women in academia. Retrieved from http://www.catalyst.org/knowledge/women-academia

Chen, P. (2004) Acting otherwise: *The institutionalization of women's/gender studies in Taiwan's universities*. New York, NY: Routledge.

Davidson, M. J. and Burke, R. J. (2011) Women in management worldwide: Progress and prospects – an overview. In M. J. Davidson and R. J. Burke (Eds.), *Women in management worldwide: Progress and prospects* (2nd ed., pp. 1-18). Farnham, England: Gower.

Glazer-Raymo, Judith (Ed.) (2008) *Unfinished agendas: New and continuing gender challenges in higher education*. Baltimore, MD: Johns Hopkins University Press.

Goedegebuure, L. and Lee, J. van der (2008) Changing nature of the academic profession: Preliminary findings from a national survey. Presented at the seminar series of Centre for Higher Education, Management and Policy, Armidale, New South Wales, Australia, June 19. Retrieved from http://www.lhmartininstitute.edu.au/userfiles/files/research/changing_nature_CHEMP_2008.ppt

Higher Education Statistics Agency (2015, February 26). Age and gender statistics for HE staff. Retrieved from http://www.hesa.ac.uk/news/26-02-2015/age-and-gender-of-staff

Keating, M. and Shand, D. A. (1998) *Public management reform and economic and social development*. Paris, France: OECD.

Leo-Rhynie, E. (1999) *Gender mainstreaming in education: A reference manual for governments and other stakeholders*. London, UK: Commonwealth Secretariat.

Lo, W.Y.W. (2010) Decentralization of higher education and its implications for educational autonomy in Taiwan. *Asia Pacific Journal of Education*, 30(2): 127-139.

Metcalfe, A. and Slaughter, S. (2008) The differential effects of academic capitalism on women in the academy. In J. Glazer-Raymo (Ed.), *Unfinished Agendas: New and Continuing Gender Challenges in Higher Education* (pp. 80-111). Baltimore, MD: Johns Hopkins University Press.

Morley, L. (2013) The rules of the game: Women and the leaderist turn in higher education. *Gender and Education*, 25(1): 116-31.

Rikleen, L. S. (2013/8/19) Stanford medical school's plan to attract more female leaders. *Harvard Business Review*. Retrieved from http://blogs. hbr.org/cs/2013/08/how_stanford_medical_school_ho.html

Ryan, M.K. and Haslam, S.A. (2005) The glass cliff: Evidence that women are over-represented in precarious leadership positions. *British Journal of Management*, 16(2): 81-90.

Shen, H. (2013) Inequality quantified: Mind the gender gap. Nature, 495(7439), 22-24. http://doi.org/10.1038/495022a

第八章

公務人員選用的性別主流化
以警察招考之核心職能爲例[1]

吳嘉麗

淡江大學化學系榮譽教授

彭渰雯

國立中山大學公共事務管理研究所副教授

摘要

　　臺灣過去針對某些職系的公務人員考試實施性別限制（限制女性名額），但隨著我國性別平權的立法與政策進展，考試院於2005年公布了「國家考試性別平等白皮書」，同時亦成立「國家考試性別平等諮詢委員會」。如今除了監獄官與監所管理員之外，幾乎所有原設限的特考皆陸續取消性別限制，讓國民不分男女的應考機會相同。

　　但是「相同機會」只是性別平等的最基本模式，不必然能夠促成實質的平等，因爲考試科目與篩選過程本身，仍可能複製著

---

1 作者感謝周月清、黃淑玲教授給予本文之審查意見。

既定（利於男性）的預設和期待。另一方面，這並不表示需要賦予女性「特別待遇」，例如：目前警察特考「跑走測驗」中「男性1600公尺、女性800公尺」的差別待遇，看似因應婦女團體要求的政治正確，卻無法測出應試者是否具備核心職能，可能錄取不適任的人選，造成日後人力培訓與管理上的更多困擾。

　　本文回顧並檢視臺灣公務員晉用考試的改革過程，並以警察人員招考為例，與歐美及亞洲數個國家的招募方式與篩選標準做一比較。從性別主流化的角度，本文主張我國應重新檢討警察考試的方式與標準，挑戰陽剛警員角色的預設，以多重而非單一、僵化的標準，來篩選出能夠勝任的警察人力。在此同時，則應搭配考訓、淘汰、人事管理等制度的修正，甚至更深遠的年金體系改革，在提高公務人力效能的同時，也更加貼近性別實質平等。

一、前言

　　「性別主流化」強調在所有的政策領域都應納入性別思考，而不只是傳統認定某些「婦女相關部會」才有的責任。這是聯合國官方與國際組織有鑑於過去推出許多計畫培力女性，賦予其能力與機會進入既有體系發展〔即所謂「發展中的婦女」（women in development, WID）〕途徑，卻多成效有限、事倍功半，因此轉而朝向「性別與發展」（gender and development, GAD）途徑。GAD途徑旨在改變社會中既有的性別權力結構、性別關係與偏見，以及性別與種族、階級等因素的交互作用（Taylor, 1999；彭渰雯，2008）。聯合國經濟社會理事會於1997年的會議結論，可說就是在GAD途徑的認識基礎上，明確強調了這樣的全面性：

　　性別主流化是指在所有層級、任何領域內有計畫的行動，
　　包括法律、政策、方案等，診斷其對女性與男性的可能意

涵的過程。它是一個策略，用以促使女性及男性的關懷與經驗，都能成為政治、經濟、社會場域內的各項政策之設計、執行與評估的內在一部分，從而讓女性及男性能平等地受惠，讓不平等能被消除。（引自彭渰雯，2008）

要「讓女性及男性能平等地受惠」，有時候意味著確保女性和男性擁有相同的機會與待遇；有時候需要考量社會性別結構或文化造成的既有差距，採取積極矯正行動；更有些時候是從根本轉化許多約定俗成的規範與標準，因為這些看似中立的規範標準可能僅適用主流男性，即所謂「男性中心主義」，而對女性或其他各種弱勢者造成不利。對許多女性主義者來說，雖不反對在實務上有時需以「相同」或「差異」模式作為性別平等的目標，但咸認為只有「轉化」模式才能體現性別主流化的目的，回應多元差異的新興政治（Rees, 1998; Squire, 2005; Walby, 2005；彭渰雯，2008）。

臺灣過去針對某些職系的公務人員考試實施性別限制（通常是限制女性名額），讓某些人「因其性別」而失去公平參與考試的權利，違反了「相同機會」之原則，自然也就違反了性別平等最基本的目標。隨著婦女運動的努力及法律與政策的修改，近十年來各項國家考試陸續取消應考的性別限制，某些原本以男性為主要人力的單位，如警察、消防、海巡、外交等，女性錄取比例也因此逐步成長。但在此同時，卻也出現組織管理者表達困擾或不滿，公開或私下批評女性增加造成組織績效降低的情形不時出現。一些職系也採取以體能測驗或面試等新增考科或項目，來因應女性筆試成績及錄取率過高的「問題」，但也常引來另一番「不公平」、「刻意刁難女性」的質疑。[2]那麼，究竟什麼樣的招募與考試程序，才能選出真正的適任者，並且符合性別平等轉化模式的願景呢？

---

2 例如：《中國時報》2013年1月21日報導：「警促設門檻，降低女警錄取率」。取自中時電子報：https://tw.news.yahoo.com/警促設門檻-降低女警錄取率-213000463.html。

　　國家公務員在各個機關服務人民，除了面對國內外人民建立第一線的形象外，也同時在薪資、退休和工作權方面受到一定的保障，是很多公民追求的理想工作。尤其在今天，女性受高等教育的人數甚至超過男性，不論男女，皆得以依隨自己性向及專長發展，而如何篩選出適才適所的公務人員，更攸關全民福祉與公共利益。而本文將指出，光是開放應考機會的「男女相同」，無法達到性別平等與組織人力效能的雙贏目標。公務人員的選用考試方式需要全面重新檢討，重新釐清各職位所需要的核心職能及篩選標準，任何公民通過此篩選機制者都應足以勝任此項工作，受訓完畢或任職後表現不佳者，則應設計有效的退場機制。

　　此一制度檢討中的關鍵，就是核心職能與篩選方式的重新定義，不僅應避免這些標準過於僵化與背誦導向，以致無法選出真正具備核心職能、特質與態度的人選，造成管理者的困擾；也應避免以單一、陽剛價值的預設來定義警察核心能力，成為另一種杯葛女性的技術門檻；更應避免只是在性別上政治正確（例如：刻意降低女性體能測驗門檻），以致錄取了不適任的女性，或成為另一波性別反挫的來源。

　　以下本文先回顧臺灣過去對於某些職系公務人員晉用的性別限制；接著在第三節，以警察招募考試項目為例，比較我國與先進國家警務人員的晉用篩選標準；第四節從性別主流化角度，討論警察「核心職能」的改革需如何與更高層次的制度改革相連結；最後做一結論並提出政策建議。這些緊扣性別主流化精神的政策討論，不僅能為目前警察招募與人事管理的「性別困擾」找到出路，也同時適用於我國整體公務人員選用及人事管理的改善。

二、公務人員特考的性別限制與改革

公務人員在臺灣的晉用一向均需通過國家考試：高等考試、普

通考試、初等考試以及各種特考等，考試以筆試為主，分為普通科目（如國文、法學知識與英文）與專業科目（依等別與類科職系區分），少數特考輔以口試或體能測試。過去多項特考均設定了性別限制，男女分定錄取名額，如外交領事人員、國安情報、調查、司法（法警及監獄管理人員）、關務、基層警察及海岸巡防人員特考等。聘用單位最常提出的理由包括：該項工作作業環境複雜、時間不正常、需消耗較多之體力；需隨時待命執行蒐證、跟監、守候及逮捕等具危險性之任務；需有魄力、有膽識、遇事果斷、沉著謹慎，方足以勝任工作等（吳嘉麗，2005）。其涵意意即，基於工作安全、體能體力、危險負荷等考量，「生理男性」才被視為具備這些能力與條件。

　　基層警察是這類限制女性名額的職系當中，人數最為眾多的一類特考，每年招考人數數百至數千（考選部，2011：17）。警政署對於限制女性名額的理由是：基層警察要執行第一線的外勤工作、24小時值勤待勤、工作時間冗長、日夜生活顛倒、經常面對犯罪高危險群人口、工作危險艱苦、極具挑戰。而女警多不喜外勤，總想盡辦法商調內勤，因此影響警力的靈活調度與工作分配的公平性（吳嘉麗，2008）。從前述論述中，一方面可清楚看見性別刻板印象的預設，也就是以傳統社會認定的「女性特質」及「女性角色」為理由，否定生理女性有擔任該類職業的能力與潛力，壓抑或剝奪女性競爭這些工作的機會；另一方面，也確實可能因為實務上遭遇到管理的困擾（如女警透過各種管道調入內勤等），而讓主管單位認為女性人數必須有所控制。

　　2002年3月公布實施的《兩性工作平等法》（後更名為《性別工作平等法》）之後，2004年海巡署即因特考分定男女錄取名額（145個錄取名額中女性名額只10個），在公告招考期間即被婦女團體質疑違法，並由臺北市政府勞工局裁定確實違反《兩性工作平等法》而處以罰鍰；隨後的警察特考也遭到類似控訴與檢舉（吳嘉麗，2005）。這類新聞事件引發了第十屆（2002-2008）考試院內考試委員及考選部對國家考試中幾項特考限制性別的高度重視與一連串討

論，特別是這些限制所依據的《考試法》第5條「考試院得依用人機
關請求及任用之實際需要，規定公務人員特種考試應考人之兵役狀況
及性別條件」，與《性別工作平等法》第7條「雇主對求職者或受僱
者之招募、甄試、進用、分發、配置、考績或陞遷等，不得因性別而
有差別待遇。但工作性質僅適合特定性別者，不在此限」之規定，有
矛盾與競合關係。終於在2005年，考試院發表了《國家考試性別平
等白皮書》，同時亦成立了「國家考試性別平等諮詢委員會」，期待
由一個具有性別意識的委員會提供諮詢，檢驗該項特考的性別設限是
否符合前述的《性別工作平等法》，以真正落實性別平等（吳嘉麗，
2005）。

　　在《國家考試性別平等白皮書》出版之前，外交領事人員特考
早於1996年時在婦女團體和立法院的壓力下就已取消了性別限制，
1995年以前女性錄取的名額占所有錄取名額的百分比從未超過20%，
但是限制取消後，女性錄取比率幾乎均超過40%。關務特考也逐年取
消了不同科別的性別限制，2001年時取消了「財稅行政」和「關稅
法務」兩科別，2004年「化學工程」和「紡織工程」兩科不再限制
性別，2005年終於在考試院會的質疑之下，將原來只限男性報考的
「機械工程」和「電機工程」兩科開放。白皮書出版之後，考試院陸
續取消性別限制的特考還有海巡人員特考（2006年）、調查人員特
考（2006年）、司法人員法警類科（2006年）（吳嘉麗，2008）、
國安情報人員特考（2008年），以及一般警察人員特考（2011
年）。這些考試取消性別限制後，女性錄取比例大幅提升至20-60%
之間（考選部，2013）。

　　在這場改革過程當中，警察特考幾乎在每次公告考試前的「國家
考試性別平等諮詢委員會」上遭受質疑與挑戰。「警察特考」中三等
特考自1996年以後已開放給一般大專校院相關科系的學生報考，且
未再限制男女錄取名額，因為警校入學時已作了男女生人數的限制。
警大每年錄取人數約300人，近年女性錄取比率介於15-20%。警專錄
取人數約500-750人，女性錄取比率10%（內政部警政署，2015）。
自2004年起，為因應警察人力的嚴重短缺，新增了四等「基層行政

及基層消防警察人員特考」，開放一般高中以上學歷者報考（考選部，無日期），錄取後再行專業訓練，此類特考原設有男女名額約十比一的限制，自2011年起警察考試正式採雙軌分流考試之後，才不再限制性別。

2011年起的雙軌分流考試，其一為「警察特考」，主要為警大（三等）、警專（四等）生的報考設計，考試科目與兩校所修課程密切相關，並增加了與警察實務有關的「情境測驗」。另一類稱為「一般警察人員特考」，開放給一般高中職生（四等）和大專校院生（三等）報名（連嘉仁，2011），均未限制錄取的性別，但是招收名額上則大有差異。前者「警察特考」中，三等的「行政警察」錄取名額約占所需警力的80%，四等錄取名額則約占所需警力的50-70%，且警專的招生名額也大幅成長，從2010年的750人增加至1,700人（2012-2014年），但兩校招生時仍有性別限制。後者「一般警察人員特考」招生人數過去僅數百人（200-800），近年才大幅成長至2,300餘人（2015-2017年）。所以雖然女生錄取率近年均超過40%，但女性員警的人數仍僅小幅成長，截至2014年底，女警人數約5,400人，占所有警力的7.2%（內政部警政署，2015）。

而在性別限制取消之際，許多特考同步增加了「體能測驗」作為篩選機制，以避免筆試成績決定一切。例如：警察特考從2011年起加入體能測驗，測驗項目為跑走測驗及立定跳遠（過去曾為引體向上），但男女各有不同的標準——男性應試者跑1600公尺、494秒內合格，立定跳遠190公分以上合格；女性應試者跑800公尺、280秒內合格，立定跳遠130公分以上合格。表8.1整理了過去二十年來國家考試中已取消了分定男女錄取名額的特種考試，以及新加入的篩選項目。

表8.1　特考取消性別限制後新加入的篩選項目

特考類別	取消性別限制年度	新加入的篩選項目
外交領事人員	1996	
海關：財稅行政&關稅法務	2001	
化學工程&紡織工程	2004	
機械工程&電機工程	2005	
法務：法警	2006	跑走（1200m）
海巡人員	2006	口試
調查人員	2006	跑走（1200m）&口試
國安情報人員	2008	跑走（1200m）&口試
警察人員	2011	跑走（1600/800m）&立定跳遠（190/130cm）

資料來源：本研究蒐集整理。

　　過去特考中限制性別的類組，由錄取的統計來看，絕大多數的情況均顯示女性錄取的機率遠低於男性，即使是一般人認為女生較占優勢的口試，錄取機率仍然低於男性。換句話說，想要爭取參與這些公職工作的女性人數很多，但是用人單位限制了女性名額，所以女性錄取機率比男性低（吳嘉麗，2005）。而在解除了女性名額限制之後，雖然女性的錄取人數與機率都有提高，但接續而來的爭議至少有二：其一是前述新增項目有無涉及技術性刁難，其二則是錄取女性可能「表現不佳」或偏好特定內勤職務，造成管理困擾或基層反挫等問題。下一節將先針對新增的警察考試項目之爭議，與各國警察「核心職能」指標做一比較。

三、他國警察人員的選用標準

西方國家公務人員的選用，很少看見以「性別」做限制或條件。檢視警察人員的招募篩選程序，美、英等國不會以「統一筆試」作為唯一的篩選程序，多先公告該項工作所需要的專業核心職能以及學、經歷條件，有興趣且合乎條件者上網填表提出申請，通過初步篩選者再參加性向測驗、體能測驗或面試等。西化程度高的新加坡、香港等亞洲國家或地區，考試方式也類似；韓國的情況則與我國最為近似，但仍比我國多元。以下簡述美國、英國、香港、新加坡及韓國的警察人員晉用方式，以利與我國制度做一比較。

（一）美國紐約州的警察招募

以警察人員的篩選為例，美國紐約州的警察招募資格包含年齡、曾修過的專科學分、駕照、指紋、藥物、酒精、性格檢查、背景調查、犯罪、脫序、退職、不光榮紀錄等。提出申請通過後則可參加筆試（選擇題），其內容主要針對「記憶力」、「空間定向能力」、「書面文字理解能力、「書面文字表達能力」、「資料排序能力」、「歸納推理能力」、「形象化想像能力」、「演繹推理能力」、「問題敏感性」、「數學計算能力」等面向。筆試後還有一系列的審查，如體格檢查與性格預審、性格調查面試、心理測驗筆試、心理專家口試、以及體適能試驗，包含跨越障礙測驗、攀爬階梯測驗、模擬羈押能力測驗、追趕能力測驗、援救受害者能力測驗、手槍扳機拉力測驗等，錄用前仍有一最後的面試（洪毓甡，2006）。美國的女警人力在2011年約為12%，並且有城鄉差距，大城市的女警比例18.1%、小城市為7.7%（Prenzler & Sinclair, 2013）。

（二）英國警察招募

英國英格蘭和威爾斯地區的警察招募亦大致與美國類似，比較特別的是他們甚至沒有年齡（18.5歲以上）、身高、學歷的限制，特

別鼓勵轉職者、再就業者以及女性報考，但是某些規範卻十分清楚，如犯罪紀錄——不得有殺人、車禍致死、強暴、綁架等紀錄；財務狀況——不應有未解決判決、破產、無法處理之財務問題；商業利益——不宜擁有公司或經營生意或應考人本人、配偶、共同居住的親人經營任何可能與警察業務有關的工作；刺青——不可有任何會引起犯罪或爭議的刺青。他們召募時對警察工作的核心職能指標特別強調「尊重個別差異性」、「團隊合作」、「社區與顧客導向」、「有效率的溝通」、「解決問題」、「個人責任感」和「彈性與活力」（洪毓甡，2006）。英國這兩個地區的女警在2011年即達26.3%，已遠高於美國且逐年遞增，到2016年的最新數字顯示女警比例已經有28.6%（Hargreaves et al., 2016: 29）。

（三）香港與新加坡警察招募

　　亞洲的香港和新加坡或因過去曾受英國殖民的影響，兩地的警察招募類似西方先進國家，大體也以公告資格條件、送出申請、心理評估、體能測驗、面試等方式篩選。香港的遴選強調審慎考核投考人的下列才能：溝通能力、判斷力、常識、領導潛能、管理潛能、推動力、個性及價值觀、語文能力、認知能力以及體能。他們的遴選程序包含筆試、延續面試、心理評估、最後面試委員會、體能測試、品格審查及體格檢驗。筆試包含語文（中、英文）、基本法和學習能力測試，皆為選擇題，前二項如過去已考過或有相關認證則可免試，但是亦可再考，選擇較佳成績。通過筆試者參加一整天的延續面試，包含即席發言、小組討論、管理練習、領導才能練習，主要以英語進行，網路上還提供模擬試題。香港2015年新修訂了體能考試的項目：800公尺跑、4×10公尺穿梭跑、立定跳高、手握肌力測試四項。值得一提的是不僅在官網上詳細說明如何測試，並指導如何訓練自己以達到標準（香港警務處，2016）。香港至2013年底的女警，約占警員總數的15.6%（東網，2013）。

　　新加坡公告的警察能力需求同樣強調「領導技巧」、「能引起團

隊動機並率先為例」、「處理不同狀況的彈性」以及「能在壓力下完成工作」（Singapore Police Force, 2015）。新加坡在2014年時女警比率就已達到17%，是亞洲地區最高的，他們仍規劃繼續增加女警的人數，未來希望達到25%（Straitstimes, 2014）。

（四）韓國警察人員考試

韓國警察的晉用與臺灣類似，一類是經由警察大學，畢業後直接取得公務員資格，警大招收人數很少，學生均需修習二種以上的外語；另一類則向一般大學生招考，每年錄取2,000-4,000名。考試採筆試、體能測驗及個別面試，比較特別的是三項成績均納入計分，配比分別為50%、25%、25%。筆試考五科目──韓國文、英文、警察學概論、刑法、警察訴訟法，均為測驗題型。體能測驗共有五項──百公尺短跑、千公尺長跑、仰臥起坐、左右握力及伏地挺身，男女標準不同，但是他們也分定男女名額為8：2（董保城、翁文斌，2012）。韓國女警在2006年時僅占5%，但是這幾年有較大幅的成長。2014年時占8.0%，2015年時占9.4%（南韓the Law Journal, 2015），南韓國家警務機關曾宣布未來女警人力將增加至20-30%，原規劃2014年就要達到10%（Segrave, 2014）。

除了前述各國的介紹外，歐盟諸國在性別主流化的各種政策推動無疑是領先世界的，同樣的關於警察政策二十餘年來亦陸續的取消了性別限制。表8.2是作者綜合前述各國女警人力並補充歐盟幾個主要國家後所列出的數據，英國、法國、德國女警人力均達到約四分之一上下。但是歐盟仍針對各國對女警政策的缺失不斷提出檢討與建議，例如：「將性別融入內部警察政策」（Bestick, 2014）就提出了很多警政內部容易疏忽的地方，並建議如何落實與監督，值得參考。

表8.2 各國女警比例

國家	統計年度	女警比例%	備 註
臺灣	2014	7.2	
日本	2014	7.7	規劃2023年前達10%
韓國	2014	8.0	9.4%（2015）
英國	2016	28.6	英格蘭及威爾斯地區
紐西蘭*	2014	22	
新加坡	2014	17	規劃提升至25%
香港	2013	15.6	
美國	2011	12	大城市18.1%、小城市7.7%
馬來西亞#	2009	12	
法國#	2009	24.3	
德國#	2009	23	

*紐西蘭資料來源：http://www.nzherald.co.nz/nz/news/article.cfm?c_id=1&objectid=11238145

#資料來源：內政部警政署2010/3/12召開「性別平等工作小組第九次會議」資料，以及內政部警政署（2015年1月）警政統計通報104年第2週：近年警察考試錄取人數概況。取自：https://www.npa.gov.tw/NPAGip/wSite/ct?xItem=72961&ctNode=12594&mp=1

四、比較與討論

從前述各國警察人員招考項目之比較，可以發現我國考試項目在幾個面向上，明顯過於僵化且狹隘。首先，筆試過於重視背誦式的測驗，不一定能反映實務上所需的專業能力。我們的考科包括行政法、行政學、公共政策、刑法與刑事訴訟法（以上為一般警察特考三等的

考科，四等的則為該科的概要）、警察情境實務、警察法規、警察學與警察勤務、警察政策與犯罪預防、偵查法學與犯罪偵查（以上為警察特考三等考科，四等的則簡化為概要），與警察執行勤務的能力相關性低。相較之下，美國筆試的方向是測驗考生的「記憶力」、「空間定向能力」、「書面文字理解能力」、「書面文字表達能力」、「資料排序能力」、「歸納推理能力」、「形象化想像能力」、「演繹推理能力」、「問題敏感性」、「數學計算能力」等，顯然較能找出適性人才（吳嘉麗，2008）。

　　第二點也是更重要的，即是各國對於員警「核心職能」認定的寬廣度，已經明顯地超越了男性陽剛氣質的「體能」想像。我們從英、美、香港、新加坡等女警比例較高的國家／地區之測驗指標，可發現他們在體能測驗之外，還重視心理測驗、面試，核心指標包括「尊重個別差異性」、「團隊合作」、「社區與顧客導向」、「有效率的溝通」、「解決問題」、「領導技巧」、「能引起團隊動機並率先為例」、「處理不同狀況的彈性」以及「能在壓力下完成工作」等，都超過傳統對警察期待的陽剛特質與能力，某些陰柔特質的搭配，被視為更能回應今日警察在實務工作中面對的複雜情境。

　　與前述類似的第三點，則是關於體能的測驗也採取多元與實務導向的標準。臺灣的體能測驗項目為跑走測驗及立定跳遠（過去曾為引體向上），這兩個項目要求的是速度與爆發力，但不一定能測知實務現場所需的體力、耐力與反應力；而對男女應試者採取雙重標準的門檻，更容易成為外界質疑女性體能與適任能力的藉口。相較之下，美國警察體能測驗項目包括跨越障礙、攀爬階梯、模擬羈押、追趕能力、手槍扳機拉力測驗等，新加坡與韓國也都有「左右握力」的測驗，這些項目較能呼應實務工作上所需的體能與技巧。更重要的是，應試者在單項測驗上的表現或有優劣高低，但最後的評選是綜合各種能力表現的結果，不需要因為生理性別而給予雙重標準，也不會因為單一項目「定終身」，非常值得參考。

　　性別主流化作為一種促進性別平等的策略，與過去促進平等的模式最大的不同，就在於其不僅限於開放平等機會，也不只滿足於靠著

「婦女保障名額」或「特別待遇」（例如：女性降低錄取門檻）來增加女性的數字或比例。重要的是檢討「女性數字為何偏低」，找出造成性別差異化結果的結構性因素，特別是男性中心主義的預設，並進行制度性的改變與轉化。

以我國的警察招募考試為例，解除對女性名額的限制、開放機會平等，只是性別平等的第一步。事實上，警政主管單位顯然也意識到「機會平等」不一定能達到「結果平等」，其擔心在於「很會筆試的女生」錄取比例過高，因而在2011年取消名額限制的同時，增加體能測驗。但很矛盾地，可能又擔心新增體能測驗被批評過於刁難女性，而採取男高女低的測驗標準。經由這些與核心職能相關性不高的測驗，所篩選出來的女性與男性，很可能並非最適任警察工作的一群人力。特別女性又因為在體能測驗上享有「優惠待遇」，成為質疑其能力的來源。真正該檢討的，應是前述核心職能的測驗項目和背後的角色預設，並從徵選方式與標準進行大幅度的修正。

性別主流化的另一重點，是強調改革需要從系統面整體思考。人力資源的績效與潛能不是單靠考試就能判斷與決定，而需要後續「訓、用」階段持續考核篩選，但我國公務人力訓用的淘汰機制僵化由來已久，考上的學員在培訓階段即使表現（包括態度與認同）不如預期，也很少被淘汰，因而造成實際上任之後的不適任現象。此外，許多不適任其實並非專業能力問題，而可能與警察單位（或其他類似陽剛職場）慣有的執勤管理方式與組織文化有關（彭渰雯、林依依、葉靜宜，2009）。但一旦有女性不適任某些為傳統男性量身訂做的職場規範與要求時，又被放大成為對開放招募女性的恐懼，乃至於許多陽剛職場單位仍反應希望降低女性的錄取名額。

因此，如何透過符合「核心職能」考試科目與方式的檢討與修正，以篩選出具有能力、潛力、熱情擔任警察的男女應試者，是解決警界「性別困擾」的第一步。而在招募之後，後續的在職訓練、工作分派、考核升遷、工作家庭平衡等組織人力管理制度，也都應接受同樣的性別檢視與檢討。因為即使國家政策對於女警願意表達友善，組織（個別警察單位）內部的運作與文化仍可能充斥著「性別化」的

假設，讓男性和女性新進人員接受到不同的訊息並受影響（Lippe et al., 2004），進而使其「適應程度」持續地因為性別而「差異化」。

換言之，性別平權的公務人才選用制度，不能僅停留在核心職能的考試改革本身（但確實是重要的第一步），而必須連結到性別平權的組織管理與創新。在這些改革過程中，則應當充分納入不同利害關係人（包括各階層主管、員工與服務對象）與性別婦女團體的參與，透過眾人的智慧與溝通，釐清警政工作最需要的人才屬性及不同性別警員的職場工作家庭平衡需求，找出最適合的篩選與人力資源管理方式，也避免性別主流化只淪為修辭，或造成弊多於利的誤解。

五、結論

本文透過文獻考察和各國相關網站資訊的瀏覽，以警察人員的晉用方式為例，瞭解國外的選用考試多具備下列特色：

1. 多元評量，至少3-4項，多則7-8項。
2. 沒有性別設限。（僅中國、日本、南韓的警察招考仍有限定女性名額）
3. 考試簡化、重視一般基本能力，如閱讀、書寫、分析、邏輯、溝通、數理等。
4. 有性向測驗和心理測驗。
5. 體能測驗多元，通常4-6項，可能同時納入成績計算，非僅以門檻篩選。
6. 有個別面試，通常非常深入，時間至少15-20分鐘，不涉及專業科目，而以與該項工作所需的核心職能及人格特色為主。面試委員本身需接受性別意識培力。
7. 專業知識不在晉用時測驗，或以大學院校所修學分為條件，或錄取後再自行訓練。
8. 公務員考試為資格考試，各機關用人時再從候用名冊中進行

面試等篩選。

9. 某些與犯罪或機密有關的工作，除自行填表檢核外，先行身家調查。

10.雖然考科及考試內容簡化，但是整體篩選過程其實相當用心費時。

11.語文可以通用檢定成績為參考，如香港的中、英文。

臺灣過去十餘年來由於社會的解嚴、性別平等意識的覺醒、相關平等法的制定、以及性別主流化在政府各部門的推動，國家公務員晉用時的性別限定終於一一移除，目前僅剩監獄管理職系仍有女性名額限制，警察人員的考試表面上不再設限，但是主要警力來源的警察大學和警察專科學校入學時仍有性別限制。為什麼這麼多國家的警察晉用篩選沒有性別限制，卻不擔心女性人數過多呢？關鍵就在他們篩選時依據警察專業工作所需要的各項核心職能，如溝通能力、團隊合作、領導能力、文字理解、邏輯推理等，凡通過適當篩選者就是合格的人選，再加上任職後的嚴謹專業訓練，以及不適任者的淘汰，「性別」從來不是問題。

在臺灣，有問題的是篩選方式不當、訓練不夠專業、不適任者又難以淘汰，只好簡化歸罪於「性別」問題。整體來看，我們公務員的晉用篩選需要大幅度的改進，需要簡化考試類別與考科，以核心職能需求設計篩選指標，也同時檢討「核心職能」認定及組織管理的男性中心主義，讓選用的人才真正符合所需、獲得組織的同等支持，並更臻性別平等。

最後，從性別主流化的角度而言，「教、考、訓、用」的制度改革需要整體配合並且納入性別觀點。單點式的性別改革（如取消女性限額）無法促成實質的性別平權，還可能帶來更多人力管理問題與影響士氣。本文認為，與考試制度改革密切相關的至少有二項重要制度。一是組織人力資源管理的相關配套，特別是工作家庭平衡政策，即使在「陽剛特質」濃厚的警察單位，也應當檢討為何許多面對家庭照顧責任的女性與男性員警，寧願放棄優渥的「外勤加給」，而多方努力並寧願固守內勤職務？人力資源管理與分工方式如何避免男性中

心主義，呼應性別平權的趨勢？

　　另一個密切攸關的則是我國長期過於偏袒軍公教人員的退休年金制度。如果退休年金制度不依照職業身分別而有嚴重差別待遇，軍公教與其他勞工等各行業的退休年金福利相近且可互相銜接，不適任公教人員的淘汰或離職不會那麼勉強與嚴重，不適應或不喜歡這類工作者可以自在地尋找他類行業，只要有勞動與社會貢獻，退休年資和年金皆可累計，且制度相去不遠、各有千秋。年輕人不必消磨五年、十年大好青春就為了準備公務員考試，等待一朝晉身為終身保障的公教人員。各機關應有更多的自主權選用合適的人才，讓人才尋找最能讓自己發揮能力的地方，「性別」也必然不會再成為「代罪羔羊」。

關鍵概念

　　在性別研究領域中，從社會建構論（social construction-ism）角度理解組織與管理，是一重要發展，其關心的是組織如何受性別化的社會文化所影響，同時持續鞏固性別的社會化（Metcalfe & Woodhams, 2012）。例如：Joan Acker（1990, 2006）即批評組織的各種文件、契約、規定、習慣等，往往充滿了男性中心（male-centered）的預設，這些預設因為被具體化為工作的「本質」，而不被覺察，但其體現的是符合主流男性員工的身體和特質之工作模式，將女性經驗和身體邊緣化，並維繫著組織內的性別隔離。因此Acker認為一個比較適宜的組織理論，必須看見「女性」的經驗與身體，轉化目前男性中心的工作關係與組織文化。

　　將此一觀點應用在警察研究之上，Dick & Jankowicz（2001）指出，瀰漫於警察文化中「歌頌陽剛」的價值，並不是警察組織文化的「本質」，而是警察組織文化的「產物」。例如：對於危險和暴力的強調，以及對於警察應該「完全投入」（長時間工作和下班後隨時待命）的期待，反映的多是對於陽剛

執法的美好想像。這樣的組織文化進而與社會中的性別角色劇本連結，使得女性被認為（或自認為）不適任某些工作，像是處理暴力問題以及升遷等，且無法積極參與男警之間非正式的社會網絡。「陽剛」價值加上對於女性的刻板印象，導致男性員警對女性員警懷有敵意，也對女性造成更多重的壓力以及工作不滿。於是女性（或不符合這套陽剛文化的男性）「確實」更容易選擇將警察工作置於家庭之後，或在有更好機會時離職，而這又回頭成為警察反對聘用女性的「正當理由」。

將警察制度與文化理解為一種社會建構的產物，對於更進一步瞭解陽剛與陰柔論述如何影響著組織，以及如何可能重新建構與調整出更為平權的組織，都是必需的條件（Lippe et al., 2004），也才能夠達到「性別主流化」所追求的性別結構轉化（transformation）目標。為了追求結構性的改變，單點式的改革或僅針對女性與男性個人式的要求是不足的。本章雖以警察招募的考試項目與程序為切入點，但也強調對於「核心職能」的重新檢討，應連結未來一系列對於公務機關考訓、淘汰、人事管理等制度的改革，甚至更長遠的國家年金制度與性別角色轉化，才能看見結構性的改變。

政策建議

1. 檢討公職人員的考試科目及篩選標準，設計不同方式的細緻篩選機制，並對受訓、實習階段不適任者，落實合理輔導與淘汰制度。

2. 以警察選用為例，筆試部分應簡化並納入性向及背景經驗等考量，體能測驗納入更多元且屬執勤實務所需的體力技能項目，不因生理性別而有差別待遇，但綜合各種實務能力、性向、經歷表現的結果來篩選最適任者。

3. 積極推動國家年金制度的改革，使各行業之經濟安全制度更趨向公平合理，避免盲目搶當「公務員」而忽略了個人性向與專長。

4. 公務單位的人力資源管理，包括招募、工作分派、考核、升遷、家庭工作平衡等管理措施，應從促進性別平等角度進行改造與創新，找出最適合可行的改革方向與配套作法。

問題與討論

1. 讀完本文之後，如果你再聽到外界批評警察考試造成女警錄取過多，進入基層警察單位之後卻不適任、或爭相改調內勤等問題，或因此主張重新限制女警錄取名額者，請問你會如何回應？

2. 請問你覺得警察的「核心職能」有哪些？我國警力之招考選用應納入哪些考試或篩選項目？

3. 從警察人力招募的個案，你覺得除了考試之外，公務人力的訓練、任用、管理等相關制度，有哪些「男性中心主義」的問題？你有什麼樣的改革建議？

參考文獻

中文部分

今井利之（2013）〈現代日本警察官錄用考試制度——從男女共同參與的觀點切入〉，「考選制度國際暨兩岸學術研討會會議實錄」。臺北：考選部。

內政部警政署（2015年1月）〈警政統計通報104年第2週：近年警察考試錄取人數概況〉。取自：https://www.npa.gov.tw/NPAGip/wSite/ct?xItem=72961&ctNode=12594&mp=1

考選部（2013）《國家考試性別平等白皮書》。臺北：考選部。

考選部（2011）《中華民國99年考選統計》。臺北：考選部。

考選部（無日期）警察人員考選制度。取自http://wwwc.moex.gov.tw/other/integral/doc/%E8%AD%A6%E5%AF%9F%E4%BA%BA%E5%93%A1%E8%80%80%

香港警務處（無日期）。警察招募遴選程序。取自http://twdc.police.gov.hk/ppp_tc/15_recruit/sp.html.

吳嘉麗（2005）〈從限制性別的特考談人才考選的困境〉，《考銓季刊》，44(1)：33-56。

吳嘉麗（2008）〈從性別看考選〉，《新世紀的傳承與變革——考試院第十屆施政成果及專論特刊》。臺北：考試院。

東網（2013）〈香港女警人數比例較去年微升〉。取自http://hk.on.cc/hk/bkn/cnt/news/20131120/bkn-20131120191727602-1120_00822_001.html

洪毓甡（2006）《英、美、加、澳、日、中警察考察制度之研究》。臺北：考選部。

南韓The Law Journal（2015）〈女性警察1萬3百名〉。取自http://m.lec.co.kr/news/articleView.html?idxno=37228

高明見、邊裕淵、李雅榮、歐育誠、陳明忠、劉麗美（2014）考試院103年度文官制度國外考察——日本北海道人事制度考察參訪報告。臺北：考選部。

郭大恆（2010）《女警擔任警勤區工作問題之研究──以臺北縣女警為例》。臺北：銘傳大學國家發展與兩岸關係研究所碩士論文。

連嘉仁（2011）〈淺談我國警察考訓新制──「雙軌進用、考選分流」〉。取自http://society.nhu.edu.tw/ej/99/A3.htm

張美惠（2011）〈新公共服務全球治理對我國警察人員考試雙軌新制變革之啟發與運用〉，《臺灣警察學校警專學報》，5(1)：141-70。

彭渰雯（2008）〈當官僚遇上婦運：臺灣推動性別主流化的經驗初探〉，《東吳政治學報》，26(4)：1-58。

彭渰雯、林依依、葉靜宜（2009）〈女性在陽剛職場內的樣板處境：以海巡與消防單位為例〉，《東吳政治學報》，27(4)：115-69。

曾慧敏（2009）〈從評量設計看先進國家警察人員考試制度〉，《國家菁英季刊》，5(3)：55-84。

董保城、翁文斌（2012）《考選部101年度赴韓國考察外交人員、警察人員及司法人員考試制度考察報告》。臺北：考選部。

英文部分

Acker, J. (1990) Hierarchies, jobs, bodies: A theory of gendered organizations. *Gender and Society*, 4(2): 139-58.

Acker, J. (2006) Inequality regimes: Gender, class, and race in organizations. *Gender and Society*, 20(4): 441-64.

Bestick, M. (2014) Integrating gender into internal police oversight, Geneva: DCAF, OSCE, OSCE/ODIHR. Retrieved from http://www.kanlema.com/gb/studyabroad/examination/university/officer-test.html

Dick, P. & Cassell, C. (2004) The position of policewomen: A discourse analytic study. *Work, Employment & Society*, 18(1): 51-72.

Dick, P. & Jankowicz, D. (2001) A social constructionist account of police culture and its influence on the representation and progression of female officers: A repertory grid analysis in a UK police force. *Policing: An International Journal of Police Strategies & Management*, 24(2): 181-99.

Hargreaves, J., Cooper, J., Woods, E., & McKee, C. (2016, March) Police workforce, England and Wales. *Statistics at Home Office*. Retrieved from https://www.gov.uk/government/uploads/system/uploads/attach-ment_data/file/539093/hosb0516-police-workforce.pdf

Lippe, T. V., Graumans, A., & Sevenhuijsen, S. (2004) Gender policies and the position of women in the police force in European countries. *Journal of European Social Policy,* 14(4): 391-405.

Metcalfe, B. D. & Woodhams, C. (2012) Introduction: new directions in gender, diversity and organization theorizing—Re-imaging feminist post-colonialism, transnationalism, and geographies of power. *International Journal of Management Reviews*, 14: 123-40.

Prenzler, T. & Sinclair, G. (2013) The status of women police officers: An international review. *International Journal of Law, Crime and Justice*, 41(2): 115-31.

Rees, T. (1998) *Mainstreaming equality in the European Union: Education, training and labour market policies*. London: Routledge.

Segrave, K. (2014) *Policewomen: a history*, 2nd ed. North Carolina: Mc-Farland & Company, Inc.

Singapore Police Force (2015, March) *Find a job: Police officer*. Retrieved from http://careers.pageuppeople.com/688/cwlive/en/job/492862/po-lice-officer

Squires, J. (2005) Is mainstreaming transformative? Theorizing main-streaming in the context of diversity and deliberation. *Social Politics,* 12(3): 366-88.

Straitstimes (2014, May 3) *Aim to hire more women police officers*. Re-trieved from http://www.straitstimes.com/news/singapore/more-singa-pore-stories/story/aim-hire-more-women-police-officers-20140503

Taylor, V. (1999) *Gender mainstreaming in development planning*. London: Commonwealth Secretariat.

Walby, S. (2005) Gender mainstreaming: Productive tensions in theory and practices. *Social Politics,* 12(3): 321-43.

第九章

科技領域的性別主流化
歐盟作法對臺灣的啟示[1]

彭渰雯

國立中山大學公共事務管理研究所副教授

蔡麗玲

國立高雄師範大學性別教育研究所副教授

呂依婷

科技部「促進科技領域之性別研究」規劃推動計畫專任助理

摘要

歐盟在推動科研領域性別平等的態度與作法上，可作為當今世界各國之標竿。因此本文以歐盟為研究對象，統整其科研領域性別主流化的政策演進歷程、策略目標與具體作法，並與臺灣政

1 本文為科技部「促進科技領域之性別研究」規劃推動計畫（MOST105-2630-S-017-001）之部分成果，感謝助理許純蓓在編輯上的協助，也感謝吳嘉麗、黃淑玲教授審查本文初稿時提供之意見。

策作法相對照，提出對我國的政策建議。

　　本文資料來源主要為歐盟出版之相關政策文件與研究報告。整體而言，歐盟各國推動科研領域的性別平等策略可分為「對女性友善的研究環境」、「具性別意識的科學」及「提升科學界的女性領導」三大方向，並透過建立跨國合作機制或團隊、計畫補助各大學或跨機構改革、在科研計畫審查過程提供具體誘因或規範等方式，策略性達到性平目標。在歐盟的上位政策引導下，多個國家的中央政府建立了性別與科技推動機制，大學機構則在接受補助之後進行個別或跨校合作改革，本文皆以專節探討。

　　在歐盟案例之後，本文也回顧臺灣的政策作法，進而分從「機構改造」與「研究改造」兩途徑，提出對我國的政策建議。前者包括建立女性科技人才網絡、系統性的性別統計、協助大學檢視機構政策及人力資源管理上是否性別友善，後者包括在大學開設性別課程或研究中心、重視研究計畫團隊的性別平衡、鼓勵研究設計前期的性別分析等。

一、前言

　　科技對於今日人類社會發展有著極重要的影響力。從權力的角度而言，女性在科研領域的低度參與，本身就是權力不平等的展現；而從功利的角度而言，這種性別化的分工模式，將造成女性專業人力資源的發展受限（包括自我限制），進而影響科技的創新與發展。1970年代女性主義者早就從前者（權力論述）提出對於女性低度參與科研的警語，但這個問題似乎到了80、90年代，在功利論述的催化下，才越來越受到各國政府的重視與警覺（Abels, 2012; Huyer & Westholm, 2007）。

　　美國在這部分的回應可溯及1982年其國家科學基金會（National Science Foundation）出版《科學與工程領域內的女人與少數族群》

的統計來點出問題；後來在1997-2000年有所謂POWRE計畫，針對女性研究人才提供個別補助計畫，2001年起轉型為ADVANCE計畫實施迄今，大規模補助各大學院校進行制度面的調查與改革，以改善女性研究人員任職學術界的環境與發展機會。迄2014年已經頒發過297個獎助給199個機構，總投入超過1億3,000萬美元（吳嘉麗，2012；彭渰雯、呂依婷、江郁欣，2015）。

　　不過，相對於美國科技部將重點放在補助個別學校進行改革實驗，以營造對女性友善的工作環境，歐盟推動科研領域性別主流化作法更為多元，包括建立機制、規範與計畫補助等，且努力重點不僅限於「讓更多女人進入科研領域」，還包括在「科學知識中納入性別」（Schiebinger, 2012），因此本研究鎖定歐盟作為回顧參考對象。

　　本文共分四節，以下第二節簡要說明資料蒐集方法與來源，第三節研究發現細分為三小節，第一小節回顧歐盟促進科研領域性別主流化的演進歷程，第二小節分別討論數個具標竿意義的歐洲國家和研究機構執行作法，第三小節拉回臺灣，簡單比較臺灣作法目前的不足之處，並提出我們的建議，最後第四節為結論。

二、研究方法

　　本文主要採取文獻檔案分析之途徑蒐集資料，包括歐盟出版之專書及受補助之性別科技計畫網站資訊，彙整資料以回答本文關懷之研究問題。其中針對歐盟推動科技領域性別主流化的歷程，主要參考自歐盟針對1999-2009年的十年回顧（EU, 2010），其後之政策發展及相關批評，則綜合Abels（2012）、Mergaert與Lombardo（2014）等專文，以及歐盟較近之出版品；而本研究團隊成員參與過歐盟與亞太性別高峰會（Gender Summit 2014, Gender Summit Asia, 2015）的經驗及筆記（彭渰雯，2015、2017），也有助於對前述背景之理解。

　　其次，為進一步瞭解歐盟在FP7階段推動性別主流化的實務作

法，本研究以關鍵詞gender與female搜尋了FP7的Science in Society
學門之下的補助計畫，共計有21件。經過檢視大部分計畫內容網站
後，本文考慮資訊完整性與重要性，擇定PRAGES（Practising Gen-
der Equality in Science, 2008-2009）和STAGES（Structural Change
Towards Gender Equality in Science, 2012-2015）兩項跨國研究計畫
的成果，作為主要資料來源。

這兩項計畫都是由義大利平等部（Department of Equal Rights
and Opportunities）所召集主持的跨國研究計畫。PRAGES是一項大
規模的基礎研究，共有11個機構協同參與調查。該計畫從歐洲、北
美和澳洲共1,100位執行有關性別與科技的計畫主持人中，挑選109件
有具體行動的計畫進行歸納分析。PRAGES共有兩項成果，一為建立
線上資料庫，評估各項計畫的執行成效與內容，並以星號評等標示出
最優秀者作為標竿參考；二為出版科學領域性別平等計畫指導手冊
（Guidelines for Gender Equality Programmes in Science）（PRAG-
ES, 2009），將性別平等歸納為三大面向——女性領導及參與、友善
的科研環境、性別意識的科學，再區分為九項目標、三十一項建議方
法，並逐一佐以各國案例的說明。由於該研究之規模與架構在所有
FP7計畫中堪稱最為完整，故本文以這份報告成果為基礎，擷取適合
臺灣與政府機構參考之作法進行探討。

STAGES則是延續PRAGES所提出的改革建議所進行的行動研
究，同樣由義大利平等部召集其他6個協同機構，並於2012-2015年
間在5所大學與科研機構[2]實際執行性別平等改革的過程。本文特別參
考STAGES的研究成果，統整其中5個機構的執行細節和成效評估，
以反思適合我國大學與科研機構參考的推動模式。

---

2 參與STAGES計畫進行行動研究的5間機構：義大利—米蘭大學（Uni-
　versity of Milan）、丹麥—奧胡斯大學（Aarhus University）、荷蘭—
　拉德伯德大學（Radboud University）、羅馬尼亞—亞歷山德魯伊萬庫
　扎大學（Alexandru Ioan Cuza University）以及德國—弗勞恩霍夫爾協
　會（Fraunhofer-Gesellschaft）。

　　因此，本文第三節第二小節——歐盟各國推動性別與科技之具體作法——將再細分為三部分，第一部分依據PRAGES提出的三大策略進行討論，第二及第三部分則各別參考PRAGES及STAGES的研究成果，以國家政府和科研機構兩個層次分別進行標竿案例與作法的統整與分析。此外，本研究也檢閱了這些機構本身的網站資訊，作為與PRAGES及STAGES內容交互檢證之依據。

三、研究發現

（一）歐盟科技領域的性別主流化：政策演進歷程

　　歐盟對於女性與科技議題之正視，可溯及1993年歐盟執委會研究總署（European Commission DG-RTD，後更名為研究與創新總署）資助了一項關於女性在歐洲各國科學領域內的位置之研究，指出女性遇到許多進入與升遷障礙。該項研究提出了許多建議，包括蒐集統計資料、調查各國作法並將有效作法傳遞給其他國家、要求所有歐盟科技計畫申請者提出平等機會的聲明、不補助沒有女性擔任講者的會議、運用歐洲結構基金支持科研領域中的女性、增加領導層級的女性人數等（EU, 2010）。

　　1995年在北京舉行的世界婦女大會提出「性別主流化」的決議之後，歐盟執委會決定採用性別主流化的策略來追求性別平等，亦即，性別思考需納入歐盟執委會各項政策。因此在第五期科研綱要計畫（FP5, 1997-2001）[3]的協商過程中也提出性別議題，決定要舉辦特別活動鼓勵女性參與研究，並對所有邀請申請的計畫，明確建議增

3　歐盟為鼓勵與平衡歐洲各國科學研究與科技發展，自1983年起，實施「第一期歐盟科研框架計畫」（European Framework Programme, FP），並根據科技發展趨勢制定各期目標，目前已執行至第八期（2014-2020），名為「展望2020」（Horizon 2020），尤以創新科技為主旨，建立跨國和跨領域之研究，以達卓越科學發展。

加女性參與研究。之後在第六期（FP6, 2002-2006）、第七期（FP7, 2007-2013）、到目前的「展望2020」（Horizon 2020, 2014-2020）等各期綱要計畫中，均有性別平等相關規定與機制的設置，並且由研究總署為主要的幕僚推動單位（EU, 2010; Abels, 2012）。

　　歐盟之所以重視科技中的性別議題，除了回應性別主流化的國際趨勢，主要仍是為了因應知識經濟時代的到來，認為女性科技人力流失的問題將影響經濟競爭力；加上當時負責研究總署的專員（Commissioner）Edith Cresson（1995-1999）重視「科學與社會」研究，因此成立一系列工作小組或專案組織，來降低女性流失的問題（Abels, 2012）。首先於1997年底於「歐洲科技評估網絡」（European Technology Assessment Network, ETAN）[4]旗下成立了一個「女性與科學專家工作小組」（Expert Working Group on Women and Science），由歐盟各國的數十位女性科學家組成，該小組於1999年底對女性科學人力面對的問題與對策提出報告*Science policies in the European Union: Promoting excellence through mainstreaming gender equality*（EC, 2000）。這本報告從標題就強調性別主流化途徑，進而被歐洲議會（European Parliament）於2000年2月納入決議推動（EU, 2010）。

　　另一個重要機制「赫爾辛基婦女與科學小組」（Helsinki Group on Women and Science，以下簡稱HG）緊接著在1999年底成立。該小組不僅聚集了歐盟所有會員國官方代表，也包括參與歐盟綱要計

---

[4] 歐洲科技評估網絡（ETAN）是歐洲第四期綱要計畫（FP4, 1994-1998）下成立的跨國平臺組織，旨在促進歐洲各國政策研究者與制定者對重要科技政策議題的交流和辯論。該小組針對每項重要議題會組成專家工作小組，並針對該議題發表報告或討論稿，以促進交流。在其運作期間共有九個工作小組成立，女性與科技也是其中一個。不過ETAN在FP5之後沒有持續，改由另一個計畫「特定政治議題策略分析」（Strategic analysis of specified political issues, STRATA）取代其功能。ETAN封存網頁參見http://cordis.europa.eu/etan/home.html。

畫合作國的性別學者專家。HG的初期重要工作就是發展一致的統計指標，成為後來2003年首度出版的 *She Figures* 之基礎，讓歐盟研究領域的性別區隔統計成為可得的資料，以監督性別進展（EU, 2010; Abels, 2012）。*She Figures* 每三年更新出版一次，目前已經出版到 *She Figures 2015*。

前述ETAN旗下的「女性與科學專家工作小組」在2001年晉升為歐盟研究總署的「女性與科學部門」（Women and Science Unit of DG Research），以便執行FP6及發展歐洲研究區域（European Research Area, ERA）[5]時，能確保有效落實性別主流化。該部門在2001年11月的「性別與研究」會議上，提出四項新的創制，作為「科學與社會行動計畫」的一部分。其包括：建立一個歐洲女性科學家的平臺；與赫爾辛基小組合作產出一系列性別指標，以衡量歐洲研究的性別平等進展；分析女性在研究中的角色與地位；分析在中歐、東歐與波羅的海小國的女性科學家面對的處境（EU, 2010; Abels, 2012）。

根據前述的行動計畫，很快地在2001年12月，又成立了一個專家小組（High Level STRATA-ETAN Expert Group），來分析女性研究員在私部門的情況，由學界、性別專家、產業代表、跨國公司的人力資源代表等共同組成，後來出版了 *Women in Industrial Research* 報告（EU, 2010; Abels, 2012）。其餘類似的機制還有：為因應東歐國家性別與科技問題的特殊脈絡而成立的ENWISE（Enlarge 'Women in

---

5 在過去的科研框架計畫中，社會科學研究長期被視為「附屬領域」，研究資助以優劣勢主題區分以及不透明的遴選機制受到最嚴重的批評。但在全球化、經濟競爭與創新科技的趨勢影響下，社會科學受到重視，FP5開始將重點資助研究劃分為四大主題以及三個水平計畫。在2000年，歐盟創立歐洲研究領域（European Research Area, ERA），目的是轉型「知識基礎社會」，企圖在2010年將歐盟可以成為最具競爭力及知識基礎經濟的區域體。由於ERA重視人力資源包括女性人力，加上ERA重視科學與社會的連結關係，包括反映現實社會中的公共議題，因此對於性別議題甚為重視，也促成了在第六期科研框架計畫中納入相關機制（Abels, 2012）。

Science' to East）、為因應科研領域高層女性領導比例過低而成立的WIRDEM（Women in Research Decision-Making）等小組，都反映出歐盟積極地建立各種機制投入性別科技問題的研究與改善（Abels, 2012）。

　　值得注意的，不僅是這些跨國組織機制的設立，更重要的是其運作過程通常包括深入的研究調查、瞭解問題，進而出版了一本跨國研究報告，作為其設定計畫目標和作法的參考基礎。因此在進入FP6時（2002-2006），歐盟研究總署得以設定三項具體目標，第一為增加科研領域（大學、研究機構、產業研究單位）的女性人數、第二為納入性別議題於歐盟補助計畫、第三為研究分析女性科學家所受到的間接歧視（Abels, 2012）。在FP6中被視為特色的執行工具，是要求所有的整合型計畫都要提出一份「性別行動方案」（Gender Action Plan，以下簡稱GAP）。GAP有點類似臺灣所熟悉的性別影響評估與性別意識培力之結合，其目的不僅說明女性在研究人力、決策層級的參與，還要說明研究內容與性別的關係，解釋哪些活動與促進性別平等有關，希望讓科研人員對於每個計畫的性別面向有更好的瞭解，包括定義及衡量何謂「傑出」研究等（EU, 2010; Abels, 2012；傅子耕、蔡麗玲，2016）。

　　不過，因為GAP本身不構成補助與否的決定因素，雖是強制規定填寫，但被多數的科研學者視為額外、不必要的負擔（Abels, 2012; Mergaert & Lombardo, 2014），因此在進入FP7時，GAP改為「自願填寫」，此一「倒退」在歐盟性別專家圈內引起許多不滿，如「赫爾辛基婦女與科學小組」等組織在歐盟會議上提出批評，Mergaert與Lombardo（2014）也以此案例點名批評歐盟執委會對於性別主流化態度的倒退與抵抗。此外，Abels（2012）指出，在FP6下補助成立的女性科學家平臺European Platform of Women Scientists，因為後續缺少補助，而失去影響力。

　　歐盟提出的改變理由是因為FP6計畫的期中評估出爐後，從各國的經驗檢討發現影響過於分散，不足以造成科學教育的系統性改變。因此決定參考美國ADVANCE計畫經驗，聚焦於研究機構與組織的改

造，即所謂「調整行政」（Fix the Administration），希望透過人力資源體系更有性別及多樣化意識，促進工作文化的「現代化」（EU, 2010）。具體作法則是2008年起在FP7的Science in Society學門之下徵求各種「良好作法」（good practices）之計畫書。2010年更進一步徵求「制度改革」的計畫書，鼓勵研究機構與大學可發展多年期的行動計畫，並追蹤其成效（EU, 2010）。

　雖然FP7為了簡化程序與避免反彈，改以更為「自願導向」而非「強制導向」的軟性手段推動科研機構的性別主流化，且經費主要置於Science in Society學門之下而縮減，遭致性別專家與歐盟內部性別團體的嚴厲批評，但其成效與影響力是否真的不若FP6時期強制規定填寫的GAP的作法，本文認為可待後續研究進一步評估。因為強制規定的性別分析或GAP等工具固然看似規模浩大、全面動員，但在第一線執行者缺少對性別的敏感度與認同的情況下，執行結果可能流於形式。因此FP7改為徵求「有意願」的跨國性別專業團隊，對各國面臨的性別科技挑戰深入研究、診斷，進而鼓勵各政府、科研機構的性別團隊進行多年期的行動研究、實際介入學校的改革或建立跨國、跨校的網絡或合作平臺等行動，其影響也不容小覷。本文第三節呈現的內容來源即是FP7部分計畫的成果。

　而從最新一期的歐盟綱要計畫Horizon 2020看來，科研領域的性別平等要求確實持續地往前推進。在Horizon 2020當中，歐盟執委會明確指定超過100個研究領域「必須」進行性／別分析，其餘領域則「鼓勵」進行性別分析（European Commission, 2014）。而且為了促進性別平衡，Horizon 2020終於超越FP6階段的侷限，將研究團隊的性別比例組成與給予補助與否的評估指標相連結——當兩個相互競爭的研究計畫程度與能力差不多時，將由男女人員組成較為平衡的計畫優先獲得補助。[6]從這樣的趨勢，可以看出歐盟從過去的經驗與外

6　此為本文第一作者於2014年赴比利時參加第四屆性別高峰會（Gender Summit 4）時，紀錄歐盟執委會研發創新專員Máire Geoghegan-Quinn 辦公室成員Patricia Reilly之演講內容。

界的批評當中，持續採取「軟硬兼施」的方式，在科研領域推動性別主流化的策略。

（二）歐盟各國推動性別與科技之具體作法

在回顧歐盟背景與策略演變之後，本小節參考PRAGES及STAGES的內容，探討歐盟國家或科研機構之具體作法。

1.促進科研領域性別平等的三大策略

義大利平等部主持的PRAGES計畫，對於歐盟各國及美國科研機構（在ADVANCE資助下）促進科研領域之性別平等作法，以後設分析的方式區分為三大重點：(1)對女性友善的研究環境（A friendly environment for women）、(2)具性別意識的科學（Gender-aware science）、(3)變遷社會下科學界的女性領導（Women's leadership of science in a changing society）。表9.1引用PRAGES計畫的整體概念圖，呈現三大策略、九項目標及三十一項建議方法。

┌表9.1┐ 科技領域性別平等三大策略及推動建議

策略 （strategy）	目標 （objective）	建議方法 （recommendation）
策略一 對女性友善的研究環境 （A friendly environment for women）	目標1.1 改變文化與行為	1. 蒐集性別歧視／偏見資料
		2. 監督薪資性別差距
		3. 女性議題納入主流討論
		4. 促進研究與教學內的性別議題
		5. 促進女性融入研究環境
		6. 促進機構領導者加入改革行列
	目標1.2 促進工作與家庭平衡	7. 建立服務網絡
		8. 宣傳服務資源與資訊
		9. 客製化工作與組織型態

（續下頁）

策略 （strategy）	目標 （objective）	建議方法 （recommendation）
	目標1.3 支持職涯初期之發展	10.制定政策與計畫支持新進研究員
		11.提供新進研究員個別協助與訓練
		12.提升招聘與升等的成員多樣性
		13.補助女性研究員專業發展
策略二 具性別意識的科學 （Gender-aware science）	目標2.1 克服性別中的刻板印象	14.挑戰性別刻板印象
		15.消弭性別水平隔離
	目標2.2 在科學內容與方法中納入性別	16.提升科學教育的性別意識
		17.研究設計納入性別考量
		18.重視女性及多樣性別觀點
策略三 變遷社會下科學界的女性領導 （Women's leadership of science in a changing society）	目標3.1 支持女性於研究中取得關鍵位置	19.促進具潛力之女性科技人進入研究市場
		20.鼓勵女性研究員晉升高階位置
		21.提供女性研究員補助與資源
		22.建立監督機制以避免領導階層性別失衡
	目標3.2 支持女性於管理階層取得關鍵位置	23.監督委員會內女性比例
		24.提供監督委員專屬的性別平等教育訓練
		25.調整規範與法規
		26.提升女性申請者或候選人能見度
		27.遊說決策過程納入女性科學家代表

（續下頁）

策略 （strategy）	目標 （objective）	建議方法 （recommendation）
	目標3.3 加強女性能見度 及交流中的角色	28.支持溝通管理過程中的女性適 任角色
		29.提高科學界女性的能見度
	目標3.4 提高女性在創新 與科技社會關係 中的影響力	30.提升科技內創新管理的女性觀 點及價值
		31.提供女性達到高階位置的資源 與機會

資料來源：本研究修改自PRAGES計畫，Cacace, M.（2009）。

　　從表9.1可以看出，策略一「對女性友善的研究環境」之下的具體建議最多，這也確實是FP7階段的補助重點，但與策略三不同的是，這個區塊的建議內容是組織機制（從女性觀點）的整體改造，但改造之後的環境通用於所有人，而非僅針對女性。其中目標1.1「改變文化與行為」，重點在於蒐集與分析組織內部的性別統計資料，並且透過研究、教學納入性別議題，以及公開的討論前述統計或研究成果，來彰顯改革的需求。目標1.2是「促進工作與家庭平衡」，特別強調彈性甚至客製化的工作安排，例如：提供親職假或者專任暫時改兼職的機會，並給予有親職或照顧壓力暫停計算升等時間之調整。目標1.3「支持職涯初期之發展」則強調給予新進研究人員（包括專案、約聘研究者）的個別支持與訓練，包括給予特定補助來協助其專業發展。

　　在策略二「具性別意識的科學」下有兩項目標。目標2.1「克服性別中的刻板印象」，其建議包括檢視教學環境、教材中有無複製性別刻板印象，以及揭露各種造成水平職業隔離的刻板印象。目標2.2「在科學內容與方法中納入性別」，則必須補助在傳統理工科技學門中推動性別研究，鼓勵教學與研究方法上納入性別面向的創新，以增加研究與教學的性別觀點。

　　策略三「變遷社會下科學界的女性領導」之下，則多達四項目標，目標3.1和3.2分別鼓勵女性晉升「研究」與「管理」的關鍵位置，其作法包括制定新的政策、規定、對女性的補助、甚至保障名額等，來因應這些關鍵位置的性別不平衡（gender imbalance）。目標3.3是「加強女性能見度及交流中的角色」，強調透過交流機會提高女性能見度，也要培力女性的交流技巧。最後，目標3.4是「提高女性在創新與科技社會關係中的影響力」，強調透過補助、專案訓練、或輪調機制等的建立，讓女性有更多機會接觸創新研究或團隊，並促成研究環境更能連結創新與多樣性。

　　從PRAGES呈現三項策略的順序，可以發現（對女性）友善的研究環境之營造是放在最優先的策略，其次則是科學產製過程本身的性別意識；而至於最常被提出來當作檢測指標的女性科研人員比例，PRAGES強調的是女性在權力領導位置的數字和影響力，不再是女性研究員人數而已。這樣的排序有其深意——在女性獲得博士比例已經與男性不相上下的歐盟，若能促成友善的科研工作環境和研究過程，則自然會有越來越多女性進入科研職場，亦即女性進入科研領域本身可能不再是「策略」，而是前兩項策略施行後自然會發生的「結果」。而第三項策略才針對組織內部可能有的玻璃天花板現象，將策略與目標設定在採取積極（矯正）行動，培力女性至領導位置。

2. 政府可以怎麼做？

　　在初步瞭解促成科技性別平等之共同目標與策略之後，以下進一步從國家政府及科研機構兩個層次，簡單回顧數個標竿案例的作法。歐盟許多國家的科技專責部會都已投入性別主流化的改造工程，PRAGES當中就統整了捷克、德國、法國、奧地利和義大利等國的作法，其共同特點是建立專責機制或研究中心來負責推動性別與科技相關業務，且這些機構並非僅從事行政事務，而同時承辦歐盟跨國研究計畫、組織科研與性別研究網絡，以及為國內不同機構提供建議、辦理培力工作坊或補助方案等。

　　捷克是由其政府成立全國性別與科學聯絡中心（The National

Contact Centre for Gender & Science）[7]，以推動科學研究的性別平等。該中心除了獲得國家補助外，也向歐盟申請計畫並加入跨國網絡。主要執行內容有蒐集分析國內外性別與科技相關數據、提出政策建議、建立女性科技人才庫、設立女性科學家獎以及辦理薪傳活動，以吸引不同教育程度的女學生或研究者進入專業科學領域。

　　德國也是由政府成立「卓越女性與科學研究中心」（Center of Excellence Women and Science，以下簡稱CEWS）[8]，CEWS主要執行德國與歐盟的性別平等政策計畫，其研究團隊以科學中的性別平等為題已進行相當豐富的研究並累積經驗，因此也可作為政府、大學及科研機構的政策顧問。CEWS同時相當重視知識轉化（knowledge transfer）的成效，並提供社會大眾具科普性質的性別科技知識。此外，CEWS也為大學及科研機構進行內部性別評估，以此監督科學中的性別平等發展，而它也是性別學者與科學家的互動平臺，同時協助學者們進行職涯規劃與社群網絡交流。

　　法國是在國家科學研究中心（The National Center for Scientific Research）內成立次級單位──「促進科技之女性權益辦公室」（The Mission for the Place of Women at CNRS）[9]。目標為促進

---

[7]　參見捷克「全國性別與科學研究中心」（The National Contact Centre for Gender & Science）：http://en.genderaveda.cz/，成立於2001年，隸屬於捷克科學院社會學研究所（the Institute of Sociology of the Czech Academy of Sciences），目前專職研究人員為13人。

[8]　參見德國的「卓越女性與科學研究中心」（Center of Excellence Women and Science）：http://www.gesis.org/en/cews/cews-home/，源自2000年的一項五年期的補助計畫，為了使計畫持續進行相關工作，德國聯邦教育部暨教育規劃與研究促進委員會（The German Federal and Laender Commission for Educational Planning and Research Promotion）決議成立「卓越女性與科學研究中心」，並於2005年完成機構化，現隸屬於萊布尼茲社會科學研究所（GESIS-Leibniz Institute for the Social Sciences），目前專職研究人員為16人。

[9]　參見法國國家科學研究中心之「促進女性權益辦公室」（The Mission

CNRS的性別平等、促進性別化研究、培力年輕女性和發展網絡與夥伴關係，其具體的作法包括：研究科學界的性別隔離現象並出版、成立CNRS性平委員會、針對機構領導者與研究員辦理性別意識培力活動、建立線上女性研究者與性別科技研究資料庫、與CNRS跨領域研究網絡合作並推動性別化研究、發展具性別觀點的科學教學方法、出版女性科學家圖像、辦理年度薪傳工作坊、設立女性科學家獎、具體支持成立各領域之女性科學家協會，以及執行歐盟與跨國計畫建立夥伴關係。

奧地利科學研究促進署（Austrian Research Promotion Agency）有專門推動科技領域性別改革的計畫——w-fFORTE[10]，著重女性科學家的職涯規劃以及研究環境的平等權益，並且在此計畫下成立了創新科技研究中心（Laura Bassi Centres of Expertise）。特色是該中心為女性科學家主導，也重視各計畫與研究團隊中女性比例，因此向該中心所申請的研究計畫必須說明研究的性別觀點與團隊的性別平衡。此外，這個中心以利用性別平等觀點進行科技創新為目標，除了重視基礎應用科技與產業連結外，也鼓勵支持女性科學家的職涯發展。目前此研究中心共有九項研究主題正在進行，領域包含醫學、生物科學及資訊工程等，總預算超過1,500萬美元。

綜合前述各國經驗，本研究認為在國家層級建立研究單位或專責的性別與科技機構，較能有效且有持續性地推動科技領域的性別改革。從上述各國作法來看，專責機構能針對國內科技與性別的議題進行大規模研究、提出重要政策方針，也能成為其他機構所諮詢的

---

for the Place of Women at CNRS）：http://www.cnrs.fr/mpdf/，成立於2001年，隸屬於法國國家科學研究中心（The National Center for Scientific Research），目前專職人員為7人。

10 參見奧地利，w-fFORTE計畫：http://www.w-fforte.at/at/w-fforte/w-fforte/w-fforte.html，成立於2002年，隸屬於奧地利科學、研究、經濟部（Federal Ministry of Science, Research and Economy）與奧地利科學研究促進署（Austrian Research Promotion Agency）。

對象，同時評估國內機構的性別平等實務概況，並給予改善建議。此外，新機構也能夠成為性別學者與科學研究者的交流平臺，促進跨領域交流網絡，以利於性別與科技跨領域研究的發展，也是較能保障三大策略同步發展的方式。

┌表9.2┐　案例總覽──國家政府與專責單位

案例總覽──國家政府與專責單位		
國家	單位名稱	重點項目
捷克	全國性別與科學聯絡中心（The National Contact Centre for Gender & Science）	➢ 建立網絡 ➢ 研究國內科技中的性別問題 ➢ 提出政策規劃 ➢ 建立女性科技人才庫 ➢ 辦理薪傳規劃
德國	「卓越女性與科學研究中心」（Center of Excellence Women and Science）	➢ 建立網絡 ➢ 研究國內科技中的性別問題 ➢ 擔任性平改革諮詢顧問 ➢ 監督與評估機構性平措施
法國	「促進科技之女性權益辦公室」（The Mission for the Place of Women at CNRS）	➢ 建立網絡 ➢ 研究國內科技中的性別問題 ➢ 培力年輕學者與建立典範 ➢ 促進性別與科技研究
奧地利	推動科技領域性別改革的計畫──w-fFORTE計畫	➢ 女性科學家職涯規劃 ➢ 研究環境之平等權益 ➢ 擔任性平改革諮詢顧問
	創新科技研究中心（Laura Bassi Centres of Expertise）	➢ 性別與科技研究 ➢ 女性科學家職涯發展

資料來源：本研究整理自PRAGES計畫，Cacace, M. (2009)。

3. 大學及科研機構可以怎麼做？

　　回顧歐盟近年的性別平等計畫，可以發現有越來越多歐洲院校參與機構轉型的改變，以下討論於STAGES計畫中參與行動研究的5間機構與作法，不同於政府統一發布政策的形式，各機構須針對內部組織的性別問題提出對症下藥的改革行動；換言之，參與機構都將提出量身打造的行動方案（Self-tailored Action Plans）。多數機構會優先挑選內部1～3個系所或研究單位作初步試驗，若試驗成果相當成功時，則可將有效作法推展至全校，甚至影響國家政策。

　　首先是義大利的米蘭大學（University of Milan），該校參與執行多項歐盟機構轉型計畫，其在1995年成立的「女性和性別差異研究中心」同時能提供專業諮詢，是該校在性別改革上的一大優勢。米蘭大學一開始在機構轉型的策略是挑選重點發展系所——農工學院及醫學院，農工學院的目標是消弭性別水平隔離；醫學院則是消弭垂直隔離。因此，兩學院針對職涯規劃推出一系列的課程、性別意識培力工作坊和諮詢服務。雖然此計畫一開始僅兩個學院參與，但之後有越來越多系所投入參與轉型，米蘭大學近年也成立性別與科學整合研究中心（Center for Coordinate Research GENDERS），提供校內跨領域研究發展與性平政策規劃。

　　第二所是丹麥的奧胡斯大學（Aarhus University），因過去僅著重如何增加女性人數，而較少針對結構進行改革。因此，該校仍長期存在女性教職員的管漏（leaky pipeline）現象，讓領導者們不得不正視結構對女性職員所造成的阻礙。奧胡斯大學於2012年開始進行一連串與體制面有關的改革，初步目標是提高女性教授比例3%。該校採用三大策略進行改革，其政策規劃包含三種形式：由上而下（top-down）、由下而上（bottom-up）以及交叉方式（cross-cutting），影響對象有機構內部成員（教職員、學生）、機構外部成員（政府、研究單位）、國家、社會大眾。在計畫執行的四年期間，成功提高女性教授比例由2012年的14.2%，到2015年變為17.5%。此外，奧胡斯大學也為這項機構轉型計畫製作完整的政策報告，詳細說明推動方式與阻礙，並促成一份國家專案「More Women in Research」，在此案

例中看見高教機構可以反過來影響國家政策發展。

　　第三所是荷蘭的拉德伯德大學（Radboud University），他們挑選兩個研究單位進行機構轉型——大腦研究中心（Donders Institute for Brain，以下簡稱DI）、管理研究中心（Institute for Management Research，以下簡稱IMR）。由於DI的領域偏向硬科學，在2011年時DI中的女性教授比例僅10.4%。相對於DI，IMR因屬管理領域並以教學見長之故，單位內部成員較具性別與文化的多樣性。此外，IMR在機構管理的策略上也長期展現性別與政治動能，在2011年的女性教授比例為22.2%。兩個單位在執行STAGES計畫期間，經常能透過跨領域會議進行討論與分享經驗，DI更能從中獲取IMR的有效作法，達到彼此獲益的效果。他們一開始都針對內部性別比例失衡的問題進行研究，並發現職涯發展與結構阻礙是影響女性研究者離開專業領域的主要原因。因此，他們設定改革目標為提早協助女學生或女研究員進行職涯規劃，藉由薪傳活動提高學生或研究員繼續留在專業領域的意願。歷經三年改革時間，他們都成功提高單位內女性教授比例[11]，並達到初期所設定之目標。

　　第四所是羅馬尼亞的亞歷山德魯伊萬庫扎大學（Alexandru Ioan Cuza University，以下簡稱UAIC），UAIC所發展的性別平權計畫與行動相當全面，原先挑選了9個學院內15個系所執行平權行動計畫，並訂立有效的「參與策略」後成為全校性計畫，甚至也成為全國性計畫的指標。UAIC提供了執行平權行動的原則以及性別平權評估標準，使他們在2014年獲得歐盟頒發的卓越人力資源研究之殊榮。UAIC聚焦在友善環境和提升女性領導兩項目標，具體的作法如：建立校內女性學者與研究員網絡及參與校務會議之網絡代表、研究校內性別隔離與資料蒐集、與羅馬尼亞科研總署（CNCS）協商拓展對女

---

[11] 在2011-2014年的女性教授比例調查中發現，IMR從22.2%提高至28%、DI從10.4%提高至17%，兩間研究單位在三年內皆有6-7%的明顯成長。由此可見，拉德伯德大學所推行的性別平等改革確實有所成效。

性學者的資源補助、辦理跨領域性別與科技課程等。值得一提的是，UAIC成立一個新單位──科學與性別平等中心（Centre for Gender Equality in Science），以研究、監督和評估校內性別平等計畫。

最後是德國的科學研究機構──弗勞恩霍夫爾協會（Fraunhofer-Gesellschaft），也是歐洲最大型的應用科學研究機構。近年該協會聘用新人時，開始注重組織內的女性比例，進而建立支持性策略協助女性職涯發展。早在2003年，弗勞恩霍夫爾協會鑒於性別主流化，已率先在各地研究中心成立平權辦公室（Equal Opportunities Officers, Beauftragte für Chancengleichheit, BfC）與平權委員（Equal Opportunitiés Commissioner），但因為缺乏系統性檢視與評估，最終流於形式而宣告失敗。然而，近年弗勞恩霍夫爾協會採用年度報告（BfC report）與線上工具書（Toolbox）的方式，成功創造出結構改變。舉例來說，線上工具書讓各個成員所想到的行動方案，得以運用網際網路進行意見交流，並在一年兩次的會議或工作坊活動時，將計畫執行經驗與成效向其他人分享與討論。至2015年止，線上工具書已累積四十六個精選範例，供協會參考採用。此外，BfC報告成為每年固定報告，確保平權辦公室、平權委員與中央機構的性別規劃，進而提升弗勞恩霍夫爾協會的性別意識與多元性別平權的理念。

本小節探討歐盟國家與機構常用的三大性別平等改革策略，並依序列舉其中傑出的作法與表現，特別是在大學及科研機構，從中發現及早協助女性進行職涯規劃是提升女性參與的重點。除了研究資源支持外，跨領域的專業社群網絡和機構各項制度為性別友善所進行的調整，皆有助於科技領域的性別平等改革。本研究也發現歐盟計畫多為跨國和跨機構合作辦理，相對有助於改革策略的討論與執行經驗的交流，此種形式相當值得我國科技部、教育部及高教機構作為參考。

[表9.3]　案例總覽──大學與科研機構

案例總覽──大學與科研機構		
國家	機構名稱	重點項目
義大利	米蘭大學（University of Milan）	➢ 研究內部性別問題 ➢ 辦理跨領域之性別與科技課程 ➢ 性別意識培力工作坊 ➢ 職涯規劃與諮詢 ➢ 成立新研究中心
丹麥	奧胡斯大學（Aarhus University）	➢ 研究內部性別問題 ➢ 調整既有規範與制度 ➢ 促成國家「女性與科學」專案
荷蘭	拉德伯德大學（Radboud University）	➢ 研究內部性別問題 ➢ 辦理薪傳規劃 ➢ 具體支持女性職涯規劃
羅馬尼亞	亞歷山德魯伊萬庫扎大學（Alexandru Ioan Cuza University）	➢ 研究內部性別問題 ➢ 建立校內網絡與女性代表 ➢ 促進跨領域交流會議 ➢ 推動性別與科技課程 ➢ 成立新研究中心
德國	弗勞恩霍夫爾協會（Fraunhofer-Gesellschaft）	➢ 研究內部性別問題 ➢ 有效執行平權辦公室 ➢ 規定年度報告納入性別議題 ➢ 發展線上工具書累積改革策略與經驗

資料來源：本研究整理自STAGES計畫，Cacace, M.等人（2015）。

（三）從歐盟看臺灣

臺灣在行政院帶頭推動性別主流化之下，過去十數年來，在政府部門以及民間團體的努力下，亦有部分作為，可以與歐盟經驗相互對照。若將歐盟的經驗分為幾個階段來看，則可分為「建立網絡」、「建立統計」、「實際作法」、「調整行政」四個階段，來與臺灣經驗對話，以下分別闡述之。

在第一個「建立網絡」（networking）階段，即是歐盟於1997年ETAN成立「女性與科學工作小組」，促成不同國家女性科學家彼此的聯繫。女性在科技領域是少數，因此，建立女性間聯繫與支持的網絡通常是首要任務。在這個階段的發展上，臺灣目前已經有專業學會[12]常態性進行聯繫工作，科技部自2008年以來即以計畫支持「臺灣女科技人電子報」的每月出刊，對於維持女性與科技議題的能見度，有一定成效。然而，這些努力皆是民間部門個別的貢獻累積，影響力有所侷限，臺灣公部門並未推動如歐盟ETAN大規模或有系統的網絡計畫。因此，可以說臺灣女性科技人才絕大多數恐仍處於單打獨鬥的孤立狀態。所以，政府的首要任務，便是協助女性科技人才「建立網絡」，彼此認識與相互支持。

在建立網絡的基礎上，第二階段任務便是「建立統計」，即進行統計數字的蒐集與比較。接續ETAN之後歐盟成立的「赫爾辛基婦女與科學小組」，從2003年起促成了She Figures統計指標與數據每三年的出版，使得跨國比較得以進行，也因此能快速指認科技領域的性別問題核心。臺灣固然沒有She Figures系統性的指標與完整的趨勢數據，但自2005-2006年以來，中央政府促成的「性別統計」已經漸漸納入性別變項，但與科技領域人才性別比例相關的科技部學術統計，卻規模偏小。較細緻的學術性別統計從2011年參考She Figures之後，

---

12 例如：中華民國物理學會、中華民國化學學會皆設有女性委員會，並定期辦理女性科學家的聯合會議。臺灣女科技人學會則是專以女性科技人為成員的專業學會，以民間組織的方式進行女性科技人的串聯與支持。

才開始以「計畫」[13]方式建立，但因屬「計畫」性質，因此不保證持續性。此外，政府的性別統計缺少系統性與跨部會統合，以致於資料較不完整，許多分類方式無法進行國際比較，企業部門的資料更是相對有限。目前而言，臺灣政府最欠缺的是科技性別統計資料蒐集的意願、方向與能力。

　　歐盟在建立了統計基礎後，很快的即可將關注範圍擴增到私部門，並由私部門或跨國公司與政府協力進行問題調查與改善，甚至可以因應城鄉差距或特殊脈絡（例如：東歐國家）來進行特殊問題診斷。然而，臺灣科技領域的性別主流化，目前仍賴行政院「性別平等會」、「環境能源科技小組」（以下簡稱「性平會」及「環能科小組」）策動，該小組從2012年成立至今僅四年多，採任務編組方式聘任「無給職」委員提供建議給政府，委員本身另有專職，在時間及能力皆有限的情形下很難全心投入。因此，臺灣政府若僅仰賴該小組委員以一年數次會議的建議形式來策劃科技領域的性別主流化，肯定無法如歐盟進入更細緻問題的指認與診斷。

　　第三階段便是開始採取一些「實際作法」的階段，歐盟的作法包含提升科技女性人數、將性別議題納入歐盟補助的計畫、試圖發覺科技女性受到的間接歧視，甚至要求受補助計畫填寫「性別行動方案」（GAP）。臺灣性平會已經注意到人數問題，但尚無實際作法；在性別議題納入研究補助的部分，科技部自2006年每年徵求「性別與科技」研究計畫，算是小規模回應此議題，但仍未有針對間接歧視研究的特別徵求。而在要求填寫GAP方面，臺灣自2009年起即由當時的「行政院婦女權益促進委員會」（目前行政院性平會之前身）擬定第二期四年（2009-2012）的政府機關性別主流化計畫，要求政府

---

[13] 前國科會（現「科技部」）性別平等專案小組於99年9月公告徵求「促進科技領域中之性別研究與女性科技人才培育」規劃推動計畫，由淡江大學吳嘉麗教授主持，計畫執行時間為2011/6/1-2014/7/31，期間建立的性別統計參見http://www2.tku.edu.tw/~gmist/，後續更新請參見http://taiwan-gist.net/

中長程計畫與法律案皆須進行「性別影響評估」（gender impact assessment, GIA）。但是數年實施以來，或因審查機制設計問題、或因性別專業人才不足等問題，「性別影響評估」仍然受到「流於形式」的批評成效有限（吳嘉麗，2014）。因此，臺灣亟需基於充足統計資料之上而策動的實際作法。

第四個階段即是「調整行政」階段。歐盟參考美國的經驗，聚焦於研究機構與組織的改造，試圖從結構面與決策面來改善科技的性別問題。但這個階段的目標，尚未進入臺灣政府的視野或性平會的議程，因此臺灣與歐盟在此階段上相距甚遠。科技部從2014年起，每年以大約1,000萬元的額度補助十數個「女性科技人才培育計畫」，多以辦理活動為主，缺乏改造機制式的計畫。以歐盟的經驗來看，改造計畫至少需要三到五年，需要大規模投入資金、提高動機，方能進行機制改造。本文剖析的PRAGES與STAGES計畫，皆展示了實際的良好作法，且多以學校為單位進行計畫補助，其成效明顯可以供臺灣參考。

四、結論

從本文的分析看來，臺灣確實可以參考歐盟經驗在科技領域推動性別主流化。統整而言，歐盟的四個階段皆是朝向「機構改造」與「研究改造」的目標前進，以建構具性別敏感的科技知識以及整體的科技環境。臺灣必須如歐盟一樣，投入相當人力與資源針對當前現況進行廣泛並深入的研究，才能指認臺灣脈絡下的改革優先性，並據以規劃實際作法。

例如：在「機構改造」的部分，以臺灣公部門的力量結合私部門，先行協助女性科技人才「建立網絡」以聚集人才；接著系統性、制度性地「建立統計」，以發掘問題；接著規劃「實際作法」，並以「調整行政」體系為目標，以大學或機構為單位挹注資源，以獎勵或

補助為誘因，協助機構從內部進行改變。

　　其次在「研究改造」的部分，臺灣政府可以鼓勵大學理工學系開設性別課程；政府提供計畫補助時，應要求計畫參與人員的性別平衡及計畫執行內容的性別分析，如前述歐盟Horizon 2020已經要求一百個研究領域必須納入性別專家，促成研究方向與研究內容的性別主流化。

　　要達到前述兩項目標，人力資源的投入是必要的。臺灣應參考其他國家作法，如德國「卓越女性與科學研究中心」專職人員有16人、法國國家科學研究中心「促進科技之女性權益辦公室」專職人員也有7人，成立專責單位、配備人力與預算來推動這項工作，應是當務之急。唯有如此，才能針對當前科技領域的性別現況進行廣泛並持續的追蹤研究，並朝向「研究改造」與「機構改造」的目標前進，建構性別敏感的科技知識與性別友善的科技環境。

關鍵概念

　　關於性別與科技的提問方式，首先由美國科學哲學家Sandra Harding（1986）提出「科學中的女人問題」（the woman question in science）以及「女性主義中的科學問題」（the science question in feminism）的不同。前者簡稱「女人問題」，關注科學中女性比例偏少的原因、女性進入科技領域的障礙、女性在科技領域中受到的待遇等問題；後者簡稱「科學問題」，即關注主流科技知識的生產應如何受到女性主義檢視，進而達成更平等的知識生產。近期則有Londa Schiebinger（2007/2012）將此提問分為三個層次：第一個層次攸關女人在科學領域中的參與，也就是科研領域（含教育、就業及決策等）的女性人數問題。第二個層次是科研場域文化中的性別，亦即挑戰科學界內以男性為中心的各種正式或非正式的文化、制度與規則。第三個層次則

是科學結果中的性別，強調在知識創造的層級上，因為納入性別思考而開啟的新視野。簡言之，關注科技領域中的性別問題，不出「參與」以及「知識」兩大面向，並以「機構改造」回應前者，以「研究改造」回應後者。本文即申論，科技領域的性別主流化必須朝向「研究改造」與「機構改造」的目標前進，以建構性別敏感的科技知識以及科技環境。

政策建議

　　臺灣政府應參考歐盟在科技領域性別主流化的經驗，採取有效作法，例如：

1. 科技部或教育部投注資源先行協助女性科技人才建立網絡，瞭解問題。
2. 由政府部門系統性、制度性地建立統計，以發掘科技領域明顯的性別落差問題，除了人數比例之外，亦可關注專業收入、研究補助、家庭照護等面向。
3. 政府規劃實際作法，以調整行政體系為目標、以大學或機構為單位挹注資源、以獎勵或補助為誘因，協助機構從內部進行改變。
4. 政府要求或鼓勵大學理工學系開設性別課程。
5. 政府提供計畫補助時，應要求計畫參與人員一定比例的性別平衡與計畫執行內容的性別分析，促成研究方向與研究內容的性別主流化。
6. 參考其他國家作法，投入具體人力與物力等資源，達成上述目標。例如：在科技部成立專責單位、配備人力與預算，或是集資成立公營財團法人等機構之創新作法，來推動這些工作。

問題與討論

1. 臺灣當前科技領域若要推動性別平等，在「機構改造」方面應當優先做些什麼？哪些歐盟採取的策略適合引入臺灣？又哪些較為困難？為什麼？

2. 在「研究改造」方面，你認為哪些類型或領域的研究最應納入性別觀點？

3. 承上，若採取要求研究團隊填寫「性別影響評估表」的方式，對於納入性別觀點是否會有幫助？還有哪些措施可更加促進「研究改造」，讓產出的知識免於性別歧視或性別盲目？

參考文獻

中文部分

吳嘉麗（2012）〈科技領域的性別主流化——他山之石〉，《性別平等教育季刊》，59：96-103。

吳嘉麗（2014）〈美歐積極推動科研納入性別分析〉，《國際性別通訊》，16：16-17。

彭渰雯（2015）「2015亞太性別高峰會」場邊記錄，《臺灣女科技人電子報》，93。取自http://www2.tku.edu.tw/~tfst/093FST/meeting/093report1.pdf

彭渰雯、呂依婷、江郁欣（2015）〈學術界如何促進女性科技研究人力之發展？美國ADVANCE計畫介紹〉，《婦研縱橫》，103：52-63。

彭渰雯（2017）〈從性別高峰會看各國推動科研領域之性別平等〉，《婦研縱橫》，106：82-87。

傅子耕、蔡麗玲（2016）〈「科學傑出」並非是性別中立的：FESTA計畫解構「科學傑出認定」之初步嘗試〉，《科技報導》，419：8-10。

英文部分

Abels, G. (2012) Research by, for and about women: Gendering science and research policy. In G. Abels & J. M. Mushaben (Eds.), *Gendering the European Union: New approaches to old democratic deficits* (pp.187-207). London: Palgrave Macmillan UK.

Cacace, M. (2009) *Project PRAGES: Guidelines for gender equality programmes in science*. Retrieved from http://ec.europa.eu/research/swafs/pdf/pub_gender_equality/prages-guidelines_en.pdf

Cacace, M., Balahur, D., Blejenbergh, I., Falcinelli, D., Friedrich, M., & Schmidt, E. K. (Eds.) (2015) *Project STAGES: Structural transformation to achieve gender equality in science guidelines*. Retrieved from http://www.stages.unimi.it/upload/documents/Guidelines_STAGES.

pdf

European Commission (2000) *Science policies in the European Union: Promoting excellence through mainstreaming gender equality.* Luxembourg: Office for Official Publications of the European Communities. Retrieved from https://cordis.europa.eu/pub/improving/docs/g_wo_etan_en_199901.pdf

European Commission (2014) *Vademecum on gender equality in horizon 2020.* Retrieved from http://ec.europa.eu/research/swafs/index.cfm?pg=library&lib=gender_equality

European Union (2010) *Stocktaking 10 years of "Women in science" policy by the European Commission 1999-2009.* Luxembourg: Publications Office of the European Union, 2010. Retrieved from http://ec.europa.eu/research/science-society/document_library/pdf_06/stocktaking-10-years-of-women-in-science-book_en.pdf.

Harding, S. (1986) *The science question in feminism.* Ithaca, NY: Cornell University Press.

Huyer, S. & Westholm, G. (2007) *Gender indicators in science, engineering and technology.* Paris: UNESCO Publishing.

Mergaert, L. & Lombardo, E. (2014) Resistance to implementing gender mainstreaming in EU research policy. *European Integration online Papers,* 18(1): 1-21. Retrieved from http://eiop.or.at/eiop/texte/2014-005a.htm

Schiebinger, L. (2007) Getting more women into science: Knowledge issues. *Harvard Journal of Law & Gender,* 30(2): 365-78.

Schiebinger, L. (2012) Getting more women into science: Knowledge issues. In N. Kumar (Ed.), *Gender and science: Studies across cultures* (pp.3-19). New Delhi: Cambridge University Press.

第十章

匯流、回流
安全體系性別主流化之國際趨勢[1]

葉德蘭

國立臺灣大學外國語文學系教授

摘要

　　國際社會自1995年來成以性別主流化為公部門落實性別平等之主要策略，此一努力在各國國內推動政府機制改革已頗見成果，惟於安全體系如軍隊警察單位中受到相當阻礙，我國亦然。此一性別主流化推動缺漏具現於近年全球各地武裝衝突中以性暴力為戰爭策略的嚴重問題，聯合國安全理事會為積極面對保障女性安全、維護永續和平的挑戰，通過了第1325號及其後一系列「婦女、和平與安全」決議，在預防衝突，以及戰區、戰後之維安、重建中納入性別平等觀點，包括參與和平進程決策、免於性暴力等要求。本文探討該系列相關決議對於各國安全維和體系落實性別主流化的關鍵作用，並分析比較已實施之國家行動計畫內

1　作者感謝黃淑玲、黃長玲教授提供修訂意見，以及研究助理廖彥喬、張峻臺協助蒐集並整理資料。

容重點。主要比較對象聚焦在丹麥、瑞典、菲律賓、尼泊爾、澳洲、美國六個國家。這些國家行動計畫主要內涵皆兼顧國內及域外執行之政府行動目標，分由不同中央部會主責，除保障女性於衝突、危機情境中權益外，咸以維安系統改革及女性參與貢獻作為改善現狀、強化永續和平的積極措施，文末提出我國未來建立類似計畫之政策建議。

一、前言

「女性要出來分擔和平與重建工作，
正如同她們在戰爭與抵抗工作的分擔。」[2]

1995年「北京宣言和行動綱領」頒布後，二十餘年來，許多國家皆以性別主流化為公部門落實性別平等之重要實踐策略與運作模式，試圖將性別觀點與女性經驗反映到各種公共事務政策與方案的設計、執行、監督與評估中。根據2014年聯合國體系在「北京宣言和行動綱領」二十週年針對全球執行情況所作之審查和評價報告[3]，雖各國進展並不一致，由政府主導性別主流化工程之努力已見成果，然

---

[2] 艾倫諾·羅斯福在1946年聯合國於倫敦第一次大會時宣讀之「致全世界女性公開信」。

[3] 祕書長的報告「審查和評價《北京宣言》和《行動綱要》以及大會第二十三屆特別會議成果檔的執行情況」（Review and appraisal of the implementation of the Beijing Declaration and Platform for Action and the outcomes of the twenty-third special session of the General Assembly. Report of the Secretary-General）（聯合國文件編號E/CN.6/2015/3）
http://www.unwomen.org/~/media/headquarters/attachments/sections/csw/59/ecn620153.pdf

性別主流化之推動於各國國內安全體系如軍警單位中進展緩慢，此一共同現象正是當前全球性別主流化進程最弱之一環，也是國際社會亟思加強的關注重點。由於維安體系組成向以男性為主，一旦發生戰爭或武裝衝突，對女性的傷害，自二戰以來，有增無減，特別是不少交戰方竟以集體強暴敵方女性為屈辱、嚇阻，甚至毀族滅國的戰爭策略。如1971年巴基斯坦在解放孟加拉戰爭期間，其軍隊利用夜襲，強姦了約20萬孟加拉婦女；1990年8月伊拉克入侵科威特，約有5,000名科威特婦女被強姦；1992-1995年之間的波斯尼亞戰爭，估計有2-5萬名穆斯林婦女被塞爾維亞士兵強姦；1994年4月到6月爆發的盧安達種族屠殺，約有幾十萬名的婦女與女童遭受多種形式的性暴力。再者近年來的恐怖主義攻擊，女性受害亦多，不僅是直接暴力受害者，更承受了基本教義派試圖重回前現代的文化傳統暴力。

許多公民社會團體試圖建立全球性規範，包括女性參與和平安全決策、免於性暴力等要求，以改善上述之女性安全各面向問題，並將女性貢獻納入締建和平的過程。他們的呼籲最終得到聯合國安全理事會的重視，於2000年10月通過第1325號「婦女、和平及安全」決議，即是針對當前各國及國際維和安全體系欠缺性別觀點及女性參與之正向回應，其後系列決議，亦將戰爭中性暴力明訂為安全理事會議程一環，成為各國推動國內安全體系性別主流化及武裝衝突中保護女性安全所援引之國際共識典範，隨後引發了各種國際和在地倡議及行動。

我國行政院自2005年決議開始推動性別主流化，於各部會設置性別聯絡人，要求各部會2006年皆實施推動性別主流化計畫並設立「性別平等專案小組」，將性別觀點積極帶入到各種公共事務中，以落實性別平等（林芳玫、蔡佩珍，2003；張珏，2008；陳芬苓，2010；陳金燕，2011；黃淑玲，2008；彭渰雯，2008）；然而，與國際社會現階段共同不足之處相同的是，軍警等維安系統中的性別平等進程較之其他領域仍有遜色之處，並明顯缺乏呼應聯合國第1325號決議及針對國家安全體系中「女性、和平與安全」議題之計畫與作為，是以，本文探討聯合國安全理事會第1325號及其後一系列「婦

女、和平與安全」相關決議，對於各國國內安全體系落實性別主流化
的關鍵作用及現行作法，檢視其目前實施狀況與遭遇之問題，期以彰
顯性別觀點對我國和平、安全之啟發及女性在締建和平、維護安全中
的角色與重要性，並參酌其他國家發展「女性、和平與安全國家行動
計畫」之作法，提出我國安全體系未來建立國家行動計畫以落實性別
主流化之建議。

二、由散珠到匯流：聯合國體系「婦女、和平與安全」相關決議與措施

　　目前聯合國安全理事會「婦女、和平與安全」相關決議，可分為
女性參與和平進程為重的第1325號、第1889號、第2122號與第2242
號決議，以及優先防治性暴力的第1820號、第1888號與第2106號決
議，兩方面相輔相成，方能突顯女性在和平安全議題上不可或缺的重
要角色。

　　第1325號系列決議要求在消除暴力建構和平的過程中，確保女
性在各個層級得以充分參與貢獻，因為她們不僅是武裝衝突的受害
者，更應是造成改變的行動者。第1820號系列決議著重懲治直接暴
力，可立即處理目前武裝衝突中、後區域嚴重性暴力的人數危害惡
行，亦可具體有助於打破女性往往因有形、無形之暴力、恫嚇、歧視
而無法充分、有效參與決策之實際困境。

　　近年執行這兩個系列決議的結果也證實：「婦女、和平與安
全」議程可以在國際、區域及國內安全、和平領域進行實質性別主流
化，正見女性於中受到與男性不同的影響，及她們長久被忽略的經驗
和需求，並將性別觀點納入相關政策措施，以促進全面的（compre-
hensive）性別平等和永續的和平安全。

（一）第1820號決議系列

2008年6月，美國輪值該月安全理事會主席，由當時國務卿萊斯（Condoleezza Rice）擔任，她延續當時美國小布希總統的外交說詞，如發動對伊拉克戰爭係與婦女人權有關，提出「衝突地區性暴力是安全問題（indeed a security concern）」主張，認為「不僅對女性個人身心與安全造成傷害，也對所在國家的經濟與社會穩定造成巨大影響——因此既不能容忍，也不可饒恕。[4]」在美國強力支持下，該月19日安全理事會通過了「衝突中性暴力」第1820號決議[5]，第1820號決議確立了性暴力作為一種武器及戰爭策略，其中「性暴力」一詞係指武裝衝突中針對女性的一切與性相關的暴力以及其他形式（與性別有關）的暴力，並且明文表示：「暴力、恫嚇和歧視行為導致婦女參與衝突後公共生活的能力及合法性遭到削弱，由此造成婦女在參加和全面參與預防和解決衝突方面長期面臨種種障礙」（第6段），理事會「確認」這對永續和平、安全及戰後重建會產生負面影響（第11段），是一種戰爭犯罪、人道罪行，因此要求訓練維和部隊，並堅持指揮官負責原則，以杜絕並回應性暴力犯行。

1. 第1888號決議

2009年9月，美國再度輪值安全理事會主席一職，此時美國國務卿為希拉蕊柯林頓（Hillary Radham Clinton），她引用當時最新的剛果民主共和國的國際社會應該有更積極的作為，安理會乃於9月30日通過了第1888號決議[6]，責成祕書長提升層級設置「特別代表」（a Special Representative of the Secretary-General on Sexual Violence in Conflict）以領導統理衝突中性暴力相關事宜（第4條），並設置「女

---

[4] http://www.un.org/News/Press/docs/2008/sc9364.doc.htm

[5] 中文版決議全文可參見http://www.un.org/chinese/aboutun/prinorgs/sc/sres/08/s1820.htm

[6] 中文版決議全文可參見http://www.un.org/chinese/aboutun/prinorgs/sc/sres/09/s1888.htm

性保護顧問群」（Women's protection advisers, WAPs）（第12條）及「專家小組」（teams of experts）赴各國實地協助（第8條），每年報告執行情形（第27條）。

聯合國安全理事會連續兩年通過的第1820及1888號決議，將「衝突中的性暴力」確立為是理事會必須立即且全面性處理的最重要議題之一，其用語較之2000年第1325號決議更為明確有力，監督機制亦已成形，含括了負責原則、分層職位、定期報告、教育培訓等。就性暴力相關的女性權利保障而言，雖是重視了武裝衝突中的性暴力嚴重性，但也坐實了長久以來婦女需要保護之刻板印象，還把女性和兒童拉到一起成為受保護群體，而隻字未提預防措施，或男女權力不平等才造成性暴力之實，也未見當地女性參與防治機制之設立。

2. 第1960號決議

安全理事會於2010年12月16日通過的第1960號決議，獲得60個聯合國會員國連署支持，內容重點要求武裝衝突任一當事方，如確信涉嫌不斷實施以性暴力為攻擊手段，必須提供足夠細節資訊，包括應對此種行為當事方名單，以供安理會決策參考，以免再發生有罪不罰之情況。此一決議提出的「具名公布（naming and shaming）」機制，即是清楚的政治訊息，告訴所有武裝衝突相關方：容許或施用性暴力是會有嚴重後果的，不僅會名列於每年祕書長報告之中，還會送交聯合國禁運委員會（Sanction Committee）及國際法庭（ICC）。

3. 第2106號決議

2013年6月23日聯合國安全理事會通過第2106號決議，不僅再度聲明性暴力作為一種戰爭策略，加劇了武裝衝突、阻礙國際和平與安全的實現，同時也強調任何防禦保護措施都需要女性的參與。決議中呼籲祕書長在每個維和過程中都應評估：1.是否需要婦女保護顧問，並確保這些專家經過合適的訓練；2.確認性別平等顧問發揮作用，維和相關部門政策規劃與執行皆考慮到性別平等問題，所有人員皆受過性平培訓。此外，第2106號決議也要求聯合國調查委員會在必要時

應有性犯罪、性別犯罪領域專業人員，以準確記錄下這些罪行。

（二）第1325號決議系列

　　聯合國安全理事會近三十年來積極參與各地區之停戰、維和事宜，雖其成員國家不多，所作決議卻為全體會員國遵行，是目前全球安全治理最重要的政府間組織。1990年代開始，聯合國不僅內部各單位皆已執行性別主流化，各個組織，如世界銀行、教科文組織等亦頗為關注，在其內部進行性別平等觀點之融入與執行，安理會作為聯合國的一級單位，而未見具體行動，引發不少檢討聲浪。然而安理會過去雖曾多次關切女性在戰亂中之保護，並未考量性別平等觀點或女性主體性參與維和工作或戰後重建等性別主流化的作法，亦可視為其組成國家內部安全部門尚未落實性別主流化之結果。此一不足，在90年代東歐前南斯拉夫地區及非洲獅子山共和國及盧安達武裝衝突中不論其宗教背景或族群差異，雙方軍隊皆以強暴女性為戰爭策略時，更受多方批評，尤其是國際女性非政府組織。

　　雖然國際戰爭法庭已將這個面向列為戰爭罪行，作為當前主要處理全球武裝衝突的聯合國安全理事會，仍然不以女性和平安全議題為其職掌範圍，因此，各地戰區女性團體、國際非政府組織及聯合國內部參與維和安全事務之機構如UNIFEM，三方共同努力，經過將近十年不斷遊說安全理事會的常任及非常任理事國，終於在2000年10月歷經兩天激烈辯論後通過了第1325號「婦女、和平及安全」決議[7]，正視武裝衝突對男性、女性影響之不同，男女之於戰爭的經驗亦不同，但她們的經驗與貢獻並未加以利用，也被低估甚或忽略了，以致於和平狀態無法穩定持續，作為地區人口至少一半數量的女性並未因止戰而享有安全的生活。此一決議成為新世紀女性參與國際和平、安全議題，破除傳統性別區隔的利基。第1325號決議劃時代的貢獻就

7　中文版決議全文可參見http://www.un.org/chinese/aboutun/prinorgs/sc/sres/00/s1325.htm

在於正式將女性建設和平的作用，放入曾受排除的和平、安全領域。其內文重點如下：

一、承認女性在預防、管理、解決衝突及重建計畫等過程中之貢獻和重要性。

二、增加女性平等並充分參與所有各層級和平進程決策，並納入性別觀點。

三、保護女性免於基於性別之人權侵犯在國際或國內法庭中，以戰爭罪犯起訴對女性刻意侵犯施暴者。

要求聯合國祕書長指派更多女性擔任特使或代表，以及設置相關參與機制。

此一決議代表了性別主流化進入安全體系以及承認女性由受害者轉為行動者的聯合國重要文件（Anderlini, 2007; Mazurana et al., 2005; Porter, 2007），可視為女性運動團體與女性國家領導人共同合作的成功例證：在國際政治操作權力直接展現，並以男性思維為主導的安全理事會中，引進了性別平等觀點的和平安全模式（葉德蘭，2010；Olonisakin et al., 2010; Anderlini and Tirman, 2010）。

可惜的是，安全理事會在成立了五十五年後才正式藉第1325號決議將女性參與視為全球和平安全議題，雖深具里程碑意義，由於其內文語言相當寬鬆〔如酌情（where appropriate）、鼓勵（encourage）、邀請（invite）、呼籲（call upon）等用詞〕，而且缺乏定期監督決議執行的機制，作為宣示之意義遠強過實際實踐之成效（葉德蘭，2010；Shepherd, 2010）。

1.第1889號決議

全球女性組織在決議安全理事會連續通過第1820及1888號，而在衝突中性暴力防治有了重大進展之際，不禁反思到：將和平與安全議題集中到性暴力、性剝削與性虐待的焦點，是否強化了女性作為受害者的傳統形象，因而使安全理事會角色又回到「女性保護者而非女性解放者」（Otto, 2009, p. 25）的老路？美國主導此二決議多少令人感覺到減弱或奪走了2000年第1325號決議中所強調的女性全面參

與決策及廣納性別觀點的進步程度（progressiveness），以及女性作為和平建構者的主體性、能動性，致有窄化「女性、和平與安全」議題之虞[8]（葉德蘭，2010；Swaine, 2010）。聯合國婦女發展基金會在此時亦報告了第1325號決議在各衝突地區執行效力不彰之結果，包括和平協議之簽字者，女性僅占24%，以及和平重建援助用於女性上，連6%都不到（UNFEM, 2009）。

　　由是，越南國家代表正式提出了女性組織草擬並與多國代表商定之提案，以建置第1325號決議之監督機制並明文賦權女性 （第1889號決議／段11、9）來進一步區別出「婦女、和平與安全」二個不同系列之決議，強調經費、員額等性別主流化措施。安全理事會於2009年10月5日通過成為第1889號決議[9]，要求：「消除社會上對女性平等能力參與的負面態度」（段1）；提交到安理會所有之各國國家狀況報告，皆要說明武裝衝突後的女性特殊需求與滿足這些需求遇到之障礙（段5），並要蒐集相關數據，進行系統分析和評估以做更有效之全系統回應（段6）；祕書長六個月內擬定全球執行第1325號決議情形之監測指標，以為UN體系機構，其他區域性國際體制及會員國之共同檢視決議執行進程之基礎（段17）；並在報告內需有全球性策略來提升女性在聯合國和平、安全決策中角色。

　　由第1325號決議之理念、概括要求到九年後第1889號決議之明訂具體「義務」（obligation）及要求訂定「指標」等究責機制（accountability），安全理事會終於確立保障女性在戰爭前、中、後的

8　此一疑慮充分表現在歐洲聯盟（EU）代表H.E. Anders Lidén在2009年10月安全理事會討論「女性、和平與安全」時的發言：「目前（「女性、和平與安全」相關）現狀是歐盟無法接受的（unacceptable）。……應該要做的是加強第1325號的決議，才不會讓衝突中的性暴力持續發生。」發言全文見於http://www.uwan.info/a/SCR1889EU.html

9　中文版決議全文可參見http://www.un.org/chinese/aboutun/prinorgs/sc/sres/09/s1889.htm

和平過程的參與權益為其重要國際社會責任。

2.第2122號決議

　　根據祕書長2013年9月4日提出之進程報告（S/2013/523），雖然第1325號決議已經通過了十多年，2012年聯合國領導之七項和平進程中有女性代表者僅三分之一，為讓協商中婦女有充分發揮領導才能的機會，國際社會要求提供資源以滿足女性不同於男性的需求和培植她們行使其參與執行第 1325 號等決議的能力，以推進婦女全面參與和平之能力與承諾。是以安全理事會於2013年10月18日通過第2122號決議，重申增強婦女和女孩的權能和實現性別平等對努力維護國際和平與安全至關重要，須繼續加強執行婦女、和平與安全議程。

　　此一決議明文重申（reaffirm）可持續和平（sustainable peace）需緣綜合式作法（integrated approach）[10]方能達成，其中特別強調要促進女性領導，並且羅列了解決女性參與不足問題的具體作法。此外，第2122號決議認為安全理事會需要在自身工作中不斷執行第1325（2000）號決議，並提出應由人權、發展及經濟賦權以處理戰爭及女性安全危機之根本原因（root cause）（段14、15），直指問題核心，不再僅限於解決女性在社會中的表象參與困境。

---

[10] 國際維和一向以各政府、機構間的溝通、合作、協調統整作為，來增進行動能量、和諧及互補作用的方式稱為全面性作法（comprehensive approach），在聯合國系統中，則稱為綜合式作法，指各樣程序、機制與結構在共同策略框架及優先順序下完成目標，並兼顧政治、安全、發展、人權等多面向需求及標準，取代了舊有軍民二分的維和思考。由維和之integrated mission開始，現今聯合國系統多項任務皆採取此一作法，如經社理事會的偏鄉發展、災難人道協助等（Cedric de Cloning, 2008, D11S Report 2008: 14. Danish Institute for International Studies）。

3. 第2242號決議

在第1325號決議十五週年之際，聯合國系統於2015年10月13日同日建立了兩項「女性、和平與安全」重要文件：一為在美國紐約的安全理事會通過第2242號決議，一為在瑞士日內瓦的「消除對婦女歧視委員會」通過了《消除對婦女一切形式歧視公約》第30號一般性建議。

為紀念「女性、和平與安全」第一個第1325號決議通過十五週年，安全理事會根據2013年第2122號決議，委託獨立專家進行一項[11]全球研究，「預防衝突、改變正義、確保和平（Preventing Conflict, Transforming Justice, Securing the Peace）」，並根據此一研究結果，以及聯合國祕書長提交之第1325號決議執行情況全球調查結果的報告（S/2015/719），在2015年10月13日舉行了「女性、和平與安全」高級別檢查（High-level Review），以評估2000年來全球區域和各國層級之進展。此一活動之結論及對未來作法之建議則形成於當天通過的第2242號決議，該決議史無前例地獲得高達71國支持，足見「女性、和平與安全」作為全球安全和平之重要議程已經漸漸成為國際共識。

第2242號決議銜第1325號決議精神，重點可分為四項：

1. 在所有國家情境中融入整合「女性、和平與安全」議程，進一步整合「女性、和平與安全」議程、反恐議程和反對可孳生恐怖主義的暴力極端主義議程。

2. 提出具體新目標及作法，五年內使「聯合國維和行動軍事和警察特遣隊」中的女性增加1倍（段8）；在「祕書長防止暴力極端主義行動計畫」中，要融入女性參與、領導和賦權，

---

[11] 由曾任聯合國「兒童與武裝衝突問題特別代表祕書長（Special Representative of the Secretary General on Children and Armed Conflict）」及「暴力侵害婦女問題特別報告員（Special Rappoteur on Violence Against Women）」拉迪卡・庫瑪拉斯瓦米（Radhika Coomaraswamy）女士主責之研究團隊。

並以之作為聯合國整體策略與回應之核心（段13）」。

3. 安全理事會將成立常設之「非正式女性、和平與安全專家小組」，以更有系統性地在一般維持和平機制中處理性別平等相關之問題。

4. 強調與女性組織更多層面之合作，敦促會員國和聯合國系統「確保」「婦女組織參加」、制定，並領導「反恐戰略和反對可孳生恐怖主義的暴力極端主義戰略」。

這些重點與《消除對婦女一切形式歧視公約》第30號一般性建議內容相互呼應。至此，「女性、和平與安全」議程已不限於衝突之預防和衝突中、後之地區，而普及到所有對抗恐怖主義的國家與國際機構之中。第2242號決議及CEDAW第30號一般性建議可視為國際社會對於當今全球和平與安全現況將以性別主流化和平與安全領域為重要策略之回應，也是第1325號決議十五週年之際的最新進程。

另一方面，聯合國安全理事會於2015年12月9日通過了一項著重年輕人政治參與的決議（第2250號），不僅敦促各國在各層級和平、安全相關決策中納入18-29歲之代表，雖其中並未明文提及女性或性別平等，但文件中前言第一部分最先提到第1325號等七個「女性、和平與安全」決議，而且協作夥伴單位亦包括聯合國婦女署，其年輕女性平等參與和平、安全決策之內涵甚為顯明，加上建設和平委員會（Peacebuilding Commission）於2013年9月26日通過的「關於增強婦女經濟權能以建設和平的宣言」（PBC/7/OC/L.1），皆可看作是「女性、和平與安全」議程逐漸普及進入聯合國各個單位，並開始與不同領域之國際議題匯流的跡象。

其實，聯合國內部已遵照安理會第1889號決議，由祕書長於2011年7月提出「聯合國女性、和平與安全策略成果框架2011-2020（UN Strategic Results Framework on Women, Peace and Security: 2011-2020）」[12]作為各單位執行第1325號等決議的指導文件，將

---

[12] 詳見http://www.un.org/womenwatch/ianwge/taskforces/wps/Strategic_Framework_2011-2020.pdf（由安全理事會刊發）。

「女性、和平與安全」二大決議系列綜合後訂出的二十六個全球指標[13]，分列於四大目標（goal）之下：1.預防衝突及衝突中、後之所有對女性暴力形式；2.在國家、當地、區域、國際等層級和平、安全決策過程中，女性得與男性平等參與並於其中推動性別平等；3.在衝突影響地區保護並伸張婦女和女童人權；4.在援助及重建中，要符合女性特別需求，而衝突中、後情境中要強化女性主動行動之能力；並且訂出2014年配合全球高級別檢查之短程具體目標（target），以及2020年達成之長期具體目標。在此四大目標中，預防(1)和援助及重建(4)二類指標即與重新分配資源之性別主流化措施相互結合。

觀察上述第1325號及第1820號二類系列歷年決議及執行可發現：這些決議皆在「女性、和平與安全」議程大傘之下，雖個別並非皆具全面性之關照幅度，然而區分為第1325號決議與第1820號決議兩大重點系列決議之間彼此頗有相互補強之效果，發展至今之趨勢即為彼此參照匯流，而逐漸成形綜合型監督機制，力量更為凝聚。有鑒於衝突地區嚴重性暴力問題急待處理，第1820號決議之後，緊接著次年通過第1882號決議即要求問責、課罰；相較之下，第1325號決議由於層級更為全面，牽涉實際權力及資源分配，且女性參與及性別觀點納入之迫切性不如直接暴力防治，於2000年通過後一直無法產生進一步實質、具體作為的決議。2009年9月通過第1888號決議的衝

---

[13] 聯合國直屬的十四個和平性別相關機構成立「全球指標草擬工作小組」（UN Technical Working Group on Global Indicators, TWGGI），經安全理事會4月27日審議修訂通過四類二十六個指標（內容詳見聯合國祕書長於2010年9月向安理會提出之相關報告《Women and Peace and Security, Report of the Secretary-General》（S/2010/498）第15-21頁，http://www.securitycouncilreport.org/atf/cf/%7B65BFCF9B-6D27-4E9C-8CD3-CF6E4FF96FF9%7D/WPS%20S%202010%20498.pdf），聯合國祕書長在2013年9月對安理會報告即已使用現行指標其中二十個作為評估「女性、和平與安全」進程之用（內容詳見《Report of the Secretary-General on Women and Peace and Security》（S/2013/525）。

突中性暴力課責機制，實際為前述瓶頸鋪了路，包含性暴力處遇的全球監督指標建置之第1889號決議於次月即在安理會通過。此一相互增長的良性互動在其後的第1960、2106號決議中，至為明顯，除內容更具體、細緻，所要求之行動更積極、明確外，兩者共同強調了女性參與及性暴力防治，彼此皆提到另一系列之著重點，涵蓋範圍亦相互含攝，使二個系列更為相通；在監督機制如全球指標訂定及高級別檢查時，亦將兩系列決議同時融入，而2013年10月18日同日通過的第2122號決議及CEDAW第30號一般性建議，皆已將兩系列決議通貫涵納，顯示各方共識日趨一致，未來聚焦在現場實踐之影響和結果會有進一步整合匯流的可能。

[表10.1] 聯合國安全理事會「女性、和平與安全」決議兩大主題系列

主題 通過 時程	女性參與、領導	衝突中、後性暴力	決議重要性
2000/10	SCR 1325		確認女性參與及貢獻
2008/6		SCR 1820	保障女性免於性暴力
2009/9		SCR 1888	監督機制奠基
2009/10	SCR 1889 (+性暴力)		全球監督執行指標
2010/12		SCR 1960	具名公布機制
2013/6		SCR 2106 (+女性參與)	安全部門改革
2013/10	SCR 2122		綜合式做法
2015/10	SCR 2422		與CEDAW互文

三、由國際而回流：以國家行動計畫推動在地落實

從2000年第1325號決議通過開始，國際公民社會，尤其是女性團體，一直在思索如何具體運用這些決議，以確保女性的參與及保護，除了繼續監督相關議程之國際推動進程，如NGO Working Group on Women, Peace and Security每月皆出版*Monthly Action Points*，提醒全球女性運動者可以關注之區域或國家焦點之外，在實際推動策略上已經逐漸形成聚焦與離散兩大策略（葉德蘭，2010），亦分別反映在不同地區之國家行動計畫（National Action Plans）的內涵中。

聚焦策略係指在戰亂地區以第1820、1888號決議為中心來推動女性、和平與安全議題，而以第1325及1889號決議為輔，在和平地區則相反。武裝衝突中、後地區著重性／別暴力之預防、處理及懲治，以保護婦女及女童為主要考量；在和平地區強調在區域及國家中，重要的是女性全面、有效參與各國國內及國際安全維和機制，以她們作為代表、顧問、聯絡人事等，特別是出任首長的領導位置，借重她們的經驗、視野與理念，來增益和平安全機制的內涵與運作，以更符合所有人，包括男人、女人、男童、女童的需求，這正是性別主流化和平安全領域的實踐。

離散策略的努力在國家層級上，即為第1325號決議國內法治化。聯合國憲章規定會員國本來就有實踐安全理事會決議的義務，加以聯合國祕書長在2004年「女性、和平、安全」年度報告[14]中，明白要求各會員國發展制定有目標、時間表和明確策略的國家行動計畫[15]，將性別觀點納入和平援助、人道主義行動以及衝突後重建的監

---

[14] 2004 Report of the Secretary-General on Women, Peace and Security（S/2004/814）。全文見於http://www.un.org/womenwatch/feature/wps/

[15] 對此，許多討論爭執點就在第1325號決議完全沒有提到各會員國之行動，也沒有監督及報告機制之建立；亦有學者認為安全體系不外乎政府整體，應該融入既有國家性別平等或性別主流化措施之中；另一派學者則注意到融入式作法必不免分散焦點，而削弱決議原有之改革力道，兩者並行才完整（UNINSTRAW, 2006; Swaine, 2010），惟仍應以獨立國家行動計畫為主軸，方能加速達到和平、安全部門之性別平等，涵容不同性別觀點與貢獻，如此產生的和平、安全才更為穩定、持久（UN Doc. S/2004/814）。但在第1889號及第2122號決議成立後，質疑聲浪劇減，更多國家在國內皆以行動計畫來實地執行第1325號決議。

測機制，以加強女性參與和平、安全決策及行動。也就是說，即使是和平時期的國家，也要以國家行動計畫來執行安全理事會之第1325號決議（葉德蘭，2010）。

（一）各國國家行動計畫

過去十餘年間，超過六十五個國家已經施行「女性、和平與安全」國家行動計畫（national action plan）[16]來執行第1325號等系列決議。北歐國家認為推動性別平等乃增強國家發展及國力之重要途徑，向來不遺餘力，雖近年並無戰爭威脅，仍率先建立國家行動計畫，並協助其非洲夥伴國家建立之。其他許多已發展國家本就重視女性平等參與之議題，在聯合國已有明確建議以國家行動計畫來推動「女性、和平與安全」議程的國際氛圍下，亦紛紛於其國內付諸實踐。武裝衝突後地區國家亦因聯合國維和任務引領，而建立國家行動計畫，在過程中國際女性團體及在地女性組織之倡議促成功不可沒。

在2008年第1820號決議通過後提出新的國家或區域行動計畫，如2008年歐盟及2009年賴比瑞亞等國，則多將第1325及1820號決議一起納入在計畫中。女性參與和平安全及反性／別暴力之連結整合，儼然成為目前國際社會提倡女性權益最重要的議題之一，而透過性別觀點來重新審視和平、安全領域之工作細項，如轉型正義、和解、復員、維安措施等，皆發展出了新意涵，更具包容性、永續性，不僅能在公義平等的原則下去照顧不同性別的需求與期待，也更加符合普世人權法則。

目前實施中的各國國家行動計畫雖個別重點大不相同，皆包括對內及對外兩個部分：

1. 對內改革安全（維安）系統。各國之安全體系，包括軍、警等，常是推動性別主流化最辛苦的部門，女性在其中的晉

---

[16] 已通過「國家行動計畫」之國家清單可參見http://www.un.org/women-watch/ianwge/taskforces/wps/national_level_impl.html

用、升遷及工作氛圍，皆多有改善空間。近期國家行動計畫中會明訂量化指標，以期早日達成安全體系中的實際性別平等（Bastick and Torres, 2010）。部分國家行動計畫指標已進入聯合國理事會的指標版本，成為準國際標準。

2. 對外檢視援外之物資、款項及派遣人員運用之性別觀點，以及與友邦國家合作發展／重建時，納入女性經驗、貢獻和女性參與培力之狀況，並且協助友邦國家訂立該國之行動計畫。如挪威於2006年提出本國行動計畫，其援外之國家象牙海岸則在2008年。

為因應這兩類行動提議，各國已提出之國家行動計畫多半以外交部或內政部為主責機關，並要求組成跨部會推動小組，與民間組織合作、訂定預算額度，以及每年檢討報告實施情況。

在第1325號決議成立十五週年之前夕，美國喬治華盛頓大學全球暨國際研究中心針對當時各施行之國家行動計畫及其前期計畫共五十個進行內容分析（content analysis），發現：(1)九成以上要求報告執行進程，但只有四成列出評估指標，三成有時程表；(2)近六成五明訂執行單位，四成強調了跨部會合作，並有計畫主責機關；(3)六成提到了公民社會參與行動計畫，但只有三分之一邀請公民社會一起監督；(4)最為欠缺的是財務來源，只有荷蘭與塞爾維亞言明具體資金，三分之一隻字未提（Miller et al., 2014）。研究結論建議將「女性、和平與安全」行動計畫視為一般政策執行，並加強其財務支持與實質影響評估，此點實是反映了國際公民社會團體共同的呼籲，如Cordaid和GNWP在2013年針對26國政府國家行動計畫問卷的報告所言，即使已施行性別預算的國家，仍未能有足夠預算及穩定財源來支持（Raaber, 2014）。

近年「女性、和平與安全」國家行動計畫之實施結果更受到多方關注，學界及實務界紛紛展開評估。如Swaine（2010, 2013）檢視了多國行動計畫及推動成效，認為計畫之規劃、執行及評估皆應以結果為行動導向，並在所有階段均納入政府部會、立法議會、公民社

會、婦女團體等，以廣納意見、照顧多元需求，並兼顧策略性[17]及實際問題癥結所在的考量，以免行動落入枝節末端。歐洲安全和平組織（Organization for Security and Co-operation in Europe）2014年檢視了其27個會員國之國家行動計畫執行情況，發現相關政府、機關缺乏知能與承諾，亦僅撥出很少資源來執行，因此建議各國應立即強化這兩方面的實作，並將公民合作透明化、制度化[18]；該組織也要求增加跨部會國內外合作及明訂課責機制，以改進執行效果。北大西洋公約組織（NATO）甚至與公民社會合作，由民間團體為各北約會員國執行第1325號決議成果打分數，初期評估了加拿大、義大利、荷蘭、波瀾、英國、美國等10國，以性別主流化之重要概念如政治意志、性別觀點、性別平衡、性別顧問、培訓等為基準，並以矩陣式表格行之，其細部問題相當深入，值得參考（Oudraat et al., 2015）。

　　「女性、和平與安全」議程之國家行動計畫發展，除各國自行訂定外，前愛爾蘭總統Mary Robinson參考了北歐協助非洲國家的經驗而提出「夥伴」（twinning）制度概念，讓非戰區國家與戰後重建國家有機會彼此吸取女性在不同環境下的經驗，透過相互學習（cross-learning）而能訂定更為完善的國家行動計畫。2008年便由賴比瑞亞、愛爾蘭及東帝汶三個分布於三洲的國家共同會商，每國負責召開一次會議，3個國家至2010年4月已分別完成了國內行動計畫。2009年6月，芬蘭與肯亞亦以此概念形成夥伴關係，而肯亞已於2016年3月開始其國家行動計畫。就國際合作面向而論，南亞3國的國家行動計畫相關進程，國際外援正是發展關鍵（Akter, 2013），如尼泊爾的國家行動計畫由聯合國人口基金（UN Population Found，簡稱UNDP）和聯合國婦女發展基金（UN Development Fund for

---

[17] 策略性係指行動的目標是為了矯正原來因為性別權力失衡而導致之排除或忽略女性情況，希望改善原本性別不平等的不公不義。

[18] 事實上歐洲和平建設聯絡辦公室（European Peace Building Caison Office，簡稱EPLO）於2013年即指出，公民社會參與國家行動計畫發展過程有助於日後執行（EPLO, 2013）

Women，簡稱UNIFEM）以資金、技術支援建立，全國76區的執行經費則來自英國為主捐贈者的「尼泊爾和平信託基金」（The Nepal Peace Trust Fund，簡稱NPTF），亦讓捐贈者代表進入其執行委員會。目前「夥伴」或「相互學習」原則已在國際上廣受注目，認為可以加強國際雙邊或多邊連結，並深化外交、國防、安全、和平各領域之性別平等進程，其他全球議題倡議亦思效仿，特別在災難及發展領域（Fritz et al., 2011; JCGBV, 2008; Swaine, 2010）。

（二）區域國家行動計畫

個別國家之外，區域性國際組織執行第1325號決議行動計畫在歐、非、亞洲皆已建立。如2008年歐盟通過European Union Regional Action Plan，2010年北大西洋公約組織通過The NATO Regional Action Plan，以區域整合方式執行「女性、和平與安全」議程。

聯合國亦積極協助區域性組織進行行動計畫，如2010年9月西非達卡宣言（The Dakar Declaration），提出四項目標來支持西非國家執行第1325號決議：(1)改善女性參與衝突預防；(2)確保有效於衝突前、中、後保護女性；(3)確保戰後和平重建過程中男女平等參與；(4)建立行動計畫之監督和評估框架。在此同時，一併建立了The ECOWAS Plan of Action for the Implementation of UNSCR 1325 and 1820 in West Africa，敦促西非各國提出國內之國家行動計畫，在司法和維安系統中系統性地融入性別觀點及女性參與，並支持公民社會相關行動。

2012年所有的太平洋島國論壇（The Pacific Islands Forum）國家亦在聯合國經援下，成立了the Pacific Regional Action Plan作為區域推動和平、安全系統性別主流化之正式文件，加強女性在這些方面的領導及參與，並且建立區域友善環境，雖未要求各國建立國內行動計畫，但其中正式會員澳洲與紐西蘭皆已有之，在區域合作上應可發生正面影響。這個區域性行動計畫成員多有我國邦交國，如諾魯、馬紹爾群島、帛琉、吐瓦魯等，未來若我國準備訂定國家行動計畫，未

嘗不可與之建立夥伴關係，深化外交連結。

（三）六國國家行動計畫比較

本節蒐集國外已實施聯合國理事會第1325號決議之國家的行動計畫及相關資料，分析基準係由文獻回顧及未來我國訂定時可發揮參考作用為選擇基礎，分三層面，共七點：

整體規劃：1.架構類別；2.共同範疇；3.特色重點。

執行規劃：1.執行（主責）單位；2.財務資助來源。

監督規劃：1.監督指標；2.定期報告。

主要比較對象為丹麥、瑞典、美國、澳洲、菲律賓與尼泊爾共六國，以作為我國國家行動計畫之全球架構參照基準。如此選擇之主要原因有三：位於北歐之丹麥與瑞典是最早提出「1325國家行動計畫」的國家之一，丹麥並已經進行到第三期國家行動計畫，實為我國發展類似計畫必先瞭解參考者；其次，由於澳洲與美國是國際間除西歐、北歐外主要參與國際維和工作的非本土戰區國家，且皆重視在國際上推動女性權益，其作法對於臺灣未來在外交上積極參與國際事務頗有足堪借鏡之處；最後，考量菲律賓與尼泊爾是亞洲國家中率先提出「1325國家行動計畫」的國家，基於地理因素，亦值得臺灣參考，因此提出一併討論。非洲及拉丁美洲雖已有國家建制相關行動計畫（Luciak, 2009），由於多屬戰亂後地區國家，以和平重建為焦點，距離我國國情較遠，故未納入分析範疇。以下先分述六國家行動計畫概要，相互比較結果列於其後。

1. 丹麥國家行動計畫（Denmark's National Action Plan for Implementation of UN Security Council Resolution 1325 on Women, Peace and Security. 2008-2013; 2014-2019）

丹麥是全球最早（2005年6月）實施國家行動計畫的國家，但並未提到監督機制或與公民社會互動，亦缺乏財源規劃。第二期2008-2013年國家行動計畫已經強化上述缺失，加入滾動式修正策略之前

瞻性思維，並聚焦女性參與及國際合作經驗，如蒐集與分析外交、國防、警察體系促進國家行動的作法與檢討，作為各執行機構與友邦分享經驗的知識基礎。第三期計畫（2014-2019）形式改變，以外交部、國防部、貿易發展部、法務部（警政）同為主責單位，每一部會皆由上一期經驗檢討出發，在各自子計畫列出行動項次，訂定女性參與比率或名額，其中以外交部項次數量居首，執行上則重文化交織性影響面向及橫向聯繫和研討機制。

2. 瑞典國家行動計畫（The Swedish Government's action plan to implement. Security Council Resolution 1325 (2000) on Women, Peace and Security）（2009-2012-2016）

　　瑞典於2006年10月開始實施國家行動計畫，目前進行之第二期計畫（2012年延長執行年限至2016年年底）明顯近似於第一期內涵，只增加了第1820號決議事項，均無主責機關，強調的是公部門相互合作並朝向促進性別平等之目標，在國家、地區、全球三層面進行，明訂各階段執行期限與評估方式。此外，瑞典政府於2012年9月27日進一步參考歐盟指標系統，配合建立了行動計畫的七個評估指標，以監督該國執行情形；與德國完全以歐盟指標內涵為國家行動計畫比較，瑞典仍以該國國內情境及外交政策為主軸，每年舉行部會聯席會議檢討執行成果，也顯示其推動國際議程（如可持續發展目標及和平安全）的核心概念就在於性別平等。

3. 美國國家行動計畫（United States National Action Plan on Women, Peace and Security）

　　美國國家行動計畫由白宮國家安全會（National Security Council）負責起草，於2011年12月成立，其目標和行動框架包含民族融合、制度化女性參與和平進程和決策、保護女性遠離暴力等，使美國得以藉此深化國內外和平與安全的制度與規範，並且要求各個單位各別提出有資金支援及時程的細部執行與監督計畫，其中最特別處在於強調透過外交、發展與國防作為，讓相關機構建立並改善整體政策以

促成性別平等和女性賦權,將國家行動綱領目標結合至單位內任務策略與資源計畫(Bureau and Mission Strategic and Resource Plans; BSRPs and MSRPs)和運作計畫(Operational Plans)。

4. 澳洲國家行動計畫(Australian National Action Plan on Women, Peace and Security 2012-2018)

澳洲國家行動計畫自2012年3月正式實施,從五大領域開展,分別為預防、參與、保護、救濟與復甦、規範,強調這些領域並非各自獨立,而是相互交錯、彼此關聯;由「跨部會女性、和平與安全」小組(「Women, Peace and Security Inter-Department of Working Group」)領導執行,每兩年澳洲政府要向聯邦國會報告進度。可惜整個行動計畫由該國「家庭、房居、社區服務及原住民事務部」之下的「女性辦公室(Office for Women)」主責協調,削弱了其財務及監督外交、國防領域力量。不過,該國積極向其所屬國際組織推動第1325號決議,如在東南亞國協(The Association of Southeast Asian Nations)中,澳洲代表多次發言倡議「女性、和平與安全」應成為區域優先議題,並督促各會員國建立實踐機制(Davies et al., 2014)。

5. 菲律賓國家行動計畫(The Philippine National Action Plan on UNSCRS 1325 & 1820: 2010-2016)

菲律賓為亞洲第一個擬定並實施國家行動計畫的國家,經過長達兩年的政府與公民社會組織在全國各區諮詢過程,由在地歷史脈絡出發而訂定之符合菲國國情且兼顧第1325及1820號決議之具體作為,自2010年3月開始為期六年。

內容回溯了菲律賓1960年以來戰亂頻仍的歷史背景,及女性被邊緣化的過程,並且強調國家行動計畫扮演政府與公民社會合作過程中的重要角色。其後行動內容分為四大部分,包括保障與預防、賦權與參與、提升地位與主流化,以及監督與報告;雖缺乏財政規劃,但在各部會如何逐步推動性別主流化、納入性別觀點、執行評估指標、

報告機制之設計等相當完整，特別是以結果陳述方式（result statement）具體列出各種措施並標示達成期程及行動重點，明顯使用了結果導向目標。

6. 尼泊爾國家行動計畫 （National Action Plan on Implementation of the United Nations Security. Government of Nepal）

在一國際公民社會組織Global Network of Women Peace builders之訓練及協助下，尼泊爾於縝密的諮詢活動（一百五十二次單層級、十次地區性及受影響女性諮詢，3,000餘人參加）後，2011年11月開始實施國家行動計畫，為亞洲第二個施行之國家（Gronberg, 2012）。由於其歷經十年內戰（1996-2006年）後政府重建的經驗，特別強調戰亂對於女性的重大影響以及內戰期間和戰後女性權益的保障，並且加重性暴力加害人的刑罰，因為其行為等同於侵害國家政府。該國國家行動計畫書除未特別指出與公民社會互動部分外，幾乎面面俱到。在Miller, Pournik與Swaine（2014）分析50個國家行動計畫的研究中，認為尼泊爾國家行動計畫在發展過程及最終版本內容等各方面，皆甚為完備，且措施具體堪稱範本。

綜觀而言，六國國家行動計畫皆包括預防、保障、參與與援助重建等面向，呈現出「女性、和平與安全」議程匯流的整合結果，或將參與項目列在預防項目之前，明顯強化了以第1325號決議為重的精神。此外，六國國家行動計畫亦皆含括促進性別平等、性別分析、統計數據等措施於文字之中，顯示國家行動計畫的確意在性別主流化和平、安全部門，以推動尚未落實之性別主流化及女性人權，並循外交途徑向所屬區域性組織或國際場合積極倡議，來增加國家影響力，如美國、澳洲皆增設無任所大使，推廣女性權益。晚近新成立的國家行動計畫則多偏向以矩陣方式呈現；絕大多數現行國家行動計畫均列出主要負責或統籌部會，如尼泊爾以外交部為主軸；或由數個部會共同簽署，但各部會重點行動、措施漸趨分列於子計畫中，如丹麥（2014-2019），而不再像菲律賓或美國以共通目標或措施為主要分

類方式，並分別列出相關負責單位。除了澳洲、尼泊爾部會層級的協作機制外，瑞典提出如APEC性別聯絡人的設計，所有政府部會及機構（agency）均要提報國家行動計畫聯絡人（NAP Focal Point），以加強執行之橫向聯繫。另一較新的細緻考量，則在財務規劃。雖目前進行中的計畫幾乎都已要求將之列入單位子計畫或定期報告中，然來源未全明訂出來，並非穩定，可能受到執行單位政治意願影響而僅敷衍形式應付而已。監督規劃的考量皆已在所有六國計畫中呈現出來。每個計畫均配有定期報告或會議檢討等機制，而已有明白列出評估指標之國家計畫或完全採用國際準則，如德國遵循歐盟指標，或兼及國內情境及國際標準之客製化作法，如瑞典。綜上所述，「女性、和平與安全」國家行動計畫實已成為國際社會推動和平、安全領域性別主流化的共同作法，以加速促進該領域實踐性別平等。

四、結論

　　聯合國安全理事會於2000年10月通過第1325號決議，正式將長久於國際和平安全領域中被邊緣化甚至消失的女性，放入可說是世界上最具權力的多邊機構之中，但是呼籲落實決議的聲音一直不斷，其後的多項決議亦以各種監督機制逐漸填補了原本空洞的宣示性語言。本文回顧「女性、和平與安全」兩系列決議發現：「多方匯流」與「各自回流」為現今推動「女性、和平與安全」議程的國際趨勢，開啟了以整合性國家行動計畫促進和平安全領域性別主流化的契機，在過去十年中，此一作法廣受重視。我國一向呼應國際性別平等政策上成效卓著，若為臺灣具體實踐「婦女、和平與安全」議程之可能發想，本文最後分析比較了六個國家行動計畫，以為政府公部門政策規劃之參考。

　　我國安全系統性別主流化，雖與其他領域各部會同步開始，各相關機構每年皆訂定推動計畫，然囿於該領域傳統陽剛想像之核心職

能要求及過去以男性為主要從業人員之限制，目前男女比例仍相當懸殊，如女性警察、海巡人員不到8%，軍職女性亦僅達10%，高職級領導中女性人數、位階仍偏少數，何來全面、充分參與決策的可能？在這現況下，是否真正能將一般女性經驗及需求納入決策過程考量？未來兩岸和平會談類似場合，又如何確保性別平等觀點的安全內涵受到應有的重視？這些問題在在皆是我國應透過整體規劃和行動計畫，強化具性別平等觀點的和平與安全政策與措施，以及早讓有能力女性參與和平安全領域的急迫原因，才能在公義、平等的民主機制下，建立永續的和平、安全社會。

如果我國未來擬定「女性、和平與安全」國家行動計畫草案時，固然可參照各國現有之國家行動計畫，但同時應將我國情勢，如歷史脈絡、地理戰略位置、政府體制等各方面納入考量。具體而言，現今在推動和平的過程中，兩岸關係恐怕仍為關鍵，此為臺灣獨特脈絡與歷史條件，無法直接移植國外的制度架構，也難以立即挪用他國之維安性別主流化經驗即順利解決，仍需審慎行之。

「女性、和平與安全」國家行動計畫作為性別主流化這個國際議程的新章節，可以將我國性別主流化推動帶向最後一里路，不僅在國內維安、救難體系中，更在國際合作及援外事務中，關注不同性別之需求及其人權，提升臺灣國際形象。行動計畫亦可作為各部會橫向聯繫協調之機會和管道，強化政府整體行政效能，如愛爾蘭即是一例。加以我國《消除一切形式對婦女歧視公約施行法》要求政府參照該公約委員會之一般性建議及相關解釋，自然須將闡述締約國執行「女性、和平與安全」議程為國家義務之第30號一般性建議，納入國家定期報告。如果我國能制定「女性、和平與安全」國家行動計畫，亦可作為CEDAW人權公約實踐之一環，藉此更深一層結合性別主流化與人權公約，勢必將我國性別平等進程推向新的里程碑。

關鍵概念

和平與安全這兩個傳統上由男性主導與決策的領域，目前在「包容（inclusiveness）」與「整合（integrated）」的趨勢下已然改變。

1. 可持續和平（sustainable peace）

傳統上和平多指沒有戰爭或衝突，而「和平學之父」Johan Galtung在二十世紀下半重新定義了這個概念。他認為沒有肢體、語言等直接暴力之傳統定義僅是「消極和平」；「積極（positive）和平」係指確保正義、平等、人權的結構性機制與作為，使人免於貧窮、歧視。這兩種和平經常因文化暴力（日常生活中支持或合理化直接或間接暴力的主流價值和信念）而受到破壞，例如：不同性別間的尊卑位置。要消解此一衝突、暴力的底層原因，如經濟、政治、階級不平等及文化暴力，才可能享有穩定永續和平狀態。聯合國「建設和平委員會（Peacebuilding Commission）」及其祕書單位「建設和平支助辦公室（The Peacebuilding Support Office）」即採行Galtung之整體和平概念，並在其政策議題框架中強調女性參與和平建設。

聯合國婦女署則將「女性、和平與安全」列為五大工作重點領域之一，在「女性領導與政治參與」重點領域中亦強調女性參與及領導是和平建設解決方案的必要條件。2011年此二機構舉行雙方首長會議，以共籌資金讓女性參與永續和平及發展。2012年婦女署正式由性別平等觀點來定義可持續和平：(1)沒有暴力、戰爭；(2)人人平等參與公共生活；(3)以社會正義與社會凝聚（cohesion）為重點；(4)人人可有資源過尊嚴生活；(5)擁抱多元、促進寬容，而性別平等之促進和達成是此一和平之建設過程及目標的重要面向。2013年安理會第2122號決議中，正式使用可持續和平的概念來進一步支持女性作為發生正向改變的促進者。

2. 人類安全（human security）

聯合國發展計畫署（UN Development Programme，簡稱UNDP）1994年《人類發展報告》（*Human Development Report*）正式提出以「人（human kind）」或「個人（individual）」為中心的安全考量思維，跳脫傳統以「國家（State）為中心的安全觀，強調的是平民大眾每個人」的切身權益（林碧炤，2001），認為安全的意涵應該包括七個面向：(1)經濟；(2)糧食；(3)健康；(4)環境；(5)人身；(6)社群；(7)政治（人權、法治）。此一重視相互影響關聯的系統性思維使「國家安全」概念顯得狹隘，是以諾貝爾獎經濟學者Amartya Sen 2003年主持聯合國「人類安全委員會」時提出《當前人類安全》（*Human Security Now*）報告，認為「國家安全」只是「人類安全」的一環，後者才是人類生活存續的優先考量，也是國家、國際社會應當重新分配資源，並將發展重點由經濟成長轉為生命品質提升，而社會正義才是衡量國家是否進入「已開發」層級的準則。根據該報告，人類安全委員會認為人類安全：係為保護所有人類生命之重要核心（vital core），增進人類自由和人類滿足之種種方式。人類安全意指：

(1)保障基本自由，因自由乃生命重要本質（essence of life）。

(2)人身安全，保護人民免於嚴重和普遍的威脅及情境。

(3)以各種過程建構人民之能力和願景（aspirations）。

(4)創立政治、社會、環境、經濟、軍事和文化系統，以共同給予人民存活、生計和尊嚴之基礎。

由人類安全角度來看，「女性、和平與安全」國際議程實乃奠基於此一新的安全思維，日本2015年建立之「女性、和平與安全」國家行動計畫即強調採用「人類安全取徑」。

政策建議

　　根據各國行動計畫比較結果，推動「女性、和平與安全」議程在地化仍有共通注重之處，如促進女性培力、平等參與、回應女性需求、和平安全政策納入性別觀點等維安系統性別主流化作法，其中頗多具體作法可供我國參考之處：

1. 在國家安全層級各機制中納入性別平等觀點，採行增加不同性別群體代表參與之暫行特別措施，以正視國家安全對各個性別群體之不同影響，及女性帶來正面貢獻之可能。

2. 建立我國「性別、和平、安全」國家行動計畫，推動國內及外交上和平、安全領域性別主流化的共同作法，加速促進該領域由中央到地方各個層級實踐性別平等。

3. 在尚未能建立國家行動計畫之前，實應如丹麥先由我國公部門教育培訓開始，以為準備。可以在原先例行之性別主流化訓練中，加強女性參與決策、人道救援、防治性暴力等面向的性別敏銳度。軍人、警員及所有相關承辦人員尤應接受女性、和平與安全議題的訓練，理解緊急狀態對男女不同的影響，以及他們各自的需求，特別是外交人員應能掌握此國際議程發展近況及友邦推動進程，以運用於職掌業務之中。更重要的是，透過非正式的教育管道如新聞、廣告和新媒體，正面肯認女性全面性參與和平進程與安全維護的價值。

4. 監測指標宜在國家行動計畫擬定目標時，即一併列出結果導向的量化及質化要求，包括國內外執行之主責機構、統籌單位和監督機制，及穩定之資金、技術等資源配置項目，以便評估計畫執行效果。而政府各部會未來執行計畫時可以各自訂出單位細部指標，具體衡量落實情況。政府則可就相關執行影響作出評估，並將監測指標與操作方式納入國家行動計畫進程報告之中，作為橫向相互參考、永續執行工作之基礎，例如：援外工作相關部會包括外交部、農委會、衛福部等均可彼此協調，共用指標。

5. 多元性別認同者（LGBTI）的觀點與參與，雖未見於早期建立之國家行動計畫，但最近在挪威（2015-2018）、日本等國的計畫中，均已提到LGBTI者的權益及參與，而今日面對恐怖主義或暴力極端主義的全球局勢中，多元性別認同者亦會受到同樣甚至更具針對性的傷害。在2015年10月13日安理會討論中，即有發言將婦女、女童及LGBTI者的人權影響相提並論，這可能是未來國家行動計畫會納入的新內容。

問題與討論

1. 目前我國女性參與和平、安全領域事務仍然不深，請由文化底層之結構性對女性的偏見、刻板印象和歧視，檢視傳統習俗、期望、作法等阻礙女性進入這些領域和無法參與相關決策的因素，並且檢視傳統文化及歷史中正面肯認女性參與和平締建或安全維護的價值及／或實際貢獻。

2. 請閱讀CEDAW公約第30號一般性建議中，CEDAW委員會對締約國如何預防武裝衝突（段29-33）和維安系統改革（段66-69）的具體指導與建議作法後，列出可能在我國實踐的清單，並討論相關主、協辦機關及監督機制。（第30號一般性建議中文版，請見行政院性別平等會網站http://www.gec.ey.gov.tw/Common/HitCount.ashx?p=D088CF286338ED1CAA2DABF9F302 30D84099DC2E9F77A1F96316E2E009273F20CA40607D8B12791 E8FF3800F07B0C8856F3937DA540DD74CDF258CAA920BA675 BDE0FF93CA20B2B0396CBF9799CAF895&type=FB01D469347C 76A7&s=59AF9AA8570C43EA）

3. 我國適宜建立「女性／性別、和平、安全」國家行動計畫嗎？如果答案為是，請設計一個多層面推動方案（包括期程）來促使政府早日建立之；如果答案為否，請說明理由並指出我國目

前施政中何類法規、措施或機制已經達成一般此類國家行動計畫之目標、內涵和成效。

4. 請至PeaceWomen網站（http://peacewomen.org/member-states）搜尋各國今年及去年施行的「女性／性別、和平、安全」國家行動計畫，選擇兩個不同地區的計畫來比較其內容特色（分析基準可參酌本文第三節所列七點加以修改，或自行訂定之）。

參考文獻

中文部分

林芳玫、蔡佩珍（2003）〈性別主流化——促進婦女權益的新思維〉，《社區發展季刊》，101：29-41。

林碧炤（2001年9月）〈全球化與人類安全〉，「人類安全與二十一世紀的兩岸關係研討會」，臺北市臺灣綜合研究院戰略與國際研究所。

張珏（2008）〈性別平等與社會發展：談婦女健康〉，《研考雙月刊》，32(4)：67-78。

陳芬苓（2010）《性別平等政策與法制之檢討及實施成效評估》（委託研究報告）。臺北：行政院研考會。

陳金燕、王曉丹（2011）《性別影響評估機制》（委託研究報告）。臺北：行政院研考會。

黃淑玲（2008）〈性別主流化——臺灣經驗與國際的對話〉，《研考雙月刊》，32(4)：3-12。

彭渰雯（2008）〈當官僚遇上婦運：臺灣推動性別主流化的經驗初探〉，《東吳政治學報》，26(4)：1-58。

葉德蘭（2010）〈和平、安全：二十一世紀的女性議題〉，《婦研縱橫》，93：2-11。

英文部分

Anderlini, S. N. (2007) *Women building peace: What they do, why it matters*. Boulder, CO: Lynne Rienner Publishers.

Anderlini, S. N., & Tirman, J. (2010) *What the women say: Participation and UNSCR 1325, A case study assessment*. ICAB and MIT Center for International Studies.

Akter, M. (2013) *UN Security Council Resolution 1325 and its implementation, South Asia Regional Network of Women Parliamentarians Technical Paper 4*. Retrieved from Brac University, Center for Gender and Social Transformation website: http://www.bracu.ac.bd/sites/default/

files/CGST/PDF/5.%20UNSCR%201325(Working%20Paper).pdf

Bastick, M. & Torres, D. (2010) Implementing the women, peace and security resolutions in security sector reform. In M. Bastick, & K. Valasek (Eds.), *Gender and Security sector reform toolkit.* Geneva, Switzerland: DCAF, OSCE/ODIHR, UN-INSTRAW.

Davies, S. E., Nackers, K., Teitt, S. (2014) Women, peace and security as an ASEAN priority. *Australia Journal of International Affairs*, 68(3): 333-55.

Fritz, J. M., Doering, S., & Gumru, F. B. (2011) Women, peace, security, and the National Action Plans. *Journal of Applied Social Science*, 5(1): 1-23.

Global Network of Women Peacebuilders (GNWP). (2013) *Working Paper: Implementing locally, inspiring globally: Localizing UNSCR 1325 in Colombia, Nepal, the Philippines, Sierra Leone and Uganda.* Retrieved from http://www.peacewomen.org/sites/default/files/localization_background_paper_global_review_december_2_2013_1.pdf

Gronberg, H. (2012) *Implementing locally—Inspiring globally: 1325 localization in Nepal.* Retrieved from Global Network of Women Peacebuilders website: http://www.gnwp.org/implementing-locally-inspiring-globally-1325-localization-in-nepal

Irish Joint Consortium on Gender Based Violence (JCGBV). (2008) *Stepping up Ireland's response to women, peace and security: United Nations Security Council Resolution 1325.* Retrieved from https://www.trocaire.org/sites/trocaire/files/resources/policy/ireland-response-unscr-1325.pdf

Luciak, I. A. (2009). *The National Implementation of SCR 1325 in Latin America: Key Areas of Concern.* Presented at the Annual Meeting of the ISA - ABRI Joint International Meeting, Pontifical Catholic University, Rio de Janeiro Campus (PUC-Rio), Rio de Janeiro, Brazil.

Mazurana, D. E., Raven-Roberts, A., & Parpart, J. L. (Eds.) (2005) *Gender, conflict, and peacekeeping.* Lanham, MD: Rowman & Littlefield.

Miller, B., Pournik M., & Swaine A. (2014) *Women in peace and security through United Nations Security Resolution 1325: Literature review, content analysis of National Action Plans, and implementation* (IGIS WP 13/GGP WP 09.NIWEP, UNSCR 1325 on Trial). Retrieved from The George Washington University, Institute for Global and International Studies.

Olonisakin, F., Barnes, K., & Ikpe, E. (2010) *Women, peace and security: Translating policy into practice.* London, England: Routledge.

Oudraat, C. J., Stojanović-Gajić S., Washington C., & Stedman, B. (2015) *The 1325 NATO Scorecard: Gender mainstreaming: Indicators for the implementation of UNSCR 1325 and its related resolutions, NATO.* Retrieved from http://wiisglobal.org/wp-content/uploads/2014/02/1325-Scorecard2.pdf

Otto, D. (2009) The exile of inclusion: reflections on gender issues in international law over the last decade. *Melbourne Journal of International Law*, volume 10(1): 11-26.

Porter, E. J. (2007) *Peacebuilding: Women in international perspective.* London, England: Routledge.

European Parliament (2006) *European Parliament Resolution on Women in armed conflicts and their role in post-conflict reconstruction* (P6_TA-PROV, 0245). Retrieved from http://www.un1325.de/data/EP-resolution-women-06.pdf.

Raaber, N. (2014) *Financing for the implementation of National Action Plans on UNSCR 1325: Critical for advancing women's human rights, peace and security.* Cordaid & Global Network of Women Peacebuilders. Retrieved from https://www.cordaid.org/media/medialibrary/2014/10/FinancingUNSCR1325_2014_27oct.pdf

Shepherd, L. J. (2010) Women, armed conflict and language—Gender, violence and discourse. *International Review of the Red Cross*, 92(877):

143-59.

Swaine, A. (2010) Assessing the potential of national action plans to advance implementation of United Nations Security Council Resolution 1325. *Yearbook of International Humanitarian Law*, 12: 403-33.

Swaine, A. (2013) *National implementation of the UN Security Council's women, peace and security resolutions.* NOREF Policy Brief.

United States Institute of Peace (USIP). (2012) *U.S. agencies move to implement National Action Plan on women, peace and security.* Retrieved from http://www.usip.org/publications/us-agencies-move-implement-national-action-plan-women-peace-and-security

UNIFEM (2009). *Women's participation in peace negotiations: Connections between presence and influence.* Retrieved from http://www.un-women.org/~/media/headquarters/attachments/sections/library/publications/2012/10/wpssourcebook-03a-womenpeacenegotiations-en.pdf

United Nations International Research and Training Institute for the Advancement of Women (UNINSTRAW). (2006) *Securing equality, engendering peace: A guide to policy and planning on women, peace and security (UNSCR 1325).* Santa Domingo, Dominican Republic: UNINSTRAW.

Women's International League for Peace and Freedom (WILPF). *History and analysis.* Retrieved from http://www.peacewomen.org/un/UN1325/1325index.html

家圖書館出版品預行編目資料

性別主流化：臺灣經驗與國際比較／黃淑玲等
著. -- 初版. -- 臺北市：五南, 2017.09
　　面；　　公分.

ISBN 978-957-11-9293-2（平裝）

. 性別平等　2.比較研究

44.7　　　　　　　　　106012318

1I1B

性別主流化：臺灣經驗與國際比較

主　　　編 ── 黃淑玲（305.7）

作　　　者 ── 黃淑玲　黃長玲　周月清　呂思嫻　張家寧

　　　　　　　白爾雅　盧孟宗　陳佩英　謝小芩　陳珮瑩

　　　　　　　吳嘉麗　彭渰雯　蔡麗玲　呂依婷　葉德蘭

發 行 人 ── 楊榮川

總 經 理 ── 楊士清

副總編輯 ── 陳念祖

責任編輯 ── 陳俐君　李敏華

封面設計 ── 姚孝慈

出 版 者 ── 五南圖書出版股份有限公司

地　　　址：106台北市大安區和平東路二段339號4樓

電　　　話：(02)2705-5066　　傳　　真：(02)2706-6100

網　　　址：http://www.wunan.com.tw

電子郵件：wunan@wunan.com.tw

劃撥帳號：01068953

戶　　　名：五南圖書出版股份有限公司

法律顧問　林勝安律師事務所　林勝安律師

出版日期　2017年9月初版一刷

定　　　價　新臺幣380元